吹田尚一
SUITA SHOUICHI

西洋近代の「普遍性」を問う

「開かれた歴史主義」のための研究ノート

新評論

まえがき

本書は、あらためて「西洋近代」の諸側面を、思想のあり様の観点から明らかにしようとしたものである。

このような検討を始めた契機は、一九八〇年代において起こった日米間の激しい貿易摩擦とそれへの対処であった。この時のアメリカ側の態度をたどり、それを支えている考えを知ろうとしていくと、単に経済問題としてだけではなく、あるいはその時々の政治方便としてだけでなく、近代西洋のもった特質がつぎつぎに明らかになってくるのであった。その根底にあるのは自らを普遍的とみなす思想であるが、それを理解するためにはさらにすすんで、これを生み出した背景をも探索していく必要を痛感したのである。

このような問題関心は、現実の社会に生きる人々なら誰しも、大小の差はあれもっているのではないだろうか。それぞれの問題や状況――あれほど世界に冠たる経営と言われた日本企業の低迷はどこからくるのか、またそれを欧米流に改めることは果して解決になるのか。一九八〇年代なかばに世界の先頭にたった半導体・集積回路の開発・生産はどうして凋落してしまったのか。ＩＴ産業のように新産業を生みだす力は欧米にあるが、それは科学技術の先進性にはわれわれは本来的に敵わないということを意味するのか。日本の経済社会の改革が遅れるのは、日本人が権威に弱く政府の規制に頼っているからではないか、あるいは日本人は絶対的価値を信じていないから、原理・原則にそくして行動しないのではないか。しかしあまりに原理・原則にこだわると、それに反する主張やグループをすべて追放することになり当初の意図と反対に民主的でなくなってしまうのではないか。また自由や個人の能力発揮を固い組織で押さえこんでいるのではないか、これを改めるには教育の現場から改革していかねばならないのではないか、いや教育改革の結果、学力は低下したのではないか、等々——である。こうした問題の根底には、外国に優れたモデルがあり、それに合わせせないと解決策が見出せないという〝信仰〟があるが、一方でそうした外国モデルはもはや役にたたないという批判も強いのである。他方、国際関係ではどうしてアメリカは外国にまで出かけて民主主義を広めようとするのか。それはやりすぎだとアメリカを批判しても、テロ自体の脅威からはわれわれ日本人も逃れることはできない。テロのグローバルな広がりはかくして世界大戦の代替物であり、それは二十世紀において繰り返されてきた歴史の一ページなのではないか。また、日本経済は中国工業化の勢いに乗って長期低迷から抜けだしたが、この中国の市場経済化による「近代化」は実は「近代」の世界的な広がりなのだから、「脱近代」などと言っておれないのではないか。そうしてこれら新興国が経済力をつければナショナリズムは強化されこそすれ弱くなることはない。これこそ、一九世紀の欧州における「国民国家」群の誕生に匹敵するものではないか。それに日本はどうしてつき合えばよいのか。などなど……。

多くの人々は日々の生活に忙殺されていようとも、このように自分達に影響を与えている動きとその背景にある「ものの考え方」、つまり思想状況を直感的に感得したり、疑問に感じたりしているものである。すなわち、近現代の歴史や思想や価値観といった、一見生活には無縁のような形無きものが、日常生活や仕事にたいしてあたかも宇宙からの放射線のように、あるいは地球の引力のように、降り注ぎ、影響しあっていることに気付いているのである。そして問題はどこから来るのか、それはどういう性格をもっているのか、どのように対処したらよいのか、に悩んでいるのである。

しかし一方、この近代は大きな転換期を迎えていることも事実である。成長による進歩の限界の認識、強い合理性貫徹にたいする地球的規模での反発、いままでの発展を支えてきた個人主義、自由主義のあり方への根源的な反省、国際関係における力の支配の根本的な再検討、などがそれである。それは二十世紀が一方において科学技術の隆盛による繁栄を達成しながらも、「革命と流血の世紀」であったことへの反省からも言いうることである。

この重大な歴史の転換点に立って、あらためて「近代」を再考することが必要なのではないか。われわれはそれをただ現実の推移のまま傍観してはいないだろうか。われわれが目指してきた近代社会とは、本当にモデルでありえたのだろうか。少なくともプラスとマイナスの両面を含むその全容を捉えてきたのだろうか。今こそ、このような深甚な問いを発し、それを吟味・反省することが必要なのではないか。この歴史の転換点に立って、これらの問いを機会主義的便宜主義でやり過ごすことになれば、われわれの将来は拓けないのではないだろうか。

つまり、これを一般的にいえば、近代とは何ものであり、それを受容せざるをえないわれわれにとって、〈西洋近代の「普遍性」とは、果して真に普遍的であり、至高の価値なのか〉ということを、ここであらためて再検討しなければならないのである。

本書は思想を扱っていて、先に述べたような具体的な問題を直接とりあげてはいないから、一見、実社会とは遠いようではあるが、そうではなく、きわめて現実的かつ切実な要請から書かれている。筆者はシンクタンクでの長い調査・研究の仕事を通じて、社会の各方面の人々と接してきた経験から、少しでもこうした問いへの回答が提示できないだろうか、という思いを常々抱いてきた。そのためには問題が生起してくるその源、あるいは問題の立て方そのものに遡って、その特質を明らかにする必要があると思った。そこで、表層的な事件や経済問題にとらわれず、われわれを規定してきた「西洋近代」をめぐる様々な側面に光をあて、その真の姿を理解しようとすることで、われわれの立脚点を定めようとした。そして、つねに思想を現実と社会のあり方とつき合わせることにより、思想の意味を問いただすことに力点を置いている。

その作業を通じて、「普遍性」への疑問を提示し、それを生みだす認識の仕方、すなわち認識に関する方法論の解明を試みる。それは、外在的に西洋近代を論ずるのではなくて、内在的に論ずるために必要だからである。この結果、単に「西洋近代」を相対化するにとどまらず、その内在的批判をつうじて、歴史や社会についての認識の基本点なスタンスを確立するため、普遍主義に代って「開かれた歴史主義」を提唱している。これによって、西洋的「普遍性」にたつ優位性認識を打破し、非西洋世界とのたゆまぬ対話の基盤をみつけだし、非西洋の支配によってその優位性を確保してきた西洋中心史観を乗り越えなければならない。また、われわれ自身の価値観を問い直し、自虐的な歴史観や、後進性意識を払拭しなければならない。

これらの問題探索への道筋をつけようとすることが本書の意図である。

以上のような問題意識をもって、この問いかけに答えてくれそうな基本的な歴史・思想の文献に当り、これを筆者なりに読み解いて、著者の思索の中へ分け入って対話するよう努め、理論の再構築をはかった。

それが成功しているかどうかは読者の判断を待つしかないが、この日本で今、自己の足元を見つめなおしたいと考えている人々の一人でも多くに手にとって頂ければと思う。

最後に本書で活用させていただいた多くの先人たちの研究にあらためて敬意を表し、それが再び光を取りもどすであろうことを念じて巻頭の言葉としたい。

筆　者

二〇〇六年二月

［付記］

（1）本文中の引用文のなかで、現在では使用しない国名表記（「シナ」など）等があるが、原著（翻訳）の表記のままとし、これを改めていない。

（2）引用文中における引用者の補足や注記は［　］で示した。

（3）本文下段に示した思想家等の略歴は、『岩波哲学・思想事典』（岩波書店、一九九八年）、『哲学事典』（平凡社、一九七一年）、William L. Reese, *Dictionary of Philosophy and Religion* (Humanities Press 1996) および翻訳書の訳者解説などを参照して作成した。

西洋近代の「普遍性」を問う／目次

第二部

第三部

終章……296

西洋近代の「普遍性」を問う

「開かれた歴史主義」のための研究ノート

序章

本書は、西洋近代との対話、討論を通して、いかにしてそれを真に乗りこえることができるのかを探り、その道筋を明らかにしようとしたものである。

このような検討が必要である、と切実に感じた契機は、一九八〇年代における日米経済摩擦への対処であった。そこでは、アメリカ側から「普遍的」主張が怒濤のごとく押し寄せたのである。日本はそれに反論する必要があった。(1)

恒常的につづく対日貿易収支赤字の根因はアメリカ側の貯蓄不足にあった。したがって、それは「アメリカン・プロブレム」であって、決して「ジャパン・プロブレム」ではないのである。経済分野としてはこの反論で充分なのだが、それにしても産業の国際競争力において劣位に陥った国が、なぜ優位に立つ国にたいして教師のように振る舞うのか。それを突き詰めていくと、どうしても自分たちの方が「経済や社会の正しいあり方」を知っており、相手国はそのようなあり方を実現していない、そのためそれを相手側にも実現してもらわなくてはならぬ、またそれが自分たちの役割（使命）なのだ、という姿勢が一貫していることを知るのである。しかもさらに実に不思議なことは、アメリカは九〇年代に好況を迎えると、共和党政権に変わったためもあるが、対日貿易赤字は決して減っていないのにも拘らず、あれほど大騒ぎした摩擦現象は静かになってしまったのである。つまりアメリカの対外政策は、その時々の国益認識によって右に左に振れるのである。こうして自らを正しいとする〝普遍〟的立場も実は一国の国益主張のカムフラージュであることも分かってきたのである。

これら一連の事態をみていくと、経済摩擦問題に対処するためには、経済分野の範囲を越えて、どうしてこのような思考と行動様式が出てくるのかを明らかにし、理解していく必要を痛感したのである。その探究は自ずと、「西洋近代」の世界への拡張と、西洋文明が世界にきわめて大きな影響力を行使してきた歴史につき当る。

こうして問題はいっきょに拡がる。すなわち、西洋近代の大きな支配的影響力を構成しているものは、一つは科学技術の発展であり、もう一つは「自分たちの文明が時空を越えて普遍的であり、世界はそれを受け容れるべきである」という思想である。それを背景として他国への干渉主義的態度も出てくるのであるし、また、各国・各社会は結局のところアングロ・サクソン的社会に収斂していくのだという社会収斂説もその派生物なのである。

そうすると、この支配的影響力を成り立たせているものの総体――経済問題に限らずに――を明らかにしなければならないことになる。そこで、本書ではつぎのように検討を進めていくこととする(2)。

まず概説として、ヨーロッパ文明の隆起の特色や、その拠ってきたる背景に触れた。その背景とはすなわちキリスト教であるが、ヨーロッパ文明の基礎たるキリスト教自体が、決して一枚岩のものではなく、実はきわめて多彩な展開をみせていること、そしてその外延的拡大における技術の役割も明らかにした(第Ⅰ章)。

つづいて、西洋優位の思想を裏づける数多くの知的営為のなかで、まず歴史発展を包括的・体系的に説明するものとして歴史哲学(歴史観)をとりあげる。その代表的なものが、理念が自己実現していくというヘーゲル歴史哲学であり、われわれもその歴史観に呪縛されているが、普遍主義批判をおこなうためにはこの歴史観から検討を始める必要がある。そこでこのような必然論では歴史をつくる人間の自由は否定されてしまうこと、また歴史観はそれぞれの民族によって異なるものであること、を明らかにした(第Ⅱ章)。

歴史観あるいは歴史哲学は、何か壮大な物語のようであるが、実はその根底に、日々の生活を営む人間をいかに捉えるか、という単純だが重大な視点が横たわっている。つまり人間とその社会の倫理、宗教の問題である。そして、歴史をつくるのは人間のあり様と営みであるから、われわれの問いは、人間をいかに把握するか、という根底的な問題に行きつく。それは超越者と人間との関係であり、人間存在のあり様そのものの把握である。これを東洋と西洋を対比しつつ、その相違を明らかにした（第Ⅲ章）。

この考察を踏まえて、普遍主義の淵源・根幹を探索すれば、それは一八世紀啓蒙主義であり、その中心思想が自然法であるように思われる。そこで培われた価値観は、今日も揺るぎない、疑うことのできない命題であるかにみえる。多くの国家も社会も現実にそれらの価値観を受容してきた。しかしそれは本当に絶対的な価値なのだろうか。それは論理的にも、また人間社会の現実のあり様からみても、問題を抱えているのではないか、という問いを提起する（第Ⅳ章）。

以上がいわば基礎的理論編というべきパートで、これを第一部とし、つぎに第二部ではより具体的なテーマのパートにはいる。そこではまず科学技術をとりあげる。それは今も影響力を行使している支配的思想を生みだし、またバックボーンとして支えているのが近代西洋における科学技術の発展であるからだ。そのため、この自然科学の隆盛を人類の広い範囲での文明交流のなかに位置づけること、「心」の問題を軸に、その成りたちの特性を検討すること、そして人間精神と科学の関係を吟味し直すことを通じて、科学技術の認識限界を明らかにしようとした（第Ⅴ章）。

科学技術は西洋近代の隆盛の物質的側面をなすが、精神的側面については、西洋思想のなかで最も重要な地位を占めるのが自由の概念であり、その解読は避けて通れない。人間の自由について論ずることから、社会のあり方、政治のあり方にまで議論は拡がっていく。われわれ日本人は歴史的にみて、自由について深く思いを致してきたとは言えないであろう。しかし一方で、西洋社会の自由論とわれわれの社会のあり方の間にあるギャップを考えていくことで、近代の特性や位置も明らかになってくるのではないかと思われる。すなわち、このギャップの存在にはそれなりの理由があるのではないかということである。この視点を忘れて、抽象的に自由のあり方を論じてみても有益ではないであろう。他方、西洋社会の歴史のなかで、自由や平等や民主主義が古くから謳われてきた一方で、何故コミュニズムやファシズムが生まれ、独裁や専制の暴力が支配的になるのだろうか。それらは西洋近代とは別物であり、西洋近代の価値にとって真に敵対的なものである、というのが主流的な理解であるが、これは間違っているのではないか。ナチズムが打倒され、ついでソ連邦が崩壊し、この地上でソ連型社会主義を選択する国はなくなってしまった（中国、ベトナムは政治体制としては社会主義だが、経済は資本主義を採用している）今日、もはやこのような問題は時代遅れといわれるかもしれないが、それはあまりにも機会主義的である。西洋社会においてこの一見〝逆転〟とも見える体制転換がどうして出現するのかについて、そのルーツに遡って明らかにしておくべきである。それは、一八世紀啓蒙主義のなかから生まれた普遍主義の反照であり、それゆえに普遍主義の別の形態だったのではないか（第Ⅵ章）。

次に現代に照準を移せば、普遍主義の具体的なテーマとしてアメリカの単独行動主義がある。とくに国際社会との関連では、その近年の対外政策がきわめて深刻な事態を引き起こしている。われわれが最も直接的に対決した相手国であると同時に、決定的にその影響下に置かれているこの大国の対外政策とその思想的基盤は、考察すべき最重要課題であろう。近時の湾岸戦争から「九・一一事件」とその後の行動、ブッシュ大統領（父・子）の一般教書演説等に現れているのは、普遍主義そのものである。時々の政権によって多少のブレはあるとしても、世界史に登場して以降のアメリカがこのような普遍主義を実に色濃く体現してきたことは事実である。それをアメリカ建国の理念の特性に遡って明らかにしたうえで、その歯止めをどこに求めるかについて検討する必要がある（第Ⅶ章）。

以上の基礎的な検討と実際的テーマの考察を踏まえて、全体を総括する第三部に入る。まず、あらためて長い人類の歴史をもう一度ふりかえり、そのなかで西洋の隆起の意味を問うこと、さらに西洋と東洋の架橋がどのようにして可能かを問うこと、これが一つの小括となろう（第Ⅷ章）。

そして、批判だけでなく、可能な限り代替案を探ってみたい。西洋近代的な一元的思考にたいして、これに代わる多元的思考を提示し、その正当性を根拠付けることはできないだろうか。筆者はそれが個別・具体、すなわち歴史性に機軸を置く歴史主義的思考なのではないか、という直観をまず持った。しかし、その正当性を確固として主張することはたやすいことではない。歴史主義は民族主義と結びついて、むしろ特殊を主張することによって閉鎖的となり、排外的となり、偏狭な思考に留まってしまう恐れがある。そうなると、真に克服されるべきは歴史主義そのものではないかという問いに行きつく。そこで、歴史主義をより開かれたものとして再構築することを試みた。人間の認識は自己の属する社会を基盤とする以外には成り立たないことを踏まえて、開放的であること、自分と異なるものとの共存の可能性を求めることを加えて、歴史主義は衣替えしなければならない。近時このような主張がプラグマティズムの新展開として為されていることも筆者の大いなる援軍となった（第Ⅸ章）。

最後に、「普遍」をめぐる二つの思想（一元主義と多元主義）の対立を改めて整理し、つづいてここまでの検討が現在の諸問題にどのようにかかわり合うのかという視点から、「近代」の意味を再吟味した（終章）。

西洋近代へのこのような接近方法は、従来なされることがなかったように思われる。単純に西洋・物質文明に東洋・精神文明といった対置をするとか、普遍主義に非理性的に反発するとか、高踏的・先験的に批判するといった態度に終始してきたのではないだろうか。実は、西洋近代に分け入ってみれば、われわれの中に何時の間にか染み込んでいる〝普遍〟思考に大いなる異論があり、全く反対の立場の立論が豊かに為されてきたのである。また日本人の立場からも、「西洋近代」の振り回してきた普遍主義に有力な対抗軸が提出されてきたのである。本書では、西洋理解に関する文献を検討していくなかで、そこから「思考の枠組み」を抽出し、西洋近代への内在的批判を引き出すことを試みた。価値判断の先行を避け、真に理性的に検討することをつうじて、言葉の正しい意味での「普遍的な」人間理解に達したいと考えたからである。

本書は、その時々の内外の問題に触発されつつ、その根底にある考え方、その背景にある人間や社会の捉え方を明らかにしたい、という気持ちにかられ、様々な文献と向き合い、対話するなかで筆者の見解を述べていくというスタイルをとった。したがって個々のテーマで深掘りができていないところも多々あるかと思う。読者諸賢のご批判に委ねる次第である。

注

（1）日米経済摩擦にかんする包括的検討は社会経済国民会議編『国際摩擦を斬る――大討論：破局回避の日本の選択』（社会経済国民会議、一九八八年）にまとめられている。

（2）わが国で西洋近代の問題に対峙するとき、しばしば参照されてきたのが、戦時中に開催された知識人（小林秀雄、河上徹太郎ら一三人）の討論、「近代の超克」である（昭和一七年七月、雑誌『文學界』の座談会。詳細は竹内好『近代の超克』冨山房、一九七九年、で読むことができる）。その内容はいまだに何を問題にしたのか分からないと言われているが、それよりも筆者は、議論の射程を文化、思想面に限定したことが大きな限界であり、そのため主題の大きさに比べて、内実は貧弱なものになってしまっていると思う。つまり二つのジッタイ――実体と実態が欠落しているのである。出席者を文学者や哲学者に限定せず、科学技術の水準を知る自然科学者（ただし物理学者が一人参加している）、経済と産業の実態を知る技術者、産業人、欧米の実情を知る官僚や外交官、軍事戦略を知る軍人、社会科学者などが加わり、「近代」を総合的・多角的に議論すべきではなかったか。日本の文明論はこのような偏向を未だに脱しておらず、筆者はこれを「文化教養主義」と称している。本書においても〝ジッタイ〟そのものは扱っていないが、このような偏向を乗りこえる一つの試みとして、現実社会と思想との接点となりうる枠組みを探りたいと考える。

第一部

第I章　ヨーロッパ文明の特質・概説——その隆起について

1　その多様さと強さ

まず今日の世界を支配している欧米の文明、そのルーツである西ヨーロッパの文明はどういうものであるか。これについて内外の多くの歴史家、文化哲学者、思想家が明らかにしようとしてきた(1)。しかし、その全容を叙述するのは本書の主題ではないから、本書執筆の動機——歴史主義の渉猟の中で目についた**エルンスト・トレルチ**の巧みな要約をここで借りることにしよう。

ヨーロッパ文明の特質についてトレルチは、歴史主義についての長い遍歴のあとに次のようにまとめている。これを表にすれば左のようになろう(2)。

このような多様性を発揮したことが、またヨーロッパ文明の力となった、といえる。ことにキリスト教を母胎として近代科学技術が生誕したことによってこの力は飛躍的に高まり得たのである。

トレルチによるヨーロッパ文明の特質

ヨーロッパの欲求

●**プロメテウス、タイタン的精神。**古代および未開の中世以来、一切を敢行し、一切を創り出す欲求と、全世界を遍歴、侵略する冒険精神への欲求をもつ。
●**キリスト教……**ユダヤ教のもっとも精妙に内面化された形。
●**古代ギリシャ哲学……**もっとも貴重な人文的教養。
それは政治や民族宗教のもつ自然主義に対立する思想であった。
こうしてヨーロッパはプロメテウスやヴァイキング精神と、きわめて内面的な宗教と人文的教養とを摂取した。

歴史的展開

●ヨーロッパ中世
北方陣の野蛮性とキリスト教的・古代的魂の優しさとの奇妙な結合、そして他の文化圏と異なったのは、中心統合的な、生活をその内奥において拘束するカトリシズムの宗教と結合していた。
↓
これは宗教によった拘束された政治
その場合、宗教は民族を越えた普遍人間的な性質をもつ
ここには理論上の混乱はなかった
↓
●諸民族が団結を強めて国家の形成へ（近代）
主権国家の形成によりキリスト教的な理念の支配から開放されていった
↓
教会の国民的性質化
↓
ヨーロッパは内部で戦うとともに地球上へ進出へ

資料：トレルチ『歴史主義とその克服』（大坪重明訳、理想社、1968年）、pp. 146–148に基づき筆者作成。

トレルチ　Ernst Troeltsch（1865–1923）ドイツの神学者。専門分野は、神学、宗教哲学、歴史哲学、倫理学、文化思想史におよぶ。ボン大学教授を経て、1894–1915年はハイデルベルク大学神学部教授。1915年以降はベルリン大学哲学部教授。主著『キリスト教会と諸集団の社会教説』（1912）は、様々な方面に多大の影響を与えたという。第二の主著が『歴史主義とその諸問題』（1922）である。またドイツ民主党に参画し、ドイツの近代化に尽力した。歴史を重視する文化形成神学、歴史主義的神学を打ちだしたが、一時ほとんど無視された。しかし1980年代以降、その総合性と創造性が再評価されている。

さてこの右表に紹介したトレルチの見方は、中国についての評価から始まって、中国の秩序と平和の世界はヨーロッパの問題解決に役立たないことから、この特質論に入っていることが象徴的な意味合いをもち、また右の引用の部分が終った後はマキアヴェリからユートピア論に至る、つまり現実主義から理想主義までの政治思想全般をレヴューしているのである。これらも興味深いが、それは省略して右のヨーロッパ文明についてこの的確な要約を筆者なりに整理してみると、次のような特質として評価し直したい気持ちに馳られる。すなわち、

●ヨーロッパとは、多くのものを吸収し、しかしその中軸に、キリスト教がある。すなわち最も貴重な人文的教養から積極果敢な精神・態度までカバーし、かつ地域的・体制的拡がりをもち、その故のすべての性格や特色を統合する役割をキリスト教がになうという構造をもっているのである。

もちろん、西欧が歴史認識においてイスラムによる十二世紀ルネサンスを軽視ないし忘却したこと、(3) つまりギリシア(ローマ)から一足飛びに十四世紀ルネサンスにつなげたこと、コロンブスのアメリカ大陸〝到着〟を新大陸〝発見〟と称した一方的世界観が長くつづいたこと、過去五〇〇年の拡張の過程が、それを受けた側から、平等に等分に語られたことがなかったことなど、多くの課題はあるが、しかしこれらはまさにこれから為すべき事柄であろう。

これに対して中国文明、そしてこれを受け入れた日本文明はどうか。明らかに次の二特徴を認めざるをえない。

(1) 「多様性」に欠ける。

(2) 広く世界に「普遍」性を求めない。

しかしこれについては多くの留保条件、付加説明が必要であろう。ここで詰めていえば、(3)中国の儒教では、普遍世界秩序に対する信仰はあくまで道徳的秩序にあったのであり、仏教においては、人間がこの世の苦悩を生き抜く道程を説き、いずれも人間と超越絶対神との緊張関係に重点を置くことがなかった。このことから創造神の存在、

そこから流れ出る「普遍」理念、人間の理性にきわめて大きい存在価値を置くという考え方は形成されなかったのである。(4)

また国家・社会としては早くから官僚制が発達して統合機能を整えたこと、宗教が政治の上位にあるという体制的特徴は薄く、また、それを早く断ち切ったこともあって、宗教の影響力は限定されたものとなっていた。

これらのためもあって社会発展の特性がきわめて恒常的であり急激な変化を選択しなかった。

これらの性格ないし特徴を比較して、いずれが優れているかといった話をもち出すと、そのもち出し方からして皮相な対比論になってしまい、今日世上にあふれている外国と比較しての日本論の類いと同じような浅薄な議論になる。より根本的な理解のためには思想や文明の特質を内在的に把握すること、これを通じてそのこと自体の価値を認識することである。このことを指摘して次に進めたい。

2　「普遍性」の否定——キリスト教についてのトレルチの理解

西欧文明の世界拡張の背景となっている考え方にはやはりキリスト教があることは何人も否定しないであろう。それは一方において、政治体制の骨格となり、他方において人文文化の形成の軸となり、また自然認識の母体となり、さらにこれを世界に拡める起動因として、錦の御旗の役割を果したのである。

それは具体的なメカニズムにおいてすら然うであり、教会の世界普及活動の積極果敢さと、それを統括・管理するシステムは、今日の欧米の巨大組織力の背景ともなっているといってよい。

その点についてはいま触れないでおいて、ここでは思想成の面からみておきたいのであるが、われわれが西欧「普遍」の認識体系を突く時、このキリスト教自体にまでさかのぼって、その「普遍」的とみなされる性格を問い質すことが必要となってくるのである。そこで、宗教哲学の権威に尋ねてみよう。

キリスト教、宗教そして社会もすべて個別的である

キリスト教について最も深い研究を行ったとされるのはトレルチであるが、そのトレルチですら、その歴史主義と題する西欧思想・哲学の広範なレヴューを終えた後に、次のように述べているのである（以下原文は長文がつながっているが、文章を分割し、●……は筆者がつけた小見出しで理解し易くしたもの）。

●まずキリスト教ですら個性的であり、いくつかの派は別個のものとさえ言える、ということ。

「個性という概念が歴史にとって重要な意義を有するということはいよいよ明瞭に私にわかって来たのでありますけれども、この個性なる概念と至高の妥当性という概念との衝突は、どうもそう容易に調停することは出来ない、という点にあるのであります。研究を進めた結果、特に私が自分の『キリスト教会の社会理論』の中で書いておいたようなキリスト教史に関する研究を進めた結果、歴史的なキリスト教というものが、やはりそれ自体あくまで徹底的に個性的なものであるのだということ、またキリスト教史上のさまざまな時代や文派というものが、やはりいつまでもそれぞれ異なった時代環境や生活条件のなかに根をおろしているものだということ、がわかってまいりました。キリスト教は、これを一個の全体として見ても、個々の点について見ても、やはり一個のまったく歴史的個性的な、相対的な現象であって、キリスト教の現に在るごとき姿は、ただ古代文化とロマン・ゲルマン民族の地盤の上においてのみ成立可能なるものであるのです。ヤコブ派、ネストリウス派、アルメニア派、エチオピア派などの東方キリスト教は、まったく別物なのであります。否、ロシヤ的キリスト教ですらも、すでに別個の一世界をなすものなのです。」

●宗教一般に拡げてみても、きわめて個性的に生まれ、存立していること。

「とすれば、このことは次のことを意味することになります。すなわれそれは、宗教というものはいつでも、その宗教の生活基盤をなしている土地および精神的、社会的、民族的土台に依存しているものである、ということであります。多面において私は、キリスト教以外の諸宗教を研究した結果、次のことをいよいよ明瞭に学んだのです。それは、これらの宗教が素朴に信じている絶対性というもの、やはり一個のほんものの絶対性であり、なかんずく仏教とバラモン教とはまったく普遍人間的、内面的な宗教であって、これらはその独自のやり方で、キリスト教とまったく同じように、内的な確実性と内的な献身とを楯に取ることが出来るのだ、ということ、ただしもちろん、それらはキリスト教とはまったく異なった歴史的、地理的、社会条件のもとにおいて、この生活基盤ではそれでなければならぬような特殊形態をとっているのだ、ということであります。」

●政治、社会など歴史の全領域に拡げてみても、個性的差異があり、普遍的・絶対的なものはきわめてわずかであること。

「私は何よりまず、歴史的・個性的な現実と妥当する規範との関係という問題を、もっとずっと一般的に、歴史の全領域に押し拡めて考え、政治社会、倫理、芸術、学問における理念形成に関してその問題を追求してみたのです。それは私がごく最近『歴史主義とその諸問題』という新著のなかでまとめた研究なのであります。この研究の結果として、ひとり宗教の領域のみならず、一切の領域において同じ困難さの存することがわかって来ました。実に科学や論理のもつ妥当性すらも、異なった天の下、異なった地の上では、そのもって内奥の根底に至るまで、強烈なる個性的差異を示しているように思われるのです。人類において本当に普遍的であり絶対的であるもの、それは、人間同士の間に類似性や了解可能性がひろく認められるにもかかわらず、きわめてわずかであっても、もし存在するとしても、それは理念的な文化価値の領域に存するというよりはむしろ感性の対象をなす物質的な領域に存在するものなのであります。(5)」

さてこの叙述は平明であり、別に追加説明を要しないと思われるが、世にキリスト教普遍万能説のごとき理解の仕方があるため、念のため、長文を引用したわけである。

物質世界の〝普遍性〟把握が問題

ただここで、われわれとしては見逃しえない部分がある。それは、トレルチは文化現象としての宗教、思想、理念形成を対象としている。そしてそれのみであるということである。その故に、右の最後の部分——物質的領域における普遍性の存在を指摘して終わっているわけであるが、まことに、ランケも認める物質的世界の進歩、トレルチの認める物質的領域の普遍妥当性が、これら〝文化哲学者〟にとっては大した問題ではなかったかもしれないが、現実の〝俗〟世界にとっては決定的な重大性をもったものが、近代の歴史なのである。それは自然認識のあり方、科学技術の発展、その適用による産業化であり、自然に対する支配力の拡大であり、物的手段の増大による他民族の支配の拡大なのであった。それは西洋に特有の個別性を持っていたが、その使用による影響力は絶大であった。さらにこのような発展はそれを可能にした文化・文明のあり方とともに評価されなければならない。

しかも、これが文化価値の差別意識を生み出し、しばしば異文化をうちこわし、次第に精神・文化世界の優劣を生み出していったのである。

その故に、社会科学的認識まで広げた歴史の総体把握が要るのである。

3　自然認識——科学思想の相違と科学技術文明の突出性

しかし西欧の認識体系がここまで進んだことについてはやはり重大な評価をしておかねばならない。それは一言でいえば、自然に対する認識方法である。

それは人間と自然という二元論、ないし二項対立といえる考え方であり、これに対し東洋のそれは、自然を客観化する程度は低く、人間と自然との合一や行為の基準を人倫の道に合致することを優位とするといった考え方を基底に置いているといえよう。

このような日本とヨーロッパの違いについて、すでに多くの人が指摘しているが、その中でも、日本の自然科学、宗教、文学、思想、社会科学などにつき、「その根底において思想なしではない」とし（日本に思想なし、ということは正しい把え方ではなく、その相違が大切なのだ、という立場）、これらの「思想文化」の特質について広く、かつ統一的にとらえた特質論として、三枝博音教授のそれが最も説得的である。まず、学問の根拠から説明しよう。

科学思想の本性の相違

「吾々は何よりのヨーロッパ人の科学思想の本性を洞察せねばならない。この科学思想は、ものを考える場合に広義の自然をいつもの基本に置いているのである。科学において自然科学、政治において自然法、文学においてロマンティークがヨーロッパにのみ発達したのは、かかる科学思想の特徴のあらわれである。凡そ学問には、日本人の場合でもヨーロッパ人の場合でも、必ず観察や推理の依るべき根拠がある。この根拠がヨーロッパ人の場合では、すべてのもの（科学の対象になるすべてのもの）が自然界に自然物がある如く在ることである。それは必ずしも自然原始状態や自然的本能の状態で在ることを意味しない。自然が在る如くものの在ることが先ず考察されたのである。如何にすべきかという人倫の問題はこの考察にもとづいていて取扱われたのである。日本人の場合では、学問の根拠は、自然がある如くものの在ることはなかったのである。そういう存在は考えられないで、直接に人間の実際生活においてあらしめたいものが先に問題となった。そして而もそのあらしめる仕方と規範は、いつでも現実にはなくて東洋の古代文化の中に見出された。仏教の教学でいえば「仏説」の中に、儒教では「先王之教」の中に、神道では「神ながらの道」の中に見出された。だから日本人の学問の場合では、根拠でなくて、権威であった。理由ではなく、信奉であった。そうである以上、自然科学が発達しないどころではなく、人間の社会生活を指導すべき学問も興り得る筈もないのである。」[6]（傍点は筆者）

科学思想（自然科学だけではない）の根本におけるこの違いは、やはり認めなければならない。この思想性における相違はやはり日本文化の特質として存在してきたものであり、今日までの彼我の発展の乖離をもたらしたものである。

今日はこのような認識のあり方は抜本的といえる程変化してきており、それは今日の日本の科学技術の隆盛をもたらしている。しかし根本のところで態度変更があったかどうかはなお疑わしいところがある。

さらに今日の時点では、西欧における科学思想の形成による科学と技術の発達が自然支配へとつき進み、人類の未来そのものが問題となってきたということ、同様に人文科学の領域ですら、右のような根拠に立つその限界があらわれてきたという事実は指摘しておかねばならない。

科学技術の突出性

さて、本題にもどって右に指摘した思想性の相違から生じた現実として、第二に、西洋文明とその際立った特徴である科学技術文明の突出性は認めざるをえない。

そして第三に、それらが一体となったものとして重要なことであるが、パワーの形成とその独占性である。ことに西洋文明の諸要素のうち、科学技術文明のもつ力は圧倒的である。山本新教授はつぎのように言う。

「世界史上にふんだんにあるどんな接触の事例よりも、西洋文明との接触は、刺激的なものである。まず、その規模の大きさで、真にグローバルな影響は西洋文明がはじめて及ぼしたものである。マケドニアのアレクサンドロスの遠征によるギリシヤ文明の、直接には、中近東、アフリカ、インドに、間接的には中国、日本にまで及んだ影響も、直接の接触範囲は旧大陸のなかの地中海からインド洋に跨がる地域にかぎられていた。ところが、西洋化は、新旧大陸をふくむ文字通りの全地表に及んでいる。地球上のどんな局地も僻地も西洋化をまぬがれなかった。

それだけではない。その質と強度においてもまた、西洋化は抜群である。西洋の発明した近代テクノロジーは、交通手段を一変し、地球の距離を短縮し、その名に値する世界史をはじめて可能にした。近代技術による軍事力の威力は、全地表をほとんど植民地とし、新大陸では、二つの文明（アンデスとメキシコ）を根こそぎ亡ぼし、旧大陸の六つの文明をその鉄鎖につなぎ、その支配体制に組みいれた。経済的にいうなら、西洋文明が資本主義として、さらに帝国主義として世界に君臨し、全世界がその支配下におかれ、その餌食とされた。軍事政治的に経済的にさらに文化的に、西洋文明の急激な侵略つまり急角度の西洋化が進行し、西洋のこの体制から脱れることはできなくなった。この西洋の圧倒的な優位と流入する西洋文明の異質性とに留意するならば、西洋文明の受容が、どんなにすさまじいことか、それが土着の文明にどんなに容易ならむ事柄であるかを察知することができる。[7]」（傍点は筆者）

しかしながらこのようなパワーの形成が、単に物的諸力をもたらした科学技術の開花とその独占的利用というだけに帰して考えることは間違いといわざるをえない。

西欧の突出性がキリスト教と科学技術の二つに根拠していることははっきりしている。これに対し、日本文化はこの二つとも持っていなかったし、あってもその文化特性からして、〝個有の弱さ〟（あくまで西欧と比較してのことだが）と、発達の遅れをもっている。この相違は認識しておかねばならない。

真に重要なことは、パワーに昇華させる対象認識態度の差が厳然と存在することであり、この点を閑却した、いわゆる物質繁栄のみを視る（西欧）近代観はやはり誤りといわざるをえない。

4　西欧の優位を保証した技術の役割

それでは世界への拡張という意味で西欧の優位を築き上げた技術についてもう少し検討しておこう。

これについてはD・R・ヘッドリクが一九世紀の画期的出来事の二つ――ヨーロッパ人によるアフリカとアジアの支配と、工学技術の進歩の影響の関係を論じた著述に依拠してみたい。(8)

動機か技術か

まず帝国主義的拡大の中で産業革命としてよく知られている技術変化がどれだけの影響力をもち得たのか、という問題は歴史家の中でも議論の分かれるところとされる。

これについてヘッドリクは非常に慎重かつ着実な研究スタイルを保持しつつ、次のシナリオを準備し、第三のシナリオを検証するのである。

ヘッドリク　Daniel R. Headrick（1941−）専攻分野は歴史学。スウォズモア・カレッジ（アメリカ）に入学し、経済学を専攻。ジョンズ・ホプキンス国際研究大学院で修士号を、プリンストン大学で博士号を取得。ルーズベルト大学（シカゴ）で社会科学・歴史学の教授をつとめる。欧米の帝国主義と植民地研究の成果を吸収しながら科学・技術を媒介にした独自の帝国主義史観をうちだしている。

第一シナリオ……西欧の優位は昔からあったのであるから、拡張の動機が重要であるとする。

第二シナリオ……産業革命という技術変化が決定的に重要であったとする。

第三シナリオ……「手段と動機が共に変化し、作用し合う」。「帝国主義を生ぜしめた技術変化が、動機をして事件を惹起させると同時に、動機自体を高めた」のであり、この過程が重要である。[9]

筆者もまず一般論として、技術はそれ自体としてひとり歩きするわけではないという前提に立つ。そのため技術を第一要因として、政治的、経済的、そして道徳論的な拡大の動機を二義的に位置づけるのは間違いであると思う。技術は基本的には社会現象の中では従属変数だと思うが、しかし現実世界では人間の行動において、そしてその結果としての社会形成において、物的手段である技術のもった役割ははかり知れない程大きいと思う。

従って問題は「原因」なるものをよく識別することである。ヘッドリクが（拡大の）歴史をつくったのは技術なのか、人間の意志なのか、について二者択一論をしてはならない、とするのは極めて適切かつ穏当な立論といえよう。すなわち、

「このようなディレンマは、原因を動機と手段に区別することにより、緩和される。帝国主義のような複雑な過程は適正な動機と充分な手段の両者の結果である。一四三〇年代の中国によるインド洋の探検のように、動機が弱すぎる場合、あるいは一八九〇年のイタリアによるエチオピア侵略のように、手段が不十分な場合には、帝国主義的事業は失敗に帰してしまった。二つの種類の原因は、等しく重要であり、一方に考えを集中することが、他を疑うことには決してならない。」

「新しい技術の出現は、達成されるべき目的を可能にするか、あるいは負担できるほど廉価にすることにより、動機を生み出す契機になったり、強化したりする。例えば、キニーネ予防薬により、ヨーロッパ人は熱帯アフリカで生存できるようになった。逆に、アメリカによるキューバの占領が、黄熱病の原因調査をもたらし

た場合のように、動機が適当な手段の探究の誘因となることもある。どちらのタイプの関連も、多くの事例に認められる。このことは、二つの危険な決定論、『なされ得ることは、なされるだろう』という技術的決定論と、『意志があれば、途は開ける』という心理的決定論との間をうまく操って、進まねばならない。[10]」（傍点は筆者）

つまり、一九世紀の新帝国主義は「最小の費用でもって圧倒的な力」を行使したことにあり、「それが植民地主義の経済関係を決定したのである。そして、それが、われわれが現に目撃している世界の均衡の瞠目すべき転換に、途を開いたのである[11]」。かくして、「一九世紀の種々の新しい技術の流れが、帝国主義を非常に廉価にしたので、帝国主義はヨーロッパの人々や政府の手の届く範囲のものとなり、諸国を誘って帝国に仕立て上げたのである。これは、アフリカ争奪の要因として、歴史家たちがこれまで強調してきた政治、外交および事業の動機と同じくらい、重要なことではないのか。[12]」

段階ごとの核心技術

それでは帝国拡大の段階でどのような技術が核心となる影響をもったのであろうか。

「帝国の拡大の段階は、おおまかにいって、最初の段階は、初期のヨーロッパ人旅行者による浸透と探検の段階である。ついで、現地人の征服とかれらへのヨーロッパ支配の強制の段階がくる。最後に、植民地がヨーロッパの経済の付属物として価値あるものとなる前に、交通・輸送網が案出されなければならなかった。

技術の観点からは、これらの段階のいずれもが、強化兜から軍艦にいたる、数百におよぶ種々の製品と工程を含んでいた。（中略）浸透段階では、蒸気船とキニーネの予防的利用が核心的技術であった。第二段階、すなわち征服の段階は、速射ライフル銃と機関銃に大いに依存していた。確立段階においては、植民地をヨーロッパに結び付け、その経済的利用を促進した絆として、汽船航路、スエズ運河、海底電信線、および植民地鉄道があった。[13]」

このように全体としては技術の役割を重視する所説を併用しているわけであるが、これは歴史的発展の事実をみても正しい把握であろう。

その他の帝国主義の遺産は——宗教、経済、政治については否定的

なお、西欧の技術を主題にしたこの著書は、最後にキリスト教（宗教）について、資本主義（経済体制）について、自由と法の支配（政治体制）について、非ヨーロッパがどのように受け入れたかを、慎重に次のように語っている。

「アフリカ人とアジア人の間では、帝国主義の遺産は、かれらを征服した文明の真の価値に関するかれらの評価の仕方に表れている。キリスト教はアジアではほとんど影響力をもたず、アフリカにおけるその普及はイスラム教より劣っている。西欧文明の根底とみなされる資本主義は、第三世界の国々では根づくことができなかった。自由と法の支配に関するヨーロッパの観念は、さらにうまくいかなかった。西方の機械力は、マグレガー・レアードが望んだように、『地球上の野蛮に満ちている暗黒の地へ平和と人類への善意の喜ばしい潮流』をもたらしはしなかった。

しかしながら、帝国主義者がその帝国を創り出すのに用いた技術的手段は、かれらをかりたてた観念よりも、はるかに深い刻印を残している。その短い支配の間に、ヨーロッパ人は、かれらを魅惑した機械と技術革新を、アジアとアフリカの人々に伝えたのであった。これこそが、帝国主義の真の遺産である。[14]」（傍点筆者）

ここにみるように宗教や社会の体制の浸透（被支配国にとっては受容）については、われわれの目からみれば、意外なくらい低い評価となっている。この理解の仕方もまた、現実に照らしてみれば正しいであろう。社会構造の変容はそんなに簡単なことではないのであり、それが結果として技術の刻印の深さ、大きさを浮きぼりにしているのである。

情報の流れの重要性

しかしなお追加しておくべき重要なことがある。それは「彼らの観念」についてである。つまり新しい技術革新が展開され、適用されたのはなぜか。それには「新しい技術の普及を理解するためには、一九世紀における西欧の人々及び非西欧の人々の間における情報の流れを考慮しなければならない。」(15)

それは情報の公開ということである。発明や発見があれば当時の主要都市で公表し、またこれを伝える新聞、雑誌が発展し、その成果を至るところで利用する態度があった、ということである。これに対し、アジアやアフリカはそれぞれの国をみても部族をみても独立しており、「隣接する人々の経験から学ぼうとしなかった」ということである。(16)

これは重要なことである。この情報の流通・共有過程があったために、一九世紀のヨーロッパの諸帝国は新しい技術を利用して安く手に入れ、「この過程で、それらは世界関係の均衡を崩し、古来の生活様式を覆し、新しいグローバルな文明への道を開いたのであった。」(17)

ここには文化のあり方、公開性、共有性、これを通ずる「普遍化」への努力が示されている。

さて、最後に総括しておこう。

われわれのここにおける議論としては、機械文明、それに代表された技術のもったインパクトが最大のものであった、ということである。いまの言葉でいえば文化に当るもの——宗教、思想、社会、政治の構造はそう簡単に変わらない。しかし技術に裏打ちされた文明は伝播し得る、ということであろう（もっともより深い問題として文明と文化を、社会変容への影響の要因としてどれだけ分離し得るか、という問題が常につきまとっているが、それは別に検討されなければならない）。

注

（1）本章で依拠しているトレルチよりずっと後の時代に活躍した歴史家のものとしてC・ドーソンの一連の著作がある。ことに『ヨーロッパをどう理解するか』（高谷毅訳、南雲堂、一九五七年）は原著が一九五二年刊であり、第二次大戦までカバーした内容となっていて、概説としても考察の深さにおいても優れている。
もう一つ、多くの「ヨーロッパ〝正統〟論」とは少し距離があってそのユニークさに興味を惹かれるのは、スペインの哲学者・思想家ディエス・デル・コラールである。その一連の著作からは、著者が日本に親しみを感じているせいもあり多くの示唆を受けた。本書全体にもどこかにその影響があると思う。その主著として『ヨーロッパの略奪——現代の歴史的解明』（小島威彦訳、未来社、一九六二年）を挙げておく。

（2）トレルチ「政治、愛国心、宗教」（『歴史主義とその克服』第二版、大坪重明訳、理想社、一九六八年所収、一四六〜一四八頁）。

（3）これについては伊東俊太郎『文明における科学』（勁草書房、一九七六年）のⅡ、Ⅲ章において、新事実が一次資料に基づいて明快に述べられている。

（4）仏教の認識については後に詳しく触れることにする。なおトレルチの説くような多様性について、またその推進力とエネルギーについては後にヤスパースの立論を紹介したい。

（5）トレルチ「世界宗教のなかでのキリスト教の位置」（前掲書、一二六頁〜一二八頁）。なお、トレルチの右の叙述に至る浩瀚な研究は『歴史主義とその諸問題（上・中・下）』（近藤勝彦訳）と『キリスト教と社会思想』（住谷一彦他訳）であり、それぞれトレルチ著作集第四〜七巻（ヨルダン社、一九八〇〜八八年）として刊行されている。

なお、筆者は歴史主義の文献の渉猟の中でトレルチを知ったが、そのガイド役として西村貞二『ヴェーバー、トレルチ、マイネッケ――ある知的交流』（中公新書、一九八八年）が興味深かった。

（6）三枝博音『日本の思想文化』（中公文庫、一九七八年／初版一九三七年）、六五頁。ちなみに戦後、現在まで、様々の「日本人論」なるものが汗牛充棟のように公刊されてきたが、戦前のこの本をそれらがどれだけ越えることができているか疑わしい。

（7）山本新『周辺文明論』（刀水書房、一九八五年）、二三〇頁。

（8）D・R・ヘッドリク『帝国の手先――ヨーロッパ膨張と技術』（原田勝正・多田博一・老川慶喜訳、日本経済評論社、一九八九年）。

（9）同、一〇頁。

（10）同、八～九頁。

（11）同、九頁。

（12）同、二五四頁。

（13）同、一〇～一一頁。

（14）同、二五七頁。

（15）同、二五四頁。

（16）同、二五五頁。

（17）同、二五六頁。

第Ⅱ章　「歴史哲学」批判――思考の枠組みの根本的な修正

1　ヘーゲル「歴史哲学」批判

さてこのような西欧優位の思想は、ヘーゲルの「歴史哲学」によって理論的支持を与えられ（ギリシヤ文明を継承・発展させた西欧文明以外は普遍性をもたない）、マックス・ウェーバーの史観によって実証的に明らかにされた（ヨーロッパにおいてのみ近代が実現）。

しかし、今日、日本の立場にたって歴史や文明を理解し直すならば、このようなある意味で一元的な理解を脱却することから始めるべきではないか。マックス・ウェーバー史観については、社会経済史の実態認識にもとづいて検討し直すことが必要だが、ここではその余裕はない。しかし、日本がとくに戦後高度成長によって先進的な資本主義経済に到達した事実は、ウェーバー史観にとって決定的な打撃となったのではないか。ここではその事実のみを指摘して、残りの〝牙城〟であるヘーゲルの哲学を検討することにしよう。

ヘーゲルの「歴史哲学」

まず、ヘーゲルの歴史観の要点をみておこう。

ヘーゲルはつぎのように言う。

「われわれの対象である世界史が精神の地盤の上で行われるものだ……。（中略）世界史の実体となすものは精神とその発展過程である。(1)」

それでは具体的に精神はいかようにして、世界史のなかで展開するか。それは、自由の概念の展開である、と言う。「世界史とは自由の意識の進歩を意味するのであって、――この進歩をその必然性において認識するのが、われわれの任務なのである。(2)」

この命題をさらに具体的に歴史において示したのが、有名なつぎの文章である（傍点などは訳文のまま）。

「東洋人はまだ精神が、または人間そのものが本来自由であることは知らない。…彼らは僅かに一人の者（Einer）が自由であることを知っているにすぎない。……自由の意識はギリシヤ人の中にはじめて現れた。それ故にギリシヤ人は自由であった。しかしギリシャ人は、またローマ人も、ただ少数者の者（Einige）が自由であることを知っていたにとどまり、人間が人間として自由であるということは知らなかった。（中略）ゲルマン諸国民は至ってはじめて、キリスト教のお陰で、人間が人間として〔すべての人がAlle〕自由であり、精神の自由が人間の最も固有の本能をなすものであるという意識に達した。(3)」

この基本的な視点を現実の歴史において検討・叙述したのち、最後に再び、次のように言う。

「世界史とは目まぐるしく變轉する歴史の舞台の中で演ぜられる以上のような精神の道行〔展開行程〕であり、精神の現実的な生成であるということ、――これこそ真の神義論であり、歴史の中で神の義を証しすることである。過去に起こったこと、また日々起こっていることは神なしにはあり得ないどころか、むしろ本質的に神の業そのものだという洞察のみが、精神を世界史および現実界と宥和させることができるのである。[4]」

このように、自由をめざす精神の自己展開が世界史である、というのは、いかにも人間世界の歩みの本質を、一つのことで言い当てているようで、まことに魅力的である。そして最後の文章は、いささか時代がかった形容文のトーンを含むとはいえ、神の造り賜りし道程を解き明かしたもの、という意味で歴史が一層形而上学的位置にひきあげられているのである。

しかし、そこに落し穴がないだろうか。歴史についての一元論的解釈、形而上学的理解は、この複雑多岐な人間の道程を描ききることはできるのか。

この率直な疑問にたいして、回答をひきだしていこう。それにはまず**レオポルド・フォン・ランケ**が『世界史概観——近世史の諸時代』の第一章において述べた歴史観が参考になる。その要約を紹介すれば次の通りである。

歴史において何が重要か——個別・特殊・固有こそ意味がある、理念が自己実現するのではない

(1)　まず歴史においては直接的進歩の概念は間違いである。
　前の時代は後続する時代の一つのステップとしては意味があるが、「最後の時代がつねに最も卓れたもの」といったような直線的進歩の概念は間違いである。
　進歩とは、各時期において人間精神のある動きが、特定の著大な傾向を示す、ということである。

(2)　歴史は個体的生命が決定的に重要である。

ランケ　Leopold von Ranke（1795–1886）ドイツの歴史学者。史料批判、時代の個性的認識をめざす客観的歴史叙述によって、ドイツ近代歴史学の創設者となった。ザクセンの牧師の家に生まれ、ライプニッツ大学で学び、ベルリン大学教授となった。歴史を普遍的発展過程とみる啓蒙思想やヘーゲルなどの歴史観をしりぞけ、時代や民族の個性を重視する古典的歴主義を説いた。

歴史の各時代の価値は、「その存在そのもの、当のそのもの自体の中に存在する」。「各時代は神に直接するものであり、その価値はそれから発生してくるものが何であるかにかかる」のでない。(3)

従って歴史家は、一つ一つの時代において「人間が如何に考え、如何に生活したか」、というところに着眼しなければならない。(5)このように歴史認識においては、ある種の永久不変の基本理念といったものに捕われることなく、各時代の特殊そして固有の生命や傾向を発見することであると強調している。このことからしてヘーゲル学派について次のように批判するのである。

「哲学者たち、とりわけヘーゲル学派は、この点についてある種の観念を樹立している。それによると、人類の歴史はあたかも一つの理論過程のごとく、定立、反定立、媒介において、肯定と否定とにおいて展開していくものだという。だがこうしたスコラ学において、生命は滅びる。歴史に関するかかる見方、種々なる理論的範疇にしたがって自己発展する精神の過程もまた、すでにわれわれが先に排撃したところのものに帰着するであろう。かかる見解にしたがえば、ひとり理念のみが独立の生命をもつものとなり、それに反してすべての人間は、この理念によってみたされる影かあるいは図型にすぎないものとなってしまうのであろう。世界精神が言わば詐術によって事実を生起せしめたり、あるいはその目的の実現のために人間の情熱を利用したりするものだとするような学説の根底には、神および人間をないがしろにするような観念が潜んでいる。(6)」こうして、「指導的理念とは、それぞれの世紀における支配的な傾向にほかならないものと考えざるをえない。そしてこらの傾向は、ただ記述されうるだけで、一箇の概念に要約するというがごときは絶対に不可能である。」。このような立場から、「人類は発展の限りなき多様性を自らの中に蔵するもの」で、この「神秘かつ偉大に顕現しきたる」したものを歴史家は開示しなければならないと説く。(7)

ここには抽象的見識の産物としての理念を排除し、人間の生の生み出す現実としての歴史、という認識が貫かれている。

それでは、人間の歴史には進歩というものがないのであろうか。ランケはこの点について、「無条件の進歩、完全に決定的な向上は、物質的利益の領域において認めることができる」とし、「しかし道徳的な方面では、進歩をあとづけることはできない」として精神世界の進歩を否定している。[8]

「普遍世界史」の認識を断念しなければならないか――そうである。しかし特殊の普遍的性格を否定し去ることではない

つぎにベネデット・クローチェの見解をきこう。その認識は〝重層的〟なので、やや長いが引用しておく。

「しかし、もしもわれわれは有限的なることと特殊なること、いなつねにこの有限なること、この特殊的なることよりほかのことを認識し得ないとすれば、われわれは普遍世界史の認識を断念（傷ましい断念）しなければならないか。――疑いもなくそうである。ただし二つの註をもって。というのは第一にわれわれは、それは所有することが不可能であるがために所有されたことの決してないものを断念するのであり、そして第二に、したがってかくの如き断念は何ら傷ましいものではないということである。

クローチェ Benedetto Croce（1866–1952）イタリアの哲学者、歴史家。ベスカッセローリに生まれ、ローマ大学に学ぶ。哲学以外にも文芸批評、歴史叙述などの広範な執筆活動をおこない、また上院議員、文部大臣を経験し、ファシズムへの抵抗をつらぬいた。その哲学の根幹は判別の論理であって、ヘーゲルの対立の弁証法とは区別される。精神活動は、芸術、論理、経済、倫理の四つの契機からなるが、それらは対立するものではない。そして四つの契機は、認識にぞくするもの――芸術と論理、実践にぞくするもの――経済と倫理、に分けられる。前者は意志の介入が不可欠であり、後者には意志は介在しない、とされる。さらに歴史的出来事は、当の出来事が概念あるいは論理の契機を経たものであり、歴史的判断は経済と倫理の契機を経たうえで成立するから、精神のすべてを統合する位置にある。そこで、自己を「絶対的歴史主義」と呼び、超越的立場を一切認めないのである。

『普遍世界史』もまた決して具体的はたらきでもなくある事実でもない。それはある『要求』であり『主張』である。」(9)（傍点は訳書のまま）

「さりながら、普遍的芸術または普遍的法律の妄想は束の間の幻影として消えてしまっても、ある特殊の芸術はまたは特殊の法律（イリアスまたはロォマ親族法、その他）の普遍的性格は決して吹き消されないように、同様にして、普遍世界史の否定は決して歴史における普遍性の認識を意味しはしない。有限的なものの無限の系列の中について求め得られず、しかもそのあらゆる点に見いだされるところの神についての場合のように、ここにもまた次の言葉がくりかえされる。そして汝はわが直ぐ前にいますと。かの個別とまたかの有限とはその個別性と有限性において思想の規定を受け、そしてこの故に同時に普遍として認識される。それはその特殊的形式における普遍である。単なる有限と個別というが如きものはただ抽象の中にのみ存するに止まる。詩及び芸術そのもの、個別の領土であるここにおいてすら、決してかの抽象的有限は存在しない。そこにあるものは無限と有限との未だ分別されていない統一である、素朴な有限であり、それは思想の領域において差別され、かくすることによってより高次の統一形式を獲る。そして歴史は思想であり、そしてそれとして普遍の思想であり、その具体性におけるしたがってつねに特殊の様式に規定されたる普遍の思想である。およそいかに零細な事実といえども事実はこれを普遍として理解する（現実として思惟し特質によって性格づける）よりほかに理解することのできるものはない。その最も単一的な形、換言するならばその本質的な形式において、歴史は判断すなわち個別と普遍との不可分離の綜合の中に、自らを表現する。」(10)

つまり人間の認識の仕方は、すべて個別についてなされるものであるが、それをある概念で認識している以上、そこにはつねに普遍の視点が貫かれているということである。

そして厳に注意すべきはここまででとどめるべきであって、これをある個別が普遍的価値をもつ、というように崇めることは絶対に避くべきことなのである。

想念的産物への反省

クローチェの論述は（やや時代がかった翻訳文言のもつ固さはあるが）、内容は澄み切った地中海の海や空のように明快かつ平易であって、特段の追加説明は要しまい。

このヘーゲル学派への反論に素直に耳をかたむけていると、人間の思想や哲学・理念の形成のあり様について深甚な反省の念にひたされる。それは一つの考えを〝普遍的〟なるものにまで〝昇華〟していくある種の心的傾向である。それは独得の精神的興奮の産物といってよいのかもしれない。クローチェが「普遍世界史」は要求であり、主張に過ぎない、という時、われわれはそうだ、とうなづく一方で、なぜそうなるのだ、という想いにとらわれる。すなわち、そこにあるのは一つの想念的産物なのである。人間社会の変動の、そして人間の生き方の現実を、これを超越した理念によって説明しようとするのは分かるところもある。というのは、人間の本性からして自らの行動（言説を含めて）の立脚点として、それを求めるからである。

しかし、ここで言いたいことは、そのいずれもが、やはり歴史的産物であり、その故の限界をもつということである。そのために、ここで生まれた想念的産物をもって、他の世界の、他の民族の歴史のあり様を律してしまう危険性におち入ってはならないということを言いたいのである。

ヘーゲルの場合にも、神に当たるものを精神や理念に仮託したものであって、ここにはやはり西欧キリスト教の、強い影響下にある思考体系が存在するのであろう。しかしそれよりも、自己民族の興隆を、いわば「普遍」の星の下に視たいという高揚したナショナリズムがあると思われる。

しかし何度もいうが、それは一つの仮託であって、仮託するのは自由であるが、それをもってすべての民族の、すべての歴史を、そしてすべての現実の世界を律するのは間違いなのである。クローチェはヘーゲルを詩人の産物として読め、といったといわれるが、むべなることである。

歴史というもの、歴史としての現在をこのようにとらえてみると、身近な問題として、いろいろなことが明らかになってくく。

例えばかつて日本は特殊なのか、ということが、日本の経営のみならず、日本の社会全般について論じられたことがあり、このことは今日もなお決着がついているとは思えないが、しかし、コトは意外に簡単な結論となるべきことなのではないか。――すなわち、あらゆる国は、それぞれの時代において特殊なのであり、特殊性、個別性の故に存在しているのである。

犯した誤りは、一つの特殊、具体、個別を、部分的、局部的なものと視、何かこれを越える「普遍的」なものが外にあって、それとの開き、ないし乖離、さらには遅れとして個別を認識するという接近方法をとったこと、かつそこに先進対後進、進歩対停滞、さらに優位劣位という価値判断を持ち込んだことにある。

クローチェのいうように主辞にして賓辞、賓辞にして主辞という、透徹した歴史認識をもてば、このような誤った認識には至らなかったと思われる。

しかし現実に世界の近代史においてみられたことは、西欧がつねに、そしてあらゆるものが普遍であり、東洋の文明がすべて特殊であって、さらには特殊性は、西欧のつくりだした〝普遍的〟なシステムに合わせて修正されていかねばならぬ、とするのである。ここでは、普遍＝高い、正しい、特殊＝低い、間違っている、とする見方をもちこみ、彼を上に我を下にみる価値判断をつねに行うという誤りをおかすことになる。

もともと特殊・個別・具体と普遍・一般・抽象は主辞・賓辞の関係において表現されるものであり、それ以外に認識のされ様がないのである。こうして前者はつねに普遍的意味をもつものであるから、このことによって、用語上からも論理的にも誤りをおかしているのである。

西洋と東洋の間には確かに違いはある。そして違いのあるのは当り前のことなのだ。

しかし決定的な違いは、抽象的概念の世界支配と自己実現——ヘーゲルにあっては自由の自己表現——として世界が動いているのではなく、かつまたそのように認識した認識方法の違いにあるのではなく、現実に形成された西欧文明のもつ圧倒的にパワーにまで結実・統合されたエネルギーの総合としての独特の文明発展の仕方やあり方に基づくものである。

この点は確に東洋が生み出しえないものであった。

以上でヘーゲル歴史哲学の根幹部分の批判は尽きているのであるが、以下は若干の重複があるが、クローチェの思索の一層深まった晩年（一九三八年）の主著により、議論を敷衍して考えておこう。

歴史に論理はあるか——「歴史哲学」なるものの貧困さ

まず歴史には論理があるという見方がある。これについてクローチェは次のように述べる。

「言われる『論理』という言葉の意味するところは……、外見的な諸事実の底層に、これらの諸事実の隠れた母体を成すとともにそれらについての究極的に真の解釈を与えるものとして、在る一つの計画ないしはもくろみが存在しており、歴史はこの計画に従って開始され展開し終焉するのであり、したがって、歴史家の任務もまたこの計画を明らかにすることにあるということなのである。これまで幾度となく哲学者たちはそうした計画なるものを推理し、理念とか精神とかあるいは物質といった概念によってそれを展開させてきた。しかしながら、その理念とか精神とか物質とかはいずれも超越的な神をさまざまに変装して見せたものであったにすぎず、事実、もしそのような計画を案出し、人間たちに課して実行させることを期待できる者がいるとすれば、それは超越的な神しかないであろう。(11)」

右の言葉にはヘーゲル、そしてそれを逆転したマルクスを批判していることは明らかだが、それだけにとどまらず歴史において何か外在的論理の支配があるかのような理解の仕方を決定的に斥けているのである。このように考えると、歴史哲学なるものは、単純というよりは、貧困な思想であると考えられる。これについてクローチェは、次のように述べる。

「あたかも人が或る一つの模範を多少ともみごとに模倣しようとして懸命になるのと同じようにして歴史が履行すべきであるとされる。神の計画なるものの考案ないしは推量の様式を、である。『歴史哲学』なるものは、神話と同じく、知的無能力あるいはヴィーコ［イタリアの哲学者］の言葉を借りるならば『知性の貧困』の所産なのであった。(12)」

これ以上の説明は要らないが、しかしわれわれが長い間、このような思想の影響下にあった以上、あらためて、その誤謬に気づき、歴史哲学の貧困の呪縛から、自らを解放すべきなのである。

歴史における進歩とは何か――一切は移りゆき、かつ一切は保存される

それでは歴史における進歩をいかに捉えるべきか。

先に物質世界の進歩について指摘したが、もっと広く人間社会、人間の生全般の歩みについて次のように捉えることを提言する。

「進歩とは決して人間が果たす所業をつぎからつぎへと無に帰していってしまうものでもなければ、到達不可能なものを目掛けての息せき切った駆け足のことでもないという自覚は失わないがよい。進歩において一切は移りゆくとともに一切は保存される。そして、人類とは決して倦むことなき存在であり、なすべきことはつねに残っているにしても、また、或る仕事を達成するごとに疑念と不満足が生じ、さらなる達成への要求が生じてくるのではあるにしても、その都度、達成されているのであり、人はそれを所有し享受するのである。[13]」このように進歩とは、移りゆき、かつ保存されているのであり、達成ごとに満足と不満足があり、それが人間の生なのだ、という認識である。

歴史認識はかくして倫理学の課題そのものとなったといえるのであるが、これをクローチェは、次のように述べている。

「生のあらゆる部面にわたって、人間の所業をこの光に照らして、つねに未完成であるとともに、完成されたものでもあり、移ろいゆくものであるとともに不変でもあるものとしてとらえるのである。[14]」

クローチェにおける形而上学の否定

クローチェの「歴史哲学」のすごさは、単に先験的、超越的歴史哲学を徹底的に批判し去ったところにあるのではない。クローチェはさらに進んで、「あらゆる認識は歴史的認識」であるとして、伝統的哲学、超越的哲学に対して根本的否定をしかけたのであった。

次のように言う。

「あらゆる真正なる認識は歴史的認識であるという理論に真に対立するのは、したがって、歴史と同等に、世界の中で、それも卑俗な世界の中で仕事をしている自然科学ではない。真に対立するのは、哲学である。あるいはこう言ったほうがよければ、哲学とは天上に眼を向け、天上から至高の真理を獲得してくるものだ、あるいは真理が降ってくるのを待っているものだ、という伝統的な哲学観である。このように天と地を分割すること、このように現実の実在を超越した一つの実在、自然の学の上位に立つ形而上学なるものを二元論的に構想すること、このように判断をともなわずに、あるいは判断の外にあって、概念を観想すること、このことがそれに固有の特徴をなしている。そして、その超越的実在が神と名づけられていようと物質と名づけられていようと、また理念と名づけられていようと意志と名づけられていようと、いつの場合にも、そのような超越的実在の下位に、あるいはそれと対立して、下等なる実在ないしは単に現象的実在が存在するもと想定されているかぎり、これが特徴であることに変わりはない。

しかし、歴史的思考は、このお高くとまっている超越的哲学に対して、その姉の超越的宗教――超越的哲学は超越的宗教の理性化ないしは神学化された形態である――に対してと同じく、一つのいたずらを仕掛けたのであった。すなわち、それを歴史化してしまうといういたずらがそれであって、その概念、学説、論争、さらには絶望的な懐疑的自己放棄までをも含めて、これらすべてをその哲学によって一部分は充たされながらも一部分は充たされないままになっている一定の欲求から生じた歴史的な事実であり歴史的な主張なのであると解釈したのである。そして、このようにして、それを長期にわたる支配からして（これは同時にそれが人間社会に奉仕してきたということでもあった）それに与えられてしかるべき評価を与え、心からの追悼文を書いてやったのでもあった。(15)」

右の引用文は長いが要点は次の通り。

(1) まず前段において真正なる歴史認識と対立するのは自然科学ではなくて、哲学というものであることを指摘する。

（2）　そしてこの哲学を否定しかかるのだが、この否定されたる哲学の特徴は現実の実在界を超越した一つの実在、すなわち形而上学を構想しているが、それはおかしいのであり、そこで述べられていることはすべて歴史的な事実や主張なのであるとするのである。

右のように人間の認識においては、歴史認識が決定的に中心点に位置しているのだということの確認と、それによる形而上学の否定を自信満々に主張したのであった。

こうして次のように宣言する。

「超越的哲学の批判とともに、哲学自体もまた、自律的なものとしては死んだということができる。それというのも、その自律性の主張はまさしくその形而上学としての性格のうちに根拠を有していたからである。それの場所を占めるにいたったものはもはや哲学ではなくて歴史である。あるいは同じことであるが、歴史たるかぎりでの哲学、そして哲学たるかぎりでの歴史であるすなわち、普遍的なるものと、個別的なるもの、知解と直観の同一性を原理として、これら二つの、現実には一を成している要素を分離するのはどのようなものであれ恣意であり不当であると言明する、哲学――歴史なのである。これまで久しく、歴史は認識の最下位の形式であると見なされ、そのようなものとして遇されてきた。そして、これと対照的に、哲学が認識の最高位の形式であるとされてきたのであった。ところが、いまや歴史は哲学を凌駕するにいたっているばかりか、放逐しようとさえしているかに見える。[16]」（傍点筆者）

かくして哲学の死、歴史の生、を主張する。そして個別と普遍、直観と知解の同一性、をその論理的根幹に置くのである。

アントーニの祖述

こうしてこの小文の最初から述べてきた認識の全体系が明らかになったのであるが、最後にクローチェがヘーゲルと異なるところは、真理は人間が苦労して見出す、その意識の深化が進歩であるとし、まず理性があって、この理性をもってすれば、真理は明白に見出しうるという、自然法思想の過ちを指摘したことにあると思われる。この点について触れておきたい。

クローチェに依拠して、非常にバランスのとれた歴史主義の鳥瞰図を示していると思われるカルロ・アントーニ（イタリアの哲学者）はその著述において次のように述べている。

「自然法思想は、政治的に行動するに当って、理念、理性、真理を必要とするわれわれの精神のこの不滅の要素に対応するものである。それの過ちといえば、純粋理性をもってすればこの真理は、明白に判然と確実に見出すことができると信じたこと、同様に真理は自然の法としてどんな時代、どんな場所にも当然妥当するものと信じたこと、それである。実をいえば、われわれの本性の周辺に潜むこの真理を、われわれは苦労して劇的なかたちで見出そうとしているわけなので、歴史とはこの発見を志す人間の思想の歴史なのである、クローチェが語る倫理的な進歩ということも、もちろんわれわれの善の増進ということにあるのではなく、われわれの意識の深化にかかっているわけなので、革命を喚起し、改革を緊急たらしめ、技術的、経済的な革新をすら鼓舞するものもこの深化なのである。自己の本性のこの発見に当って人間精神が新しい段階に到達するごとに、その新しい段階は、社会的、法的、政治的諸制度が服すべき普遍的な「自然の法」として受け入れられている。

それにしても今日、文明の新しい極星としてわれわれを導くはずの真理とはどのようなものであろうか？　過ちもあろうし、混乱もするのであろうが、それでもそれは私には以下のことを認めることであるように思われる。すなわち、世界のなかにあって価値あるもの、美、真、善、利に関わる者であればそれはすべて、ただ個人のなかでのみ知られ、現実となり、実現されるある普遍的な精神の自由な働きの所産、つまり人間を人格たらしめる創造的な自由の所産であるということ、真理とはこれである。」(17)（傍点は筆者）

つまり、真理は純粋理性をもってすれば明白に見出せるもの、またどの時代での場所にも当然妥当するものと信じてはならない。そうではなくて真理を見出さんとする人間の営為、その意識の深化が歴史のすべてなのであると強調し、人間の精神が新しい段階に到達すること、そこに人間の自由を見出すのである。

「クローチェは自由の歴史家、自由の哲学者という意味で自由主義者であった」とアントーニが位置づけるのはこのためである。(18)

2　中国の歴史認識——西欧中心の歴史観への批判

西欧中心の歴史観・文明観の形成に大きな影響を与えたのはヘーゲルであるが、ヘーゲルが東洋——この場合中国について、そこに歴史叙述が無いという指摘をしている。すなわち、「シナ人の歴史は、何の判断も理屈もなしに、ただそれぞれの事実を、そのまま記録しているにすぎない」(19)と。

このヘーゲルの歴史認識に対して、中国の歴史意識を詳細に跡づけて反論したものに**川勝義雄**『中国人の歴史意識』（平凡社、一九八六年）がある。ここで説得的に明らかにされている通り、各民族の歴史把握、ひいてはこの人間の生、その背景にある宇宙認識がいかに異なり、

川勝義雄（1922［大正 11］—1984［昭和 59］）京都生まれ。昭和 23 年京都大学文学部史学科（東洋史専攻）卒。京都大学人文科学研究所教授。中国中世史が専門であり、『六朝貴族制社会の研究』が主著としてある。本著で引用・参照した『中国人の歴史意識』は、もう一つの論稿をくわえ、平凡社ライブラリー 9 として再刊された（1993 年）。

それは独自性をもって存在しているか、かつ、またその間に優劣はないのだということを知ることができる。

以下それをみていこう。

歴史は民族の精神の所産

川勝教授はまず、人間の生と歴史についての一九世紀ヨーロッパによる先入観を批判し、中国の認識に則して掘り下げてみるという姿勢を強調される。この姿勢はまことに学問的にも正しいことと思われる。すなわち中国における「数千年にわたるそのような史書編纂の巨大な努力は、『何の判断も理屈もなしに』、ただ無反省に、単なる惰性として続けることが、果たして可能であったろうか。それが可能であるためには、少なくとも、『事実をそのまま記録する』をことをよしとする基本的な『判断』ないし『観念』が、その根底に牢固として存在していなければならぬ。そのような『判断も理屈もなしに』、ただ漫然と厖大な歴史記述を書きつづけることは、およそ意識をもつ人間には不可能なことだろう。ヘーゲルの右の発言は、中国人におけるそのような基本意識を掘り下げて考えることなど、思いもよらなかった一九世紀ヨーロッパ人一般の先入観にわざわいされたものといわねばならないのである。(20)」

そして次に中国において「史」は「直筆すること」、すなわちまっすぐに、ありのまま記述することが至上の義務とされていたこと、しかもそのことの意味は純粋認識としての歴史学の確立という思想から生まれたのではなく、「善を彰わし悪を貶しめる」ことを根本的動機としていた。そうすると問題は「中国では史書が、歴史家が、なぜそれほど倫理的でなければならないのか、それほど倫理的でありながら、いかにして史書でありうるのか、が問われねばならないであろう。なぜなら、『それが本来いかにあったかを示す』というランケの史学も、実は『あらゆる時代は神に直接する』というキリスト教的精神の裏づけがあったように、倫理的動機にもとづく『史』のありかたもまた、その裏にひそむ中国精神の所産にちがいないからである。[21]」まことに至言である。歴史認識はその民族のもった精神の所産なのであり、その故にそれがいかなる系譜をもつか、またそれが生まれた歴史的背景は何であるのか、そして時代を生きて史書を残した歴史家の生まの姿をも明らかにしていかなければならないのである。そのような内在的な理解があってこそ、一つの民族の歴史認識の真の意味が分ってくるのである。

天道は是か非か

さて本題に入って、周知のように史記の体系的綜合性は当時の世界の中では群を抜いている。年代記・年表・問題史・伝記など紀伝体の整然たる構成をもつ司馬遷の「史記」こそ比較を絶する完璧性をもった綜合的世界史であり、「いうまでもなく綜合的な精神の所産である。[22]」そこでこのように世界史を生んだ綜合的精神はいかなる性格のものか。川勝教授は言う。

「それは彼の一言によって示すことができる考える。……すなわち、『天道は是《ぜ》か非《ひ》か』の一言である。ここでいう『天道』とは、『おてんとうさま』というふうなものではなく、明らかに老子にもとづく道家哲学での「道」である。『老子』第七十九章に、『天道は、親《えこひいき》せず、常に善人間に与《くみ》す』とあるが、清廉潔白この上ない仁者の伯夷は餓死したし、孔子の弟子のうち第一の賢人であった顔回は貧窮のうちに早逝した。しかるに、大ぬすっとの蹠《せき》という男は、極悪非道をかさねながら、ついに天寿を全うした。はたして『天道は是なのか非なのか』。人間の善悪をこえて押し流してゆく時の流れ＝歴史の過程とは何か、という問題意識こそ、司馬遷がその畢生の著述たる『史学』を通して追求した根本的な課題にほかならない。それは、この世界の真相あるいはその存在根拠と、その中に生きる人間の主体的行為としての価値と、つまり存在論と価値観と、両者の関係いかんという、きわめて哲学的な大問題であった。[23]」

このようなとらえ方を俗にいう勧善懲悪思想のみの見方にスベリ落としてはならない。またこのような倫理性の強調はいわゆる科学的な学問態度に反するといった近代合理主義による論断も間違いである。中国人は後にみるように超越者の存在を信じなかったから、この生、この人の世界の拠ってたつ正当性を真正面からとりあげたのであった。そしてそこに人間存在のあり様が実現するところの矛盾を解こうとしたのであった。

その把握の根本概念は道と礼の二つであり、これによつて世界をとらえるのであるが、それは存在論と価値論に対応するものである。

「道」と「礼」と

それではまずこの思想の根幹となっている「道」の哲学の意味と系譜は？　川勝氏は次のように言う。

「世界の究極相、ないし世界の存在根拠を『道』と観ずる哲学は、老子から荘子を経て認識論的に深められ、さらに儒教の経典たる『易』の解釈にとり入れられていった。荘子によれば、『道』は分別智によって把えられるものでなく、逆に分析的認識作用を否定して、直感的に冥合する以外に、これを獲得する方法のないものであった。（中略）そして、……『形而上なるものを、これを道と謂い、形而下なるものを、これ器と謂う』とあるように、『道』の形而上学は、やがて儒教・道家の区別をこえて、司馬遷のころまでには、共通の世界観の根底にすえられていったのである。[24]」

さらにここでいう「道」の内実は何か。それは弁証法的構造をもつものと認識されている。

「この形而上なる「道」は同じく『一陰一陽これ道と謂う』と定義されるように、（中略）マイナス要因の極限においてすでにプラス要因の萌芽をはらみ、静中に動を、動中に静を含む矛盾的統体である。世界の究極相はこのような矛盾的統体の様相をもち、世界はそのような一種の弁証法的構造をその本質とする。したがって、世界は不断に変化し、変化しつつ無限に連続するという本性をもつ。このような一種の弁証法的世界観の哲学は、人間世界の本質を歴史的存在と見ることに傾くであろうし、そのような形而上学を基礎とする精神は、本質的に歴史的精神といってよいと思われる。このような性格を持つ精神が、当時の諸学を綜合し、世界の統一的解釈を試みようとすれば、それは一種の世界史の形に結晶せざるをえぬ必然性があったろう。(25)」

すなわち「道」は分別智を越えるものであり、同時に弁証法的構造をもつ。このような形而上の認識は近代の歴史哲学に酷似しており、その下での人の生は本来的に歴史的存在として把握されることになり、ここには本質的に歴史的精神が脈打っているといえる。

しかしそれだけでは世界史は生まれない。もう一つの根幹となるものが「礼」である。「道」に対して「礼」が準備されねばならない。「礼」とは秩序意識である。

「しかしながら『道』の形而上学だけで中国独自の世界史が成立しえたわけでは決してない。『道』は把握しがたいものであり、『虚無』につながるごとく、無性格・無秩序に流れる可能性をもつ。それはあらゆるものを相対化する傾向をもっている。しかし、人間世界が存続しうるためには、これを支える秩序がなければならぬ。それがすなわち『礼』であり、『礼の義の大宗』を示す『春秋』の批判精神が、歴史的世界を支えるための準拠とならねばならなかった。『伯夷列伝』にいうように、人間世界を維持している個々の人間の正義は、『道』の顕現たる歴史過程において、ともすれば正当な報いを受けることなく埋没する。埋没した人間の正義を発掘し、顕彰することが、人間としての、歴史としての使命とならねばならないのである。したがって、『道』の形而上学のもとづく歴史意識と、人間世界を成立せしめる根拠としての『礼』的秩序意識と、この両者の接点において、司馬遷の世界史が構想されたということができるであろう。『道』と『礼』との関係の問題は、以後の中国哲学史において、世界観に関する重大なテーマでありつづけたように思われる。[26]」

「道」に対して「礼」をもってすることによって、人間世界を成立せしめる、この接点において司馬遷の歴史哲学が成立している。すなわち、「天道」は、「易伝」の哲学、いわば存在論の問題であり、「是か非か」は『春秋』の基本テーマ、つまり価値論の問題である。この両者をいかにして綜合するか、両者の関係をどう理解し解釈するか、つまり、この人間世界の構造と意味とをどう理解するか、それは当時の諸学を綜合し基礎づける基本的な課題であり、それこそ司馬遷の中心テーマにほかならなかったのである。

まことに「存在の根拠と価値の根拠とを、どのように統一的に理解するか、これは洋の東西を問わず、哲学の根本問題にほかならない。キリスト教がヨーロッパに浸透して以後は、キリスト教でいう神の観念によって両者が統合されたであろう。しかし、中国では絶対的超越的な神の観念は、少なくとも知識人間の間では早くから姿を消していた。人間の力を超えたものに対する畏敬の念はもちろん存在する。『論語』雍也篇にいわゆる『鬼神を敬して之を遠ざく。知というべし』であって、畏敬の念はもちつつも、しかも存在の根拠と価値の根拠とを、そこにおいて統合しうるような超越者を措定することは、真に『知』の名に値いする認識とはいえないとされていた。真に『知』という足る両者の統合は、容易なことではなかったのである。[27]」

ここに問題の本質があると想う。絶対的知の認識は容易ではないことを中国人は早くから気がついていた。超越者の存在を措定することは、真の絶対知なのかについて早くから疑念をもっていた。

西洋ではキリスト教の神によつてそれが統合され、かつ神が存在するとされたが、この中国ではそのような存在を認めなかったこと、この違いが東洋と西洋を異なったものとしたのである。

この違いはずっと後まで、今日まで相へだったまま続いていると思う。

具体的行蹟によって示す

さて本題にもどって、以上の基本認識がさらに『史記』という歴史記述に結実するためには、多くのステップが必要だったのであり、それについて川勝氏は次のように指摘する。「たとえば、右にのべたような歴史意識と秩序意識との接点から、司馬遷が抱いた問題を具体的に記述し表現する方法の問題である。彼はその批判精神を表現するためには、孔子にならって『これを空言＝抽象的言辞に載せんと欲するよりも、これを行事＝具体的行蹟において示すことの深切著明なるにしかない』と考える。歴史的世界に具体的な形をとってあらわれる個々の現象や人間の行為の跡を精細に観察し、類別し、それを客観的に、また生き生きと描写することによって、歴史の意味と人間世界における秩序原理の重要性が、抽象的な哲学論議によるよりも、はるかに痛切に、はるかに鮮明に示されると考えたのである。かくて、その著述は全歴史過程を織りなすあらゆる種類の人間模様を精細に描写するという形の世界史として結晶したのであった。(28)」

このことは極めて大切なことである。あらゆる歴史過程の精細な描写はへーゲルにはだらだらした意味のない、単なる事実の羅列に写ったかもしれないが、事実は全く異なるのであって、理念などといった抽象的言辞を弄するよりも具体的行蹟を示すこと以外に表現することはできないというのが『史記』を貫く信念である。

ランケに近い

かくして中国史書の特質をなりたたせるものが判明したのであるが、このような性格を西洋の歴史哲学と比べると、その類似点、相違点はどこにあるか。

そのためもう一度、中国の歴史認識を再言すれば「六経つまり『聖人の道』は形而下なる器にすぎない。『道の自己展開』の『迹』にすぎない。それは決して『道』そのものではない。……それは、あくまでも歴史的所産であって、ただ『道』の『迹』の集大成されたもの、至純の結晶として、われわれが守るべき貴重この上ない『器』なのである。われわれは、このような『守るべき器に拠って、見るべからざる道を思わなくてはならない[29]』。」

この認識が重要である。かくて川勝氏によれば、「『見るべからざる道』、すなわち、究極的な実在または普遍は、合理的分析的な理性によっては認識できない、ただ歴史的所産としての『道』の跡の集大成された『器』に従って直観によって認識する以外にない、という考え方は、中国における基本的な認識論であった。そのような認識論があるかぎり、『理』＝『事』に対する認識は、当然『事』の追求に徹底せざるをえない。『事』において『理』を思わざるをえないのである。かくて、それはヘーゲルよりもむしろランケに近づく。『世界史的普遍は……具体的事実に即して直観されるものではなくてはならぬ』のである[30]。」

まさにランケのいうように、「理」はあらかじめ考えられた《アウスデンケン》ものであってはならないとされるが、中国人も「義理は空言すべからず」といっていたように、空しく「理」を論ずるとは意味がないとしていた[31]。こうみてくると、あらためてきわめて現代的な歴史認識であることに気付くのである。

そしてこのような理解はヘーゲルにとっては到底そこまで行かなかったものなのである。かくして「古代中国においては、先の述べたように、『道』の形而上学を基礎として、時とともに変化する歴史的世界の意味を問うところの歴史意識が自覚的に形成されつつあったのであり、そのような意識が司馬遷において見事に凝結したのであった。中国には世界史の理念がない、と簡単に断定されることは、したがって極めて危険であるといわねばならぬ[32]。」

アリストテレスに当る

中国人の歴史観を把えるには、司馬遷を中心に置きつつも、より広くその後の中国史学の発展やさらに中国におけるコスモスの認識の詳細を加えなければならない。しかしそれは川勝教授の論文を参照にして頂く以外にはない。その含蓄深い示唆を示すために最後に全文を引用したいくらいであるがそれは止めにして、司馬遷の世界史学は西洋との比較において、また今日まで歴史や哲学の流れにおいてどういう位置にあるとしてよいか。それはその巨大さ、綜合性の故にヘロドトスに相当するのではなく、アリストテレスに相当すると川勝氏は言う。すなわち、

「老子から荘子の認識論的検討を経た『道』の形而上学は、右に見たように儒教の経典たる『易』の解釈にとり入れられて、司馬遷のころまでには儒教・道家の区別をこえて、共通の世界観の根底にすえられていた。世界を弁証法的構造において把えるこの古代中国の一般的思想傾向は、かの古代ギリシャの反歴史的なそれとは全く対蹠的である。普遍的な存在、永遠に不変なる存在にひたすら肉薄するギリシャ精神は、形式論理学を基礎とするプラトン、アリストテレスの哲学において諸学を綜合することができた。それとは全く反対に、不断に変化するものに肉薄する古代中国の精神は、弁証法的思考にもとづく司馬遷の世界史学において諸学を綜合することに成功した。このように考えれば、東アジア世界の精神史における司馬遷の位置は、西洋世界におけるヘロドトスの位置に当たるのでは全くなく、むしろアリストテレスの位置にこそ相当する。アリストテレスが西洋において以後千数百年、いな二千年近くに及ぶまで、容易にのりこえられない巨大な存在であったように、中国的精神構造の根底から堅固に構築された司馬遷の世界史学が、以後二千年にわたってのりこえられなかったとしても、それほど不思議ではないということができるであろう(33)。」

この歴史意識ないし歴史認識は今日どういう意味をもつか。ランケは世界史理念を確立したが根底に神を置いていた。そこには歴史のダイナミズムと摂理の双方があった。ブルクハルトは繰り返されるものを強調した。ヤスパースは発展と救済の双方を置くことによって統一性を願望した。

「中国の知識人は、すでに二千数百年前から超越的神の摂理を信じなかった。あらゆるものを相対化しかね

ない非人格的な『道』のもとで、ペシミズムと闘いながら、あくまでも人間世界への信頼を求めて独自の世界史を成立させた神をもたぬ中国の知識人にとって、埋没せんとする人間の正義を発掘して史書に残し、これを永遠に伝えること以外に、著者自身を含む人間の救済はありえなかった。[34]」

司馬遷の史家としての恵まれた環境と、その使命感、しかしその故に降ってくる悲劇、しかしそれを生涯のバネにして『史記』が完成したのである。[35]

歴史の内在的理解の重要性と東西の発展差にみるパラドックス

以上の検討を通じて、冒頭にも記したように、歴史観の多様性をまず認識したい。しかし本質をつきつめれば共通性もあり、さらにその共通性の理解を含めて何よりも深い内在的理解こそがその多様性を知る道筋であることをあらためて指摘したいのである。

そしていままでこのような研究にも充分に目配りせずして、いかに多くの人がヘーゲル的な一元的、そして一方的な歴史認識をふり回して、あるいは潜在的に依拠して東洋を、また自らを卑下することをやっていたか。それは悲しいことであるし、また知的貧寒さでもある。学問といえば横文字を読むこと以外に頭になかったのではないか。

それにしても、人間の生について本質的な把握をしていた東洋、その意味できわめて現世的〝合理主義〟を確立していた東洋が、ゆるやかな社会発展、恒常的な《ホメオスタティック》社会発展を選択し、絶対者、超越者によって〝無理〟な統一理解をもっていた西洋が一七世紀以降、尖塔をつくるように鋭角的に急発展し、東洋を追い抜いたのは何故なのだろうか。それは歴史の皮肉といえないだろうか。そこにむしろ西洋の「特異性」があるのであって今日はむしろ、その特異性のもつ限界が噴出してきた時代といえるのではないか。

ここでみてきた中国の歴史理解の方が、われわれにとっては正しいとみられるし、また親和性が大きい。しかしそこには真実をついているが故に、ニヒリズムがただよう。このニヒリズムが進歩の理念、問題の抽象的原理的理解、理性の優位、自然の客体化などに高い価値を認めず、結果としてそれらからわが身を遠去けていったのであろう。これが近代のトビラをあける差を生んだのだと理解しておきたい。しかしそれは人間の生にとって真実であるかどうかは別問題である。

注

(1) ヘーゲル『歴史哲学』(武市健人訳、岩波書店、一九五四年)上巻、四一頁。
(2) 同、四四頁。
(3) 同、四三頁。
(4) 同、下巻、三二四頁。
(5) 以上の引用はすべてランケ『世界史概観――近代史の諸時代』(鈴木成高・相原信作訳、岩波文庫、一九六一年)、三二六～三二八頁。
(6) 同、三九頁。
(7) 同、四〇頁。
(8) 同、三八頁。
(9) クローチェ『歴史の理論と歴史』(羽仁五郎訳、岩波文庫、一九五二年)、七五頁。
(10) 同、七九～八〇頁。以上いずれも傍点は(一)の部分を除いて筆者が付した。
(11) B・クローチェ『思想としての歴史と行動としての歴史』(上村忠男訳、未来社、一九八八年)、三五～三六頁。
(12) 同、四八頁。
(13) 同、八六頁。
(14) 同、八六～八七頁。
(15) 同、四五～四六頁。
(16) 同、四六～四七頁。
(17) カルロ・アントーニ『歴史主義』(新井慎一訳、創文社、一九七三年／原著は一九五七年)、一九七～一九八頁。

なお、この絶対的歴史主義については本書の十章が十八世紀以降、二十世紀の現代まで視野に入れて、クローチェの全面的な祖述となっており、それは出色のものである。とくにヴィーコ、ヘーゲル、シュペングラー、マルクスに目配りされているので、クローチェの独創性と明晰さが一層よく理解できる。

(18) 同右、一九七頁。

なお、ヘーゲル歴史哲学が批判したからといってヘーゲルがその生きた時代と格闘する中で、思想を次々と深め、発展させていった営みはやはり絶大であると思う。全体系の咀嚼はいまのところ、手が届かないが、その営為の簡潔な説明はZ・A・ペルチンスキー編『ヘーゲルの政治哲学』(藤原保信・荻原隆・姜尚中・引田隆也・飯島昇藏・川上文雄訳、御茶の水書房、一九八九年)の中の訳者解説(五〇一頁以下)で知ることができる。本稿との関連ではこの書のⅢ章のバークとの比較、X章の歴史哲学論が興味深い。

(19) ヘーゲル『歴史哲学』上巻、一九六頁。

(20) 川勝義雄『中国人の歴史意識』(平凡社選書91、平凡社、一九八六年)所収の「天道は是か非か」、二七頁。

(21) 同、三三~三四頁。

(22) 同、三六頁。

(23) 同、三八~三九頁。

(24) 同、三九~四〇頁。

(25) 同右。

(26) 同上書「司馬遷の歴史観」、一二頁。

(27) 同上書「天道は是か非か」、四三頁。

(28) 同上書「司馬遷の歴史観」、一三頁。

(29) 同上書「天道は是か非か」、五一~五二頁。

(30) 同右。

(31) 同右、五一頁。

(32) 「司馬遷の歴史観」、一二頁。

(33) 同上書所収「司馬遷のヘロドトス」、二四~二五頁。

(34) 「司馬遷の歴史観」、一四頁。

(35) 責任編集貝塚茂樹『司馬遷』(世界の名著11、中央公論社、一九七八年)にその数奇な運命についての叙述がある。

第Ⅲ章　超越者と人間の捉え方——西洋と東洋の相違

現実の生としての歴史の歩みをどう考えるか、というテーマから脱れていくが、ここでどうしても、人間の生の営みにかんする認識として、超越者をどのように捉えるのか、また人間そのものの捉え方につき、西洋と東洋の間にある相違はあるのか、あるとすれば、それはどのようなものか、またそれは、現実の生にどのような意味合いをもつのか、について、どうしても触れておかねばならない。

そこで仏教についてまず考察しよう。

1　仏陀と超越的世界の認識

西洋についての理解においては、超越的なるもの、の存在について認識しておかねばならぬことが明らかであるが、東洋ではどうであろうか、これを仏教についてみておこう。

仏教は超越的なるものに対して無知であったり、あるいは否定したりしたのであろうか、決してそういうことはない。

以下に、西洋学者による仏教理解の基本文献の一つであるとされる、ドイツの仏教学者ヘルマン・ベックの『仏教』（渡辺照宏訳、岩波文庫、上・下、一九六二、七七年）の所説を引用したい。これは西欧の仏教研究者の目でみてカントの認識論との対比もなされていることもあり、仏教の特性をよく理解でき、同時に東洋人であるわれわれ自身の思考様式をふりかえり、その源泉といったものを知るうえで、きわめて有効かつ適切であると思うからである。（なお、以下の引用は、本稿の筆者の立場を示すものとして決定的に重要なので、念のため関係箇所の殆んどを全文示している。ただ分り易いように小見出しを随時つけ内容に即し改行もしている。）

超越的問題に対する沈黙

まず、ベックは仏陀の語った言葉以上にその沈黙の威力を強調したうえで次のように論を進める。

「仏陀の沈黙でときにいちじるしいものは積極的教訓の含みのある拒否であって、それは宇宙が永遠か非永遠か、無限か有限か、というような超越的諸問題の質問、または、肉体と心霊（生命）との関係や死後の生命のようにいつの時代でも宗教的要求に密接な関係のある質問を受けたときの沈黙である。こういう場合に仏陀はいつも肯定と否定との答えをしりぞけ、また、考え得るならば、二つの選言支の同時の肯定と、同時の否定もしりぞける。『宇宙は永遠である――永遠でない――永遠であり、同時に永遠でない――永遠でなくも、永遠でなくもない――というようなことはみな私が教えなかった。タターガタは死後にも存在する――存在しない――存在し、かつまた存在しない――存在するのでもなく、存在しないのでもない――というようなことはみな私は教えない。』四つの選言支すべてを直接に否定することもある。このような言い方はきわめて独特なもであって、仏陀自身にまでさかのぼるもののひとつと言わねばなるまい。近ごろの研究者たちが言うように、これらの問いをしりぞけた仏陀は形而上の学問に対してただ冷淡であったにすぎないと推測しこういう問題は仏陀にとって問題とはならなかったと推定するとすれば、この場合に理解が十分ではない。」[1]（傍点筆者、以下同じ）。

仏陀の意図を示す比喩

「仏陀が何を意図したかということは、ひとつの有名な比喩にはっきりと述べてある。『中部経典』の『マールンキャ小経』によると、あるときマールンキャプッタという僧侶が仏陀のところに来た。彼は、宇宙が永遠か永遠でないか、無限か無限ではないか、心霊が肉体と異なるか、死後に存在するか、ということについて聖者が説明してくれないのを不満に思っていた。彼は仏陀にせまって、これらの問いに肯定か否定かの答えをしてくれるよう、もしくは『私は知らない』と答えてくれ、答えさえくれれば今までどおりに仏陀に弟子になっているが、もし答えられなければ還俗するつもりである、と言った。しかし仏陀はひとつの比喩でこれに答えた。仏陀は言う『ある男が毒矢にあたり、その友達が外科医をつれてくる。するとその男はこう言う。私を射た男は何ものか、名は何という、どういう種族の、どういう階級のものか、どんな様子で、背が高いか低いか、黒髪か金髪か、郷里はどこか、また、私をねらった弓がどんな大きさで、私にあたった矢はどうか（原文ではさらに細かいことが言われている）、こういうことが全部はっきり判らないうちは、矢を抜いてもらいたくない、と、こう言ったとしたならば――その男は手当てを受けないうちに死んでしまうだろう。ちょうどそれとおなじように、あのような問いに答えてくれなければ修行したくないと言うものは、タタガータから答えてもらえないうちに死んでしまうであろう。』」[2]

比喩の意味——人類の救済

「この比喩もまた仏教の抽象的教義の中の多くのもの以上に深遠である。この物語によって明らかにされることは、まず第一に、仏陀はそれらの問いの答えを知っている（この傍点訳文のまま）のであるが、質問者が考えているほど簡単に答えるわけには行かないのであって、質問者がその答えを聞かないうちに手当と救済との時機を失って死んでしまうのである。仏陀が出現したのは論理的、哲学的な問いに答えるためではなくて、悩んでいる人類を救うためである、という意味なのである。[3]」

同右——アンチノミーについて

「このような比喩にはなお多くの言外の意味が含まれている。実際のところ、仏陀は形而上学の諸問題に対してまったく無関心であったのではない。哲学的見地から考察すると、その背後には、ただ皮相的に一見しただけでは容易にわからない真理がひそんでいる。宇宙が無限か有限か、永遠か永遠でないか、というはじめの方の問題を考えてみよう。カントを読んだ人ならば知っているように、ここで問題になっているのは『アンチノミー』である。（中略）アンチノミーそのものとしては、それぞれの人がこれらの事柄を自分で考察し、内省的に体験できるものであり、また体験しなければならない。なぜかというと、頭脳に拘束された有限な思考によって、空間と時間の無限性を現実的に具体的に表象することはできないからであり、また多面、空間の終極（それから先は空間がまったく存在しないというような空間の一点）、ならびに、時間の最初と最後とは、このような頭脳的思考では思考することができないからである。こうしてここにおいて、悟性的思考は苦境に陥り、自分の力では打開することができない。[4]」

カントと仏陀の違い――仏陀は認識の限界を越える道を教える

「カントと仏陀をくらべると多くの相違する点があるが、その中でも重要なものは次の点である。すなわち、カントにとっては、頭脳に拘束された思考の範囲を脱することができないのは当然のことであった――カントはあまり有名ではない論文の中でもっと別の立場を論じながら、やはりそれを否定している――それに反して、仏陀はふつうの、経験的な思考（私たちに言わせると、頭脳に拘束された思考）を超越し、克服することそのものを使命としている。それだからこそ、あらゆる思弁を拒否し、かつまた、宇宙と人間との最高の秘密は抽象的、哲学的な思想では達することができないと宣言したのである。感性に拘束された低級な思考が陥っていてどうすることもできない矛盾を解決するものは、論理的思考ではなくて、ただ高次の意識（悟り）のみである。(5)」（中略）

「仏陀は高次の意識についてもやはり理論を立てようとはせず、これに到る道を示そうとする。カントは与えられた意識の範囲内で、認識の限界がどこに存するかを、論理的に示すが、仏陀は、与えられたその意識形式をどのようにして越えることができるか、というその実践、その道を教える、このようにして、カントは感性に結び付いた思考、すなわち『純粋理性』の範囲内では、高次の意味の実在の認識に達することが不可能である、と論証しているが、それに反して、仏陀は、感性に結びついた思考を克服することによって、高次の認識に到りつくというのである。そこで、あのような思考にもとづくすべての質問に対して、仏陀は実際には沈黙という返答をしなければならなかったのであって、思考の誤った道によっては決して宇宙の大問題に達することができない、ということをその返答は示しているに他ならない。(6)」

他の宗教との違い

「唯一最高の原理についていろいろ論議した結果が大抵はどういうことになったか、それは宗教史が明確に示している。その結果はせいぜいある『信仰』、ある教義、ある神学であって、つまり、仏陀が超越しようとした意識や思考の形式の範囲の中の留まることに他ならない。」（中略）［以下の文章は改行なくつづいているが、分かりやすくするため改行した――引用者］

「仏陀は、そのころの民衆にとって、その時代にとって、空虚な概念形式にとらわれることが危険であることを、承知していた。仏陀は、すべて神学者の論争、すべての思弁を好まず、苦痛にみちた『教義の密林、教義の原始林、教義の痙攣、教義の喜劇』から心霊を救いだそうと欲し、現実的、瞑想的、内面的な体験の道へ、低い意識とあらゆる形式の悟性的思考とを克服する道へと、心霊をむけさせ、ただ、実践的、教育的な目的を達成するために有効適切であると思われた限りにおいてのみ、概念なり、抽象的にまとめた『真理』なりを添えてやることにした。」（中略）

「仏陀は、そういう最高の神的なもの、または霊的なものを言いあらわす概念をその説明形式からはぶいた。他の諸派で積極的な最高概念を用いるところを、仏陀はいわば空白として残しておいた。」（中略）

「他の宗教ではかの最高の神的＝霊的なものについてさまざまに説かれるが、それは仏陀にあっては――沈黙なのであった。この沈黙はわれわれに多くのことを語ることができるものであり、ただの否定的なものではなくて、仏陀の沈黙が一般にそうであるように、積極的な一面を持つものである。かつまた仏陀も時には、言葉で不明瞭でありながらも、積極的な意味で、最高の超感覚的なものについて述べ、感覚世界の諸現象はその中から現れ出て、また、その懐中に戻って行くことができる、と言っている。仏陀は言う『弟子たちよ、生じないもの、成らないもの、創造されないもの、構成力から発生したものではないもの、が存在する、もし、この生じないもの、成らないもの、創造されないもの、発生しないものが存在しなかったとすれば、生じたもの、成ったもの、創造されたもの、構成力が発生したものを認識することができないであろう。』」（中略）

「仏陀のいう『神々』ならば瞑想によってまったく実在として到達することができるのであるが、この最高のものは瞑想の前にもいわば姿を引込める。なぜかというと、この瞑想が霊的な領域に入りこめば入りこむほど、それはますます遠く、ますます高く、ますます深いところに消えて行くからである。仏陀は、その相手が真実に把握することができること、交渉を持つことができること、その霊的教養や発展にとって意義のあること、でなければ、語ろうとはしなかった。それだから、仏陀は、超感覚的なものへと向上することは教えたが、われわれがふつうよく言うような『神』のことは言わなかったのである。[7]」

仏教の特性のまとめ

以上の長い引用で分ることと思うが、繰り返せば、次のようにまとめることができよう。

(1)　仏陀は超越的なるものを知らなかったのではなく、また否定もしなかった。

(2)　しかしそれを認識することは、頭脳に拘束された人間の有限な思考によってはできないことである（この点はカントも一致）。そして、人間の悟性的認識や経験的思考の限界、その故に哲学的思考の限界を知覚していたのである。

(3)　そして宇宙と人間の最高の秘密を知ることは、ただ高次の意識（悟り）のみであるとし、それに至る道を示すこと、すなわちただ単に限界を指摘することではなくして、人間の認識限界をどのように越えることができるか、その実践の道を教えること、それによって人間を救おうとしたのである。

このとき重要なことは仏陀はつねに民衆の立場にたち、その救済を願ったのであって、それがバラモンなどの有識者の思辯的な、結果として生命を失うことになった空虚な概念世界と距離を置くことになったのであり、その故に思想として生命をもちつづけたのである。

この意味で、仏教は「合理主義の体系、『無神論の道徳哲学』である」といわれるのであるが、(8) ここでは宗教論が主題ではない。筆者が問題にしたいのは、人間社会についての基本認識方法がここにある、ということである。すなわちその有限性ということの認識であり、絶対性や普遍性についてアンチーゼがここにある、ということの確認である。

人間の悟性的認識の限界ということをここで明確に認識すること、それは同時に、人間と社会についての絶対的といえる限界性を認識しておくことである。

このようにみてくると、仏教はより深い人間的理解に到達していたことが分かる。そして、その故に宗教の生まれるゆえんについても明確な把握がなされているのである。

仏教に対する欧米の高い評価

なお最後にこのような深い人間把握に至った宗教が欧米にどのように理解されているのか。それはわれわれの予想をはるかに越えて広汎であり、また長い歴史を持っている。(9) ことにその〝代表選手〟として、ショーペンハウアーとニーチェをあげることができ、宗教の中で最高の位置を与えているのである。

ニーチェはいう。「仏教は、キリスト教よりも百倍もリアリスティクである。(中略)『神』の概念は、それが生まれたとき、すでにすませていた。(中略) 仏教はもはや『罪に対する戦い』を語らず、正義が現実に与えている戦い全体を語る。仏教は――この点がキリスト教と非常に異なっている――道徳の諸概念の自己欺瞞性をすでにすっかりすませている。善悪の彼岸に立っているのである。」[10]

また「およそ仏教の世界観に比べては、他のどんな教義でもはなはだちっぽけな馬鹿げたものに見えてしまう」とはショーペンハウアー哲学の影響を強く受けたリヒャルト・ワグナーの言葉であるが、[11]仏教の奥の深さを示しているといえよう。

今日、欧米からみると日本の対応は一見無原則であり、それは超越者を信じていないといったことから来る、といった高圧的な批判があるが、この人達は古今の宗教やその興隆のイロハさえかじっていないのではないかと思われる。お互いの理解のために基礎的素養はまず積んでほしいものである。

付・儒教――孔子の理解について

なお、儒教――ここでは孔子について、殆ど同じ理解をすることができるのではないか。日本人の論語研究、解釈では殆んど無視されているかのようであるが、孔子は「鬼神を敬して之を遠ざく。知というべし」と言っている。古今の偉大な思想家の文献を渉猟したＫ・ヤスパースは、「天のみ大なり」、「四季がその歩みを続け、もの皆生ずる。その時天は何かを語るであろうか」といった言葉を引用しながら、[12]孔子の窮極の事物についての理解の仕方について次のように述べている。

「究極の事物は孔子にとって一度も主題となっていない。孔子は限界について語ることを憚る気持ちがある。この師は幸福、運命、純粋なよきこと、についてほとんど語ったことがない。死、自然（本性）、世界秩序について語らなければならないようなときには、未解決の答えを与えた。それは孔子が秘密めかしくみせようという気持をもっていたからではなく（「私が汝らに不当に与えないものは何もない」）、事物の本性がそうであるからである。究極の問いに対して、ものを考える人が歓迎したくない間違った動機があるだけではない（好奇心、現在必要なことを回避したい気持ち、生自体への道の回避)、決定的なものは、決して適当なやり方で対象とはならないものについて、対象的に語ることが不可能だということである。そこから、形而上学的問いについて語る場合、言葉や命題、そしてまたすべての直接性に対する孔子の防衛が生まれるのである。このような態度を不可知論と呼ぼうとも、それは知ることのできないものに対する無関心ではなく、むしろ、触れられたものを見せかけだけの知識に変えてしまいたくない、言い表わすことでそれを失いたくないという当惑である。孔子には、無限のもの、知ることのできないものへの衝動、偉大な形而上学者たちを消衰させた問いはほとんど感じられない、しかし慣習を敬虔な態度で行なうことのうちに、また窮迫した状況のうちで、言葉に出して多くを言わずに示される答えのうちに、究極の事物の現在が感じられる、ということは承認されなければならない。(13)」

一歩手前主義

われわれがとくに気にせずに読んでいる論語の片言隻語に、西洋の思想家はこのように奥深い意味を読みとるのか、という不思議な驚きがあるが、あらためて指摘されれば、このようなコスモス論、人生の処し方、日常の態度一切がわれわれの身にしみついているのを感じ、きわめて自然に理解できる。

これを筆者は〝(窮極に対する)一歩手前主義〟と称したい。この態度が真実であると思うが、このように宇宙窮極の意味、つまり人間存在の窮極的あり様の把握、認識の仕方について、西洋と東洋の間には大きな相違があるのは否定し難いところであり、それが単に政治・社会のあり様ばかりではなく、人間の捉え方、社会のあり方、すべてを最深層部において規定していることは間違いないところである。

この根本的な違いを認識してこそ、われわれの位置が分かってくるのである。

2 西洋と東洋における人間の捉え方

以上の検討からも分かるように、西洋と東洋では、超越者との関係において、根本的に人間の捉え方が異なっていると思われる。そこで、つぎに別の観点からこの問題に触れておきたい。

西洋の思想の基軸はユダヤ・キリスト教にあることを何度も指摘したが、そこで聖書解釈によってこれを明らかにし、つづいてわが国については、和辻倫理学によって人間のあり方を明らかにしよう。

神に譲歩を迫る人間――フロムの聖書解釈

エーリッヒ・フロムは『ユダヤ教の人間観』(飯坂良明訳、河出書房新社、一九八〇年)において、「聖書」について精神分析と宗教的理解とヒューマニズムに立脚して、独自の解釈をほどこそうとしているのだが(そしてまた、人間社会における思想形成の特質について卓見があるが(14))、ここでの筆者の問題意識からは、神と人間の関係が、西欧の思想形成に決定的な影響を与えているユダヤ教においてどのようにとらえられているか、ということに一番の関心がある。

結論的にいって、筆者の興味をひくのは、神との関係における人間の大きさ、強さである。

その歴史物語りの実際にみられる論証は旧約「出エジプト記」におけるモーゼと神の対話においてヴィヴィッドに語られるが、それに至る源初からの物語りにおいて、神は人間にしばしば譲歩するのである。それを筆者流に整理して示そう。

●神は絶対者である

「発展の最初の段階では、神は絶対的支配者として描かれた。神は自然と人間を造った。気にくわなければ、神は造ったものを破壊することができる。[15]」

●神の至上権に挑戦する人間

「人間は、知恵の木および命の木からとって食べれば神になりうるとされる。知恵の木の実は人に神の知恵を与え、命の木の実は人に不死をえさせるであろう。へびにそそのかされてアダムとエバは知恵の木から食し、二段階のうちの最初のものを得る。神はその至高の地位を脅かされたように感ずる。神は言う。『見よ、人はわれわれのひとりのようになり、善悪を知るものとなった。彼は手を伸べ、命の木からも取って食べ、永久に生きるかも知れない』（創世記三章二二節）神はこの危険から身を守るために、人を楽園から追放し、一二〇歳以上は生きられないようにするのである。」

神はその優越性を保持するために、人間を暴力をもってエデンの園から追放した。しかし次に起こったことは何か。

「人間は神の優越した権力に服さなければならないが、しかし後悔やざんげを示してはいない。エデンの園から追放された人間は独立の生活を始める。人間の最初の反逆行為は人間の歴史の始まりである。というのは、それは人間の自由の始まりでもあるからである。[16]」

●初期の観念に含まれた矛盾

「神は最高の支配者であるにもかかわらず、自分に挑戦しうるようなものを創造してしまったのである。存在の当初から人間は反逆者であり、自己のうちに神たるべき可能性をもっている。……人間が開花すればするほど、ますます神の優越性から自己を解放し、ますます神に等しくなりうるのである。神観念がさらに全体として発展すればするほど、人間の所有者としての神の役割は縮小する。[17]」

●契約の観念の形成

「『わたしがあなたがたと立てるこの契約により、すべて肉なる者は、もはや洪水によって滅ぼされることはなく、また地を滅ぼす洪水は、再び起こらないであろう』（創世記九章一一節）[18]」

すなわち当初は「神は聖書の本文では、勝手きわまる支配者として出てくる。神は、ちょうど陶工が自分の気に食わない陶器をどうしようと構わないように、自分の創造したものを自由に処分する。人間は『邪悪』であるから、神は地上のあらゆる生命を破壊しようと決意する。しかしこの物語は、先にたどっていくと、神観念に関する最初の重大な変化へと行きつく。神は自らの決定を『後悔』し、ノアとその家族、および、あらゆる種類の動物を救おうと決心する。けれどもここで決定的なことは、神が、ノア、および彼の子孫のすべてと、虹によって象徴される一つの契約（ベリット）を結ぶということである。[19]」

ここでも神の〝譲歩〟があるのであるが、この変化は重大な意味をもつ。

「まさに契約の観念こそ、ユダヤ教の宗教的発展におけるもっとも決定的な段階の一をなすのである。それは、完全な人間の自由、神からさえも自由であるといった思想に道を拓く一段階であった。

契約の締結とともに、神は絶対的支配者であることを止める。神と人間は契約の当事者となった。神は、『専制』君主から『立憲』君主に変る。神は人間同様、憲法の規定に縛られる。神は恣意的な自由を失い、人間は神自信の約束と、契約に定められた原則にのっとって、神に対抗しうる自由を獲得したのである。ただ一つの契約ではあるが、それは根本的なものである。神は、人間と人間以外の生き物の生命、つまり全生命をどこまでも尊重するという義務を自らに引き受ける。全生物の生存権が第一の規則として打ち立てられ、神でさえもこれを変更することはできない。[20]」

●第一の契約から第二の契約へ

右の契約は神と人類の間にかわされたが、つづいて第二の契約が「神とヘブライ人との間に結ばれる。……『あなたは国を出て、親族に別れ、父の家を離れ、わたしが示す地に行きなさい。わたしはあなたを大いなる国民とし、あなたを祝福し、あなたの名を大きくしよう。あなたは祝福のとなるであろう。あなたを祝福するものをわたしは祝福し、あなたをのろう者をわたしはのろう。地はすべてのやからは、あなたによって祝福される』」(創世記/一二章一～三節)(21)。

このような契約の結果は、神がソドムとゴモラの邪悪さのゆえに、彼らを滅ぼそうとする時、アブラハムが神とかわす議論の中に「全地をさばく者は公義を行うべきではありませんか」という言葉が出てくることに劇的な意味を与える。すなわち、フロムはこの「文章は、契約の結果として、神観念に起った基本的変化をあらわしている。ていねいなことばではあるが、しかし英雄的な勇気をもってアブラハムは神に向かって正義の原則に従うべきことを迫る。彼の態度は屈従的な嘆願者のそれではなくて、紙に対して正義の原則を維持することを要求する権利をもった誇り高き人間の態度である。(中略)

アブラハムの挑戦とともに新しい要素が聖書およびそれ以後のユダヤ教の伝統の中に入ってきた。神が正義と愛の規範によって縛られているというまさにそのことのゆえに、人間はもはや神の奴隷ではない。両者の上に原則と規範が存するからこそ、人間は神に挑戦しえ、また神は人間に挑戦しうるのである。アダムとエバも神に挑んだけれども、それは不従順ということによってであった。それは彼らは屈しなければならなかった。けれども、アブラハムの神に対する挑戦は、不従順によってではなく、神が自らの約束と原則をないがしろにすることを責めることによってであった。アブラハムは一個の反逆するプロメテウスではない。彼は要求する権利をもった自由なる人間である。そして神は拒否する権利をもたない(22)。」

●第三局面――モーセに対する神の啓示

これはエジプトからの解放に際し、「この物語の中で神はくりかえしモーセのいろいろな要求に対して譲歩する」ということである。例えば「神は、『わたしは、あなたの先祖の神、アブラハムの神、イサクの神、ヤコブの神である』（出エジプト記三章六節）と言って名を明かさない。ところがモーセは、異教徒たるヘブライ人は、そんなかってなことばを理解することができないし、自分を歴史の神と言うだけの神の観念をも理解しえないと言っている。ヘブライ人はそうした神を信じないとモーセは論ずる。」何故なら偶像は名前をもっているから、ヘブライ人はこれに慣れていて「名前のない歴史の神というのは、意味をなさなかった。名前のない偶像とは自己矛盾だと考えられたからである。神はこのことを認め、ヘブライ人の理解に対して一つの譲歩を与える。神は自らに名前をつけてモーセに言う。「わたしは在って在る者」また言われた。「イスラエルの人々にこう言いなさい。『〈わたしは在る〉というかたが、わたしをあなたがたのところへつかわされました』と」（出エジプト記三章一四節[23]）」（以上通して引用、そのためカッコの使い方は訳文のまま）この場合、神はまだ擬人神観的要素をもっていて、依然として神は語る。しかし新しい様相は、神は自ら歴史の神としてあらわれてくるということであり、「名前をもたない神」という考えが出ているのである[24]。

このように、いくつかの段階を経つつ、人間は神の地位を侵蝕していく、神からいえば人間に譲歩していく。それだけ人間の地位は大きくなっていくことを聖書は語っているのであり、そのことをフロムは跡付けているのである。われわれの観点からは、このことが西洋における人間主義あるいは個人主義、自由や契約や正義という観念の形成という形で、後の思想的特質に受けつがれていったといえると思う。

和辻倫理学の立場

他方東洋では、あるいは日本では殊更にといってよいと思うが、このような宗教の始源からみられるような人間存在の把握は生まれなかった。

人間存在のあり方について、定式化したのは周知のごとく日本では**和辻哲郎**博士である。博士はその学の体系的叙述である『倫理学』においてこの点を詳説しているが、それは開巻冒頭の次の言葉に集約されているといえる。

まず、倫理は単に個人意義の問題とするのは近世の誤謬であって、「この誤謬は近世の個人主義的人間観に基づいている。個人の把握はそれ自身としては近世精神の功績であり、また我々が忘れ去ってはならない重大な意義を帯びるのであるが、しかし個人主義は、人間存在の一つの契機に過ぎない個人を取って人間全体に代わらせようとした。この抽象性があらゆる誤謬のもととなるのである。近世哲学の出発点たる孤立的自我の立場もまさにその一つの例にほかならない。自我の立場が客体的なる自然の観照の問題に己れを限る限りにおいては、誤謬はさほどに顕著でない。なぜなら自然観照の立場はすでに具体的な人間存在を一歩遊離したものであり、そうして各人が標本的に『対象を観る者』すなわち主観として通用し得る場面だからである。しかるに人間存在の問題、実践的行為的連関の問題にとっては、右のような孤立的主観は本来かかわりがないのである。しかも人と人との行為的連関を捨象した孤立的主観の立場がここでは強いて倫理問題にまで適用せられる。そこで倫理問題の場所もまた主観と自然との関係に限定せされ、その中で認識の問題に対立

和辻哲郎（1889［明治22］−1960［昭和35]）兵庫県生まれ。東京帝大哲学科卒。大正・昭和期の文化史家・思想家・哲学者として幅広い著作活動をおこなった。『ニーチェ研究』（大2）、『古寺巡礼』（大8）、『日本古代文化』（大9）などで早くから注目される。大正14年京都帝大で倫理学の助教授となる。その間、ドイツ留学（昭2−3）でハイデッガー哲学に触れ、帰国後、西洋の個人主義を批判し、独自の倫理思想の構築につとめ、12年の歳月を費やして『倫理学』を完成させた（昭24）。また『風土』（昭10）や戦後の『鎖国』（昭25）はよく人口に膾炙したものである。昭和30年に文化勲章を受章した。

する意志の問題としての己れの領域を与えられる。従って自然に対する自己の独立とか自己の自己自身に対する支配とか、自己の欲望の充足とかというごときことが倫理問題の中心に置かれる。しかしどの方向に理論を導こうとこの立場でのみ問題を解決することはできない。結局超個人的なる自己、あるいは社会の幸福、人類の福祉というごときことを持ち出さなくては、原理は立てられないのである。そうしてこのことはまさに倫理問題が個人意識のみの問題でないことを示している。(25)」

これは西洋近代のバックボーンとなっている個人主義に対する決定的な批判である。それと格闘してきた本著の立場からすると、この文章は、単に論述の域をこえてマニフェストになってさえいると思う。

本著『倫理学』上巻の序言日付は昭和十二（一九三七）年四月であるから、いまから七十年弱もまえに、このような近代西洋論理への決定的認識が示されていたのである。これをもちえたことは、日本人として幸せなことであり、また大いなる誇りである。

しかし、日本人にとって万人の共有しえた価値観となってきたか、は別問題である。近代個人主義価値観に、人についても社会についても、その認識姿勢がふり回されているからである。

近代個人主義批判の意味するもの

もう一度、右の文言を整理しよう。それによって、その論述が完全な論理によって展開されていることを確認しておきたい。

すなわち、①個人の把握は近代の功績であるが、しかし個人主義は人間存在の一つの契機にすぎない。②自然を観る場合はそれでよいかもしれないが、人間存在の問題を扱かおうとすると、孤立的主観は間違いとなる。③人間存在の問題とは人と人との実践的行為連関の問題であるが、それを捨象した孤立的立場が倫理問題に適用されると、自己の独立といった問題は発展するが、倫理はそれにとどまらないから超個人的な自己、社会の幸福、人類の福祉などをもち出さないと原理は立てられなくなる。そのことが倫理は個人問題ではないことを示しているのではないか、というものである。

これをふまえて和辻は、人間の学としての倫理学を積極的に提唱するのである。すなわち、「倫理問題の場所は孤立的個人の意識にではなくしてまさに人と人との間柄にある。だから倫理学は人間の学なのである。人と人との間柄の問題としてでなくては行為の善悪も義務も責任も徳も真に解くことができない。しかも我々はこのことを最も手近に、今ここで我々が問題としている『倫理』という概念自身において明らかにすることができるのである。」(26)。まず、ここでは倫理が主題となっているので、あたかも狭義の倫理問題だけにしぼって西洋の個人主義の限界が指摘されるようであるが、人間存在のあり様そのものを問題としているから、根本において人間の捉え方の理解が近世(近代)個人主義では誤りであることが示されている。そうすると、この近代個人主義に立脚するあらゆる思想は、その成りたちと性格・内容を疑ってみるべきだということである。これが第一点である。

二番目は、この指摘は、自然科学優位の認識姿勢に対する人文科学への励ましであると読める。まことに人文学は自然科学の発展に誘惑され、その認識体系の客観性が揺らいでいるかのようにみられるが、これは根本的な誤りである。くだいていえば、人間と社会を対象とする人文科学の方が、自然と分析する自然科学よりも、よほど複雑な内容をもつのである。また同様に、自然科学の方法を容易に人文科学に適用することの浅薄さを思い知るのである。

三番目は、和辻はそこまで言及していないが、人間存在の窮極のあり様に想いをいたせば、それは自然と人間の一体的な認識である。和辻は間柄を決定的に重視したが、これを人間と自然の間柄の重視と拡張して解釈することが可能である。すなわち、人間を自然との関係づけにおいてみる、ということの必然性・重要性にまで、この認識方法を拡張してみることを示唆するものと受けとめたい。

最後に、この部分を読んで最初に感ずることは、その理路整然ぶりも然ることながら、まず何よりもわれわれの考え方にきわめて親しみがある、なじみがあるということであろう。しかもここではキリスト教にみられるような超越者たる神の存在、その関係における人については全く触れられていないのも注目される。

そのためひきつづく叙述は、親子の関係から始まるようにきわめて人間的なものであり、また日常生活的であるということである。これが時間軸に基づく説明である。

しかも下巻に至れば人類の歴史叙述に入るのであるが、これは明らかにヘーゲルの「歴史哲学」を意識して書かれたのではないかとみられる。しかしその内容はまるで異って空間的な把握すなわち風土を軸に展開されている。

このようにみてくると、出発点における人間の捉え方が根本的に異なるのであるから、これを礎石に発展する、あるいは組みたてられる思想や文明全般の構造は異なってくることがきわめて自然に理解できる。そしてこの違いは厳存するということである。

恒常的発展VS鋭角的成長

人間のこのような捉え方の相違を出発点に、社会発展の構造的相違まで問題を拡げてみると、西洋近代に至るまでの社会発展はきわめて恒常的なものであったのではないか、さらに非西洋の特質に共通するものとしてこのような恒常性があり、これに対して近代西洋では鋭角的な成長をしているのではないか、という気がしてならない。

スペインによるインカの侵略をドラマティックに描いたW・H・プレスコット（アメリカの歴史家）に次のような叙述がある。

「ペルーでは何人も富まずまた何人も貧しくなく、すべて相当の生計を営むことができ、事実生活を楽しんだのである。野心、貪欲、変動を好む心、病的な不平心等、人の心を最も激させる感情はペルー人の胸に抱かれなかった。存在の条件そのものが変化と相容れない。彼は父親がかつて活動した範囲内で同じ活動を続け、その子もまた同じことを繰返した。インカの目的は人民に服従の心と緩和な心を注ぎ込み、既成秩序を完全に認めさせることであったが、それは完全に達成された。この国を最初に訪れたスペイン人達は国情にこれほど適した政治は他に見られぬこと、またその運命にこれほど満足し、政府の命令を忠実に守る国民は他にないことを強調した。(26)」

これは決して停滞ではない。ヨーロッパ人間の目からみて、停滞であると、評価したということにすぎない。このような事例は枚挙にいとまがないであろう。

この西洋の特徴を学問的に明らかにしていくこと——キリスト教千年王国論、進歩の概念など含めて——はどのようになされているのか、これに対し、東洋にみる自然との循環構造的なかかわり方、超越者と人間の関係、それを規定する道理の特質などを検討しなければ彼我の違いは分らない。西洋近代を問えば、この問題は避けて通れない。のちにニーダムの中国科学論を引用したり(第Ⅴ章—5)、ヤスパースの所論を紹介する(第Ⅷ章)のもそのためである。

そうしてこのことは人間と自然との関係再考という地球的規模の問題としていま現実的意味合いをもってきている。

ただそれではこれから東洋の知恵の時代だと簡単にいうことはできない。先にも触れたが、例えば仏教は、人間の存在の真実のあり方を知るが故に、すなわち、「広大無辺」の宇宙の神秘に人間の知はあまりにも遠いこと甚だしいを知るが故に、逆に虚無主義になる。つまり一つ一つの主題について決定的対決をしないという態度が生まれる。これに対しキリスト教を信ずる西洋の場合、その強い人間主義的立場の故に、それに乗って思想的対決を行うことから、ある解を出していくということがある。この違いから、東洋のわれわれの場合は、結果として、あらゆるものを受容してしまうとか、選択において、無原則になるとか、厳しい現実から逃避してしまうとか、そういう余地を大きく残しているといえよう。そしてこの余地―空白地帯に強い専制とか官僚的統治が入り込むのである。もち論強い一神教支配がつづくと、すべては、例えばコーランが決める、といったように宗教と政治・社会、すなわち聖と俗の分離ができないことが、近代化の足かせとなる。日本は歴史的にそれから免れてきたのもの今日の発展の要因であろう。

さらに関連して脇道にそれるが、いま一神教の再点検がなされているが、それに接するとキリスト一神教はなぜかくも窮屈なのだ、ということに尽きる。そしてギリシャの神にもどれ、なぜならそれがキリスト教に流れ込んでいるのだと詳説される。一神教の内在的批判として正しいであろうが人間として何をいまさら、という感じがする。つまり西洋と東洋どちらかがより〝人間主義的〟であるかどうかは言えないのであって、それが社会構造と歴史の発展にどういう意味をもったのかが問われるべき課題として存在するのである。そしていずれが正しいかということではなくこの違いは厳存するということである。

なぜこのような話をクドクド言っているのかというと、西洋近代の超克というテーマの重さを知っているからであり、かつそれへの主体的取り組みの立脚点が本当にあるのか、をまず強調したいからである。

注

（1）ベック『仏教』（渡辺照宏訳、岩波文庫、上・下、一九六二、七七年、原著は一九二八年）、一五〇頁。
（2）同、一五一～一五二頁。
（3）同右

(4) 同、一五二～一五三頁。
(5) 同右。
(6) 同、一五四～一五五頁。
(7) 同、一五六～一五八頁。
(8) 同、一二頁。
(9) 中村元『比較思想論』(岩波全書、一九六〇年)は、東洋の思想、宗教、哲学を中心に置いて、それらが欧米によってどのように受けとめられ、また欧米のそれと比較されているかを広汎に論じたものであり、これによると東洋思想、宗教、哲学が欧米の文化に与えた影響の大きさとその内実の深さを知り、目の前からウロコの落ちる思いがする。われわれが今日、いかに欧米中心の思想観に偏り毒されているかをあらためて知るのである。同様のものに三枝充悳『東洋思想と西洋思想——比較思想序論』(春秋社、一九六九年)がある。この中で紹介されているショーペンハウアーとニーチェの仏教理解は驚くべきものである。
(10) 三枝、前掲書、三五一頁。
(11) 中村、前掲書、三四頁。
(12) カール・ヤスパース『孔子と老子』(田中元訳、理想社、一九六七年)、四九頁。
(13) 同右、四八頁。なお、孔子の人柄については五六～五八頁に的確な叙述がある。
(14) E・フロム『ユダヤ教の人間観』(飯坂良明訳、河出書房新社、一九八〇年)、二六～二七頁参照。一つの観念がイデオロギーに感化しやすいのは、シンボルを用いること、体系化・完結性を求めること、のためであるとする。これは後に自然法批判において述べる通りである(Ⅳ—3)。
(15) 同　右、三〇～三一頁。
(16) 同右。
(17) 同右。
(18) 同、三二頁。
(19) 同右。
(20) 同、三二～三三頁。
(21) 同、三四頁。
(22) 同、三五～三七頁。
(23) 同、三八～三九頁。
(24) 同、四一頁。
(25) 和辻哲郎『倫理学』上、(和辻哲郎全集第十巻、岩波書店、一九六二年)、一一～一二頁。
(26) W・H・プレスコット『ペルー征服(上)』(石田茂一・真木昌夫訳、講談社学術文庫、一九八〇年)、五一頁。

第Ⅳ章　「自然法VS歴史主義」をめぐって

歴史認識についての検討は、われわれが今どこに、どのようにして在るか、を知るために第一に欠かせないのであるが、これについで重要なテーマは、社会のあり様についての認識の仕方に関することである。このとき、西洋近代がわれわれにつきつける認識の基本姿勢は、普遍主義に則っているのであるが、その背景となっているのが自然法思想である。

そこで、本章では、この自然法思想を、その反対概念である歴史主義と対比させながら検討していくことにする。

1　自然法と歴史主義の概念

それではまず最初に、自然法と歴史主義の概念を説明しておこう。

自然法とは

そもそも自然法とはどういう意味内容をもつのか、それをひもとけば、その歴史は古く、かつ時代とともに多様

な幅をもって語られているのである。(1)

まず、「自然法は西洋の倫理、法、政治、社会の理念と実践に対してもっとも大きな作用を及ぼした概念」であるが、その構造は二元論である。すなわち、自然法は「慣習、立法、その他の制度によらず、社会あるいは人間の本性に基づく法則らいし規範の意」であり、ここで「法は永久的、普遍的であり、歴史的制度に対して原理的、理想的意義を持ち、しばしば実定法の理念的法源、批判の基準と考えられる。この二元論は重大な特色」である。しかし、それは歴史的に変遷してきた。

●古代…「普遍的理性の宇宙支配を説くストア学派によって代表されている。すなわち真の法は『自然と調和した正しい理性』であり、普遍的、永久的であると説かれたばなりでなく、それはローマの法学と結合して社会的基礎を得、法の普遍的体系を築く基準となった」。

●中世…「トマス・アクィナスの思想のうちに、中世自然法思想の完成された姿がみられる。すなわちかれは神の世界支配の下部として、道徳の基礎、身分制の弁証、そして制度の基準を自然法に求めたのである。」

●宗教改革とドイツにおける発展…「キリスト教世界の分裂は自然法の世俗化を決定的にし、法の普遍性の回復は『人間の本性』から出発して法の淵源を人間理性と一致する社会秩序に求めるグロティウスによって試みられた。こうしてドイツに展開された自然法学は社会関係を法的に整序し、神権説に対抗して絶対王政の合理性法律制度を基礎づけた。」

●市民革命と社会契約説…「一方絶対王政に対抗する個人主義の立場では、自然法の重点はなによりも平等な個人の幸福追求の自由の自然権におかれた。合意の拘束を自然法によって基礎づける、社会契約説は一七～一八世紀における市民革命の理論であった。」

歴史主義とは

つぎに、歴史主義とは何であるかについてであるが、その定義は広い。しかしここでは、以下の定義を前提にしたい。「『歴史的、人間的諸勢力の普遍化的考察を固体化的考察でおきかえること』であり、歴史主義の本質とは『歴史における自己変動に対する感覚』であると考えるのである。このような意味合いから、歴史主義とは、歴史における発展を強調し、歴史における個体性を重視し、われわれの思考を歴史化する理想上の立場ということができよう。（中略）このような「歴史主義は一八世紀の抽象的な合理主義に対する反動として台頭したドイツ・ロマン主義を背景として生まれランケやサヴィニーを頂点とするドイツ歴史主義によってその隆盛の花をひらいた。(2)」

このように定義をひもとき両者を対比してみると、まず自然法では時代によって、また、それが主張される背景としての国家や社会の違いによって、そこに具体的に付される意味内容が異なり、結果として極めて広範な概念であることが分かる。これが後に述べる抽象性や漠然たる性格という批判を呼びおこすのである。

他方、歴史主義の特徴は、普遍や一般に対し個別と具体を対置し、後者の中にのみ、生の現実を見、そして価値づけるということにある。まことにそれが抽象世界で論じられるのであればさして問題とならないが、このような思潮の生起が遅れて自立化の必要性を強く迫られたドイツに芽生えたことに特別の意味合いがあるのである。

2　自然法と歴史主義の対立と統一

このように自然法は、人間の本性に基づくとして永久的・普遍的であるとするが、他方の歴史主義は、この普遍化思想を批判し、個別性とその歴史性を重視するのである。

この二つの思想は、それでは対立したままであるのか、あるいは、どのように相交わることができるのか。

自然法学派と歴史法学派

この容易ならざる課題のために自然法と対比しつつ、また交接しつつ歴史主義についてもう一度考えてみよう。

これについては、アーネスト・バーカー『近代自然法をめぐる二つの概念——社会・政治理論におけるイギリス型とドイツ型』が、非常に凝縮したかたちで論じているので、これに依拠しよう。

この論文は法学分野について述べられているのだが、本稿での思想的点検と同じ文脈で理解できるし、また法学が国家論の中心であるから、重要な記述なのである。ここで注目し、引用したいのは、自然法学派VS実定法という形で常に対立的に、その故に相容いれない思想として理解するのではなく、両者についてその発生や存立の基礎を洗い出し、可能な限りそれらを統一的に把握しようとする姿勢に関心があるからである。まず、歴史法学派についてバーカーは次のように述べる。

> 「ドイツにおける歴史法学派のはじまりは、直接的に起源としては、自然法に対する反発——その合理主義、普遍主義、個人主義に対する反撥——に由来する。合理的な規範の体系をもって世界と時代をおおい、また、個人に発し個人にたちもどる、純粋な理性ratioにかわって独自の発展をもつ歴史的流れに注視し、個人を、それ自体の集団生活活動に没頭させる民族精神が登場することになった。この見解によれば、法は、本質的に民族法である。それは、おのおの民族における、民族

バーカー　Ernest Barker（1874–1960）イギリスの政治学者。オックスフォード大学卒。卒業後も同大学のフェローから講師へすすみ、27年間在学したのち、1920年ロンドン大学キングス・カレッジ学長に就任。7年間勤務後、28年ケンブリッジ大学政治学の正教授に就任。44年にはナイトの称号を受ける。イギリス政治学の最長老的存在であり、政治思想、とくにギリシャ政治哲学の世界的権威といわれた。その政治思想は理想主義的観念論であり、著作も多いが、40年以降になると現実の政治を論じたものが多くなり、邦訳されたものとしては『現代政治の考察』（足立忠夫訳）がある。

的資産の所産である。（中略）それは、超国家権力規範の概念——たとえその概念が、ローマ法はすべての人間にたいして書かれた理性 ratio scripta であると認めるかたちをとろうと、あるいは純粋な自然的理性 ratio naturalis の上に基礎づけられた新しい自然法を宣言する結果を生もうとも——は、成長しつつある諸民族の生命を抑制するものとして拒否した。民族は自然の女神 Natura に反逆した。これが一世紀半以前にはじまったドイツ思想における革命の本質であった。(3)」

つづいて、自然法思想、学派についてであるが、それは二つの流れがあるという。

「自然法学派の見解には、二つの流れがある、たとえば一八世紀のロックからヴァッテル、ルソーに至る、また、ヴァッテル、ルソーからフィーヒテ自身（かれの初期思想の段階）に至る時代には、その見解は、われわれが「人民主権主義」と呼ぶものを志向しており、一七世紀の思想家たちは、主として、絶対主義擁護の方向に傾いていた。グロティウスとプーフェンドルフは、まさに近代国家形成の諸問題を考える時期に位置していたもので、権威の主張を捨て去るわけにはいかなかった。そして〔当時は〕、自然〔の概念〕は、人民のためにも君主のためにも使用できたのである。自然法学派の全歴史を通じて、われわれは、人民主義と君主主義の二つの異なる主唱者を発見できるのである。(4)」

これは先にみた自然法思想が多義的であったとする説明に符合するものである。この指摘で重要なことは、民族、国家の置かれた状況により、強調点のズレが自ずと現れたことである。ロックから初期フィヒテに至る系列では人民主権に強調点があったが、近代国家を自ら形成しなければならなかったグロティウスやプーフェンドルフはどうしても権威をもちださざるをえなかったのである。

自然法学派への批判

つづいて自然法学派の「非歴史主義性」の批判とその的確性について。これについては自然法学派の特徴がよく描き出されているので、やや長文にわたるが、それから述べていこう。

「われわれ、自然法学派の主張は、非歴史的であるとか、むきだしの個人主義であるとか、合理主義という根本的な誤謬によって価値の低下を招いているとか、軽々《けいけい》に片付けてしまってはならない。もちろん、あらゆるこれらの非難には、多少の真理はあるかもしれない。自然法思想家たちは、非歴史的な「自然状態」について、また、人間が自然状態から脱出することになった非歴史的な契約行為について語る傾向にある。彼等は、諸個人を相互に対立する者として取り扱い、社会生活には対立するよりも統一を求める傾向があることを忘れがちである。かれらは、人間を、合理的な計算によって行動するものと考え、理性の下位に横たわっている部分〔感性〕や、理性と接している部分〔理性と感性の間〕を見忘れている。また、かれらは、理性それ自体が、社会的蓄積や伝達による漸進的プロセスを通じて成長する『さまざまな時代の貯蔵所や資本』であるということを十分に認識していない(5)。」

こういった非歴史主義的とする歴史的立場からの批判に対して、それは的外れであるかもしれないとバーカーは注意を喚起する。すなわち、「自然法思想家たちは、実は、歴史的に国家に先行するものを扱っているわけではなく、かれらは、論理的な仮説に関心があるのである(6)」のであり、より正しい批判を受け入れる立場をもっており、そして社会思想は秩序（正義）の問題を熟考してきているとする。こうしてバーカーは基本的には自然法学派の立場に立ちつつも、それは次に引用するように人間の精神の本然の要求を認めるので自然法と歴史主義の統一的な把握を主張するのである。

自然法と歴史主義の統一した理解に向けて

「正義にかんする社会思想は、国家の憲法を生み出し、そののち、この国の政府によって、法として宣言され、法として強制力をもつようになる。――これこそが、われわれが、法哲学や国家哲学をその上にうち建てなければならない基礎なのである。ここにおいて、歴史的議論は、それが、自然状態や社会契約の歴史的実在を論ばくするために使われたとき以上に深い意味をもって、ふたたび登場する。社会思想のもつ長期にわたる過程は、偉大な歴史的事実である。われわれは、その事実を考慮に入れなければならない。このことが、一八世紀末から一九世紀初頭にかけてドイツに登場した歴史法学派が行った自己正当化の基本的理由である。それでもなお、さまざまなねらいをもって、また、さまざまな偶然のつみかさねのもとで、そして、さまざまな特定の人びとによって発展されられてきた法を、ただちに歴史の産物であると主張するのは、十分に正しいこととはいいがたい。そのような見解をみとめることは、たんなる経験的な事実としての法に満足することであり、歴史の流れに逆らって錨をおろすことにはならない。[7]」（傍点筆者、以下同じ。）

文章はつづくがここで一つ区切っておこう。ここでは歴史的議論、すなわち社会思想の長期の発展ということは自然法思想を単に反駁する時に使われる以上に重要な意味をもつことを強調し、ここに歴史の意味を再度問い質しているのである。そしてまた歴史法学者の正当性をも再評価するのである。ここには自然法VS歴史法学の二項対立を乗りこえる論拠を求めている。

こうしてつづけて次のように言う。

「社会思想は、時代にみあって機能するばあいに、まさしく正義の基礎となる。しかし、人間の精神は、つねに、正義の中心が時間と空間――いかなる時でも、いかなる所でも quod sempre, quod ubique――を越えることを要求するものである。自然法学派は、時間と空間を越えた中心に位置するといった意識をもっている。だからこそ、ギールケが、アルトジウスについての著作のなかのすぐれた一節で述べているように、自然法の精神は、不滅で決して打ち消されることはない。また、だからこそ、われわれ、ともあれ、法は歴史的に作られたものという近代的な法概念にその不滅の精神を結合しなければならないのである。というのは、そのとき、『旧来からある自然法の概念によって、以前から確認されてきた正義の理念の最高独立性は、徹底的に実定的なものとしてのこんにちの新しい法概念——その概念に対する理念が、社会的効用という理念であろうと、または、集産主義的な権力の理念であろうとも——によって、しっかりと確認されつづけていくであろう[8]』。」

このように人間の精神は、時空を越える正義を求めている。この本来的性格から、法は歴史的につくられたものではあるが、そこに不滅の精神を結合しなければならぬ、とする。このようにして、自然法学VS歴史法学の対立は見事に論理的に解消しえた。

確かにそれはその通りであろう。しかし現実の世界はこのようにキレイに進行しない。現実はその定着の仕方そのものが問題なのである。ここにわれわれの生の、生きた世界がある。そして歴史はやはりこの二つの考え方をめぐって展開してきたのではないか。

現実の法制定において、あるいは社会のあり方において、これは完全に融け合うことなく続くものであり、それが近代の宿命というものではないか。

バーカーが紹介しているように、ドイツにおける法制定の歴史において二回——一八四八年と一八八八〜九六年——の、いわゆる〝普遍的〟法概念としてのローマ法とドイツの歴史と民族に基づくドイツ法の体系化要求の衝突があり、とくに後者においては両者の名誉を重んじて妥協したということである[9]。それが現実であったということは、二つの思想の統一は容易ならざるものがあることを示している。

ルソーの二面性

このように二つの考え方が重なり合ってもいたのであるが、それはフランス革命の思想的先導者の一人であるルソーにすでにその萌芽がみられる。

ルソーは自然法にのっとり、これを称揚し、フランス革命に大きな影響を与えたが、その主張の内容は二面をもつ。

「ルソーは、自然法学派の歴史のなかでは、ヤーヌスの姿に似た、つまり二つの顔をもってあらわれている。かれの理論は、自然法学派に依拠しており、その意味でかれは自然法学派の流れをくむ者である。と同時にかれは、自然法から離れ去り、自然法学派そのものではない。（中略）かれが、自然法学派に属するともそれに属さないともいわれるには、思想的により深い、またよりいっそう哲学的な意味がある。一面では、かれは、自然法学派の個人主義思想をももっていたが、同時に、自然法学派の普遍主義思想ももっていた。ルソーは、いかなる場所においても自由に生まれついている自由な個人の存在を信じている。またかれは、個人的自由と言う普遍的基礎にもとづく、普遍的に政治的権利（原文のまま）の体系を信じている。もし、かれがとことんまで、この信条をおしつめていったならば、かれは、人間は自然権をもつという思想の主張者、また熱烈な自由主義の唱道者になっていたはずである。

しかし、かれの教説には、以上の考えとはきわめて異なる、そしてその究極的な影響という点では、はるかに重要な他の一面がある。ルソーのいう、最終的に主権者は、個人でもなければ、諸個人の統一体でもない。社会生活の最終的な規範は、個人の理性から発し、その理性はいかなる場所においても一致するがゆえにいかなる場所においても同一であると考える自然権の体系から生ずる自然法の体系ではない。ルソーのいう主権者は、『道徳的人格』であり、最終的規範は、その人格の有する『一般意志』である。さて、道徳的人格 persona moralis とは、まぎれもなく、自然法学派の学術用語である。それは、肉体をもつ人間とは異なるなにものかである『人格』として、団体的集団という性格を表わすために使われていた。そして、個人としてのすべての人間 omnes ut singuli の意志とは別の、普遍的なものとしてのすべての人 omnds ut universi の意志という理念は、自然法学派において流行した理念である、ということもまた正しい。

しかし、ルソーの『道徳的人格』すなわち『一般意志』が、自然法思想の枠を越えていることもまた事実である。ルソーは、ロマン主義以前のロマン主義であった。かれは民族的人格を格別化することになるドイツ思想、そしてまたその民族的人格に発する正義の一般意志あるいは意識を表現するところの法を歴史化するドイツ思想に通ずる、新しい形態の道を拓いたのである。ルソー自身は自然法学派から思想的滋養物をえたのであったにしても、ヘーゲル主義と歴史法学派は、その滋養物を、ルソーに見いだしたものといえよう。そして、過去の思想的源泉がかれの教説に流れこむ一方で、未来へ向かっての思想的源泉もまた、そこから流れでているのである。[10]」（改行は筆者）

すなわち、ルソーはいかなる場所においても自由に生まれついている自由な個人を信ずる熱烈な自由主義であるようでいて、他方、最終主権者を、道徳的人格、一般意志に置いた。これは自然法学派の言葉でありながら団体的集団を規定したことは自然法思想を越えていたのであり、ここにドイツ歴史学派の道を拓いたのである。すなわち、そこでは民族が正義の一般意志であったのである。

そしてまたこの民族の目ざめ、歴史主義の抬頭も、フランス革命における「自然」の名の革命の中から生まれてきているのである。

すなわち、「フランス革命は、『自然』に対する革命ではなく、『自然』の名による革命であった。それは、旧式な絶対主義と古びた社会体制に反対し、一七八九年の人権宣言において人間と市民の自然的・絶対的な諸権利を列挙し、宣言している。革命はまた、国民の諸権利と国民主権（この傍点は原文のまま）の原理を宣言している。そのため、将来の方向としては、――たとえ、博愛の布告によって、革命自体を支持する民族運動をひきだそうとしようが、あるいは指導と強制という圧迫を受けて、無意識のうちに、そうした圧迫に反対する民族運動をひきおこそうが――、民族の哲学を奨励するように運命づけられることになった。」[11]（傍点筆者）

ネイションの登場、すなわち貴族や僧侶などの特権階級ではなく、一般民衆の目ざめ、統合、そして隆起が皮肉にもその反対物を生み出していくのである。

自然思想の中にあるインターナショナリズムと非人格的権利意識VSナショナリズムと人格主義、この後者は歴史主義のものであるが、この分断された両者の思想的深淵に架橋しているのがルソーだったのである。[12]

民族精神の抬頭

われわれはここに思想は時代の中でしか語れず、また生命をもたないことを知るが、同時につねに現実の中にさらされて両面をもつということも知るのである。そして他民族に影響を与える時のメカニズムもまた衝撃的である。

バーカーは先の文章につづけて、「民族精神、民族法の理論が、その威力を増し栄光の地位を獲得するようになるのは、革命とドイツ帝国の統一を目指す雷鳴のとどろきわたる暴風圏、とりわけイエナの戦闘につづく解放運動の烈しい情熱の真只中においてであった」と書いている。[13]

しかしドイツ歴史主義の淵源はフランス革命よりも前にあったことは記されておかねばならない。すなわち、また右の文章につづけて、

「しかし、ドイツの思想革命のはじまりとなるロマン主義運動は、フランス革命期よりもはるかに先行して起った。われわれは、早くも、一七七〇年ごろに、その運動のはじまりをみいだすことができる。それは、中

世にまでさかのぼる運動であり、さらにその運動は、太古の昔の古代チュートン人の時代にまで――ひとことでいえば、ドイツ人の生活の素朴で固有な核心にまで――さかのぼることができる。(14)」

それはヘルダー、グリム兄弟、そしてヘーゲルに代表されるものとして発展していった。すなわち、起源としてのロマン主義は哲学をもったものであり、結局、言語と文学、ヘーゲル哲学、そして法という三つの分野において民族精神が「ものごとを解釈するばあいの普遍的な鍵(15)」となったのである。

とくにヘーゲルの評価は引用に値するであろう。

「われわれは、ヘーゲルとヘーゲル主義者について、かれらは民族をとりあげ、それを形而上学という天空にまでも高めた、といってもよいであろう。かれらの哲学において、民族は一つの精神――たんなる精神であるばかりではなく、永遠なる精神の具現化したもの――となる。その永遠の過程において、永遠の精神は民族精神のなかに組み込まれる。その民族精神は、時間と空間内における神の具現化したものとなり、また、神が『ここで』『いま』という限定のなかで行動するさいには、民族精神が神そのものとなる。それゆえに、民族精神は神的なものである。そして、民族精神は、神的なものであるがゆえに、それらは生活の全範囲にいきわたっている。また、民族精神は、それが包含しているすべてのものにとって、時・空の範囲内で究極的なもの、真正なものなのである。民族は、その生活の最高権力である国家において組織されるがゆえに、それはすべての権能のうちでも最高の結合体の域にまで達している。国家は、その個々の成員の私的な『道徳性』と共通の『経済社会』（市民社会）の必要に応じて発達してきた『法』という形式的な体系とを一致させる。また、国家は、社会的倫理の体系、つまり人倫 ***Sittlichkeit*** という、より高次な統一において両者を一致させる。そして人倫とは、国家権力によってかたく結合された民族精神の最終到達点、すなわち、民族を『普遍的な実体をもった生命へと』つれもどす最終到達点なのである。(16)」

この通りであろう。ヘーゲルは個別を〝普遍化〟する格闘を行ったのである。

アメリカ独立革命——自然法の圧倒的優位

またアメリカ独立革命についてもそれはみられる。アメリカの独立の精神はまさに典型的な自然法の顕現であった。バーカーは、次のように述べる。

「一七六四年から一七七六年にわたるアメリカ革命——最初の抵抗開始から、独立宣言、さらに新しい植民地諸憲法の制定に至る——は、自然法の教義によって、その生命の息吹を与えられている。あるイギリスの裁判官は、一六一四年に、『議会制定法ですら、自然的公平に反して作られているならば、それじたい無効である。なぜなら、自然法は不変 *jura naturae sunt immutabilia* であり、また、それは、法のなかでの法 *leges legum* だからである』と述べている。イギリスにおいては、その意見は、〔以後〕、重みをもつものとして機能しなかった。しかし、北アメリカの植民地においては自然法の優位という思想は生き残り、大きな影響力を与えるまでに成長した。ボストンの法律家たちのひとりであるジェイムズ・オーティスは、すでに一七六四年に、『議会制定法が神の自然法に反するようなことがあれば……その布告は、永遠の真理、衡平、正義に反するものであり、それゆえに、無効となる』と公言している。一六一四年の『不変の自然法』ということばこそが、鬨《とき》の声を告げるものとなった。

そのことばは、一七七四年に、第一回大陸会議の宣言のなかに挿入されている。そのとき、代議員たちは、諸植民地は不変の自然法によって、疑う余地のない諸権利をもち、議会制定法のうちは、これらの諸権利を侵犯・侵害しているものがあると宣言している。北米大陸のピューリタン的雰囲気において、世俗的自然法は、その神学的基礎を回復した。サミュエル・アダムスは、かれの同国人たちのために、『神と自然とが賦与した』、何人《なんぴと》も奪うことのできない諸権利を主張している。また、独立宣言は、アメリカ人民のために、かれらが、『自然の諸法と、自然の神の法』によって、正当な権利を与えられるべき地位を主張している。自然法こそが、他のいかなる力にもまさって、イギリス議会の権威やイギリスに対する植民地の従属的関係を打ち破ったものであった。」(17)（傍点筆者）

これは独立革命の思想と息吹きをよく伝えているが、この思想は今日までひきつがれているのは後にもみる通りであり、今日の指導的大国アメリカの根幹となって対外政策にも生きているものである。

3　近代自然法思想への四つの批判

このように自然法思想は、今日の世界最大強国となったそのアメリカ建国理念の中核思想として位置づけられるものであるが、それには思想的にみて問題にならないのであろうか。

以下では実態に基づくよりも、主として論理的不整合を明らかにしていこう。

内在的論理におけるおかしさ

第一は、自然法に内在する論理的あやまりである。すなわち、人間や社会が高あるべきである、という規範は自然認識と同じようには出てこないのである。この内在的論理としてのおかしさを突いたのは、ハンス・ケルゼン（オーストリアの法学者）である。ケルゼンのこの分野における論稿は多いが、その批判は、①自然科学における認識と社会の規範に関する認識の違い、②自然法と実定法の関係、③自然法論自体の中に、まるで相反した異なる思想が含まれる矛盾をホッブスに始まる西欧政治思想をレビューする形で明らかにしいき、そして最後にヘーゲルとマルクスの歴史神学的性格を指摘するのである。[18]

この中で自然法の内在的批判において重要なのは①である。すなわち、自然法論は、自然科学がその対象を叙述するのに用いる準則と、道徳や法律を叙述するのに用いる準則との間にある本質的相違を見落としているとする。

周知のように、科学的な自然法則は、二つの現象を原因と結果として関係付ける準則であって、そこには人間や超人間的存在の意志的行為のせいにされることはない。Ⓐがあるならば Ⓑがある、ということである。しかし、道徳や法律は人間行動を律する規範があって、原因Ⓐがあるならば、結果Ⓑがあるべきであるということを言明する。

これは存在と当為との相違、因果性と規範性との相違である。

このように、人間社会の道徳や法律について価値判断がなされているのであるが、この価値は実在――何物かがあるということ――からは出てこないのである。自然の事実から道徳的、法律的価値への論理的推論は出てこないのである。

そこに自然法論の無理があり、どうしてそうなるのかを考えていくと、その形而上学的・神学的性格というものに行き着かざるをえないのである。今までの自然法論者は、この点――無理や論理の誤りについて、そのことは無いかのようにして触れることがないし、あるいはその無理に覆いをかぶせて、伏せているのではないかとさえ思えるのである。

人間の把握についてのおかしさ

第二に、人間についての把握のおかしさである。人間の存在を、人間それ自体として抽象的に、しかし絶対的にとらえる把握の仕方そのものにいまや疑問が提示されるのである。

これは中世の呪縛から脱れるためのイデオロギーとして意味があったが、人間は時間と空間の中で様々な関係をもちつつ生きているのであり、また人間の倫理は社会的に形成され、受けつがれた経験と知識の上に形成されるものである。

このような人と人の関係、あるいは社会の中にひきもどした人間把握が必要なのであり、人間を自然の中に溶かし込んではいけないのである。易しくいえば自然現象と人間社会の現象を同じとみてはいけないのである。

人間それ自体という人間に対する把握は、ひとりの人間の誕生、成長、社会生活への参加という歩みを思い浮かべれば直ぐ分るように、人間をある一面でしか把握しないものである。人間は様々の、血縁、地縁、家族、生活の中で成長していき、そして社会として意図的に形成された伝統、形式、制度の中で存在しているものであり、そのすべては人と人との時間的、空間的つながりの中でしか、つまり、複層的、多重的関係の中でしか存在しえないものである。

この点で興味を惹くのは、最近において自由主義や正義について明確に限界を指摘する議論の抬頭があるということである。それは共同体論（コミュニタリアニズム）といわれているが、西洋社会、ことにアメリカにおける社会的な行き詰まり現象の克服という実際的背景も持っているとみられ、功利的個人主義の広がりに対し、共和制的個人主義の復権を主張しようとする動きとも呼応していると思われる。代表的論者としては、M・J・サンデル、C・テイラー、A・マッキンタイアー、R・N・ベラーなどがあげられている。

その主張の要点は、政治哲学（社会哲学といってもよい）の分野において、正や善や権利を考えようとする時、ある種の自由主義は個人の権利が非常に重要であるので、それは共同善を圧倒すること、そして、このような権利はいかなる基礎にも依存しない、という考え方があるが、これについて批判するものである。

すなわち、この社会における人間を、個人を「まったく負荷なき自我（unencumbered selves）として考えることは、われわれが通常認めている、広範な道徳的、政治的責務の意味を理解できなくなることである。その責務によって、われわれは、特定の共同体、生活史、伝統における成員であることと結び付けている。」そして、「私の人生の物語は、私の自己同一性が導き出される、そのような共同体――家族であれ都市であれ、部族であれ国民であれ、党派であれ大義であれ――の物語のなかにつねにはめ込まれている。共同体論的な見解では、このような物語によって、たんに心理学的相違ではなく、道徳的相違がもたらされる。その物語によって、われわれは世界に状況づけられ、われわれの生活に道徳的な固有性が与えられる。[20]」

このような考え方は、日本の観点からすると何を今更という感じがしないではないが、西洋における個人主義と絶対的自由主義のあり方そのものを根源的に問い直す動きがあらわれてきていることが注目されるのである。

人間の相異なる二つの欲求

つぎに社会の中で人間の抱く価値の観点から考えてみよう。それは自由への欲求と救済への願いである。すなわち人間の自由への欲求に対応するのが自然法であり、それは確実に人間のある側面を把えている。そのため、ここで近代自然法思想のもった意味を全的に否定しようというのではない。

しかし、他方、人間はまた救済への願いをもっているのであって、この側面が人と人との関係の重視、伝統の中での落ち着き、風土と社会の中での自己確認、そして宇宙万物の中への調和的な誘いとなっていくのである。

このように人間存在の全的なあり様に照らして、人間を把えなければならない。これが第三点である。

歴史的変容の観点からの再考

第四に、歴史的変容の観点から。すでに何度も指摘したが（また後にも行うが）、自然法思想の歴史的変容に注目したい。

ルソーがすでに二面性をもっていたごとく、始めからそれは多様な顔の〝持主〟なのであった。また、そうしなければ人間社会のあり様は解がでないのであった。確かにバーカーのいうように個別と普遍、歴史性と自然性は統一的に理解しえた時に意味をもち、有効性を発揮すると思われる。しかしそれもまた特定の歴史的条件の中での特定の〝有効〟なのである。この〝成功〟（個別）を過度に普遍化すれば、それは一元的形而上学に道を開くのである。ヘーゲルがそれであったとしてよい。

個別のなかに普遍を、特殊の中に普遍を、はいかにも立派にきこえる。しかし現実の世界においてはこれは論理的には矛盾する。なぜならば、このように統一的に把握された時のみというのは、自然法の勝利ではなく、実は歴史主義そのものなのである。

自然法の淵源とそれが長く受け入れられた理由

それでは西欧において、このような自然法の形をとった人間の正当化欲求を満足させる思考方式が、どのような流れの中で生まれ、形成されてきたのか。これを古く文明の源まで遡って明らかにしたのがエルンスト・トーピッチュ（オーストリア生れの哲学者）である。トーピッチュの独創的な見解は簡単に要約できるものではないが、その要旨は次のごとくである。

まず、人間が自らの願い、願望の実現を求める時、宇宙や自然や、あるいは芸術家の作品の創成プロセスに仮託して、そのようになりたいし、またなるべきものとして、そこに理想化された姿を描く。そして次ぎにその理想化された姿をもって現実の人間世界を視る。あるいは現実世界に下りてくる。その時に現実の人間世界のあり様は、この理想化された宇宙や自然や芸術世界の中から、そのようにあるべきものとして抽出されてくるのである。

この流れを注意深くみると、三つの段階から成っていることと、トートロジーの側面がかなり強いことに気づく。

こうして、自然法教説の宇宙論的形態は、存在の疑似社会的解釈が前提になっていることが分る。

そしてこのような「認識神学」の重要な特徴として、「無苦の『真の自我』が『高次の』認識能力と瞑想的世界優越性を具有するという考え」は消えなかったということである。ここにおいては「原始的、原初的で情緒に満ちた体験を、特に死や苦悩や窮乏の体験を、その出発点としている。こうした体験に対する対立像として、幻想において、『最も完全無欠な実体』の概念が形成されるが、その完全性属性は出発点を成すところの現実の重圧の主要形態の否定によって、またさらに一切の経験的存在が免れないところの制約（例えば、時間、空間、因果律など）の否定によって、定義されている。」

しかも「多くのばあい、人々は、否定的な表現によってのみその性格を表しうるような実体を有限で不完全な『単なる現象界』との比較を絶するような高みに押し上げるだけでは満足しない。人々は、この種の推論の全過程を今度は逆転用させて、上のような実体は、『現象界』が（あるいはさらに、内部的に分化し、従って必ずしも絶対に完全とは言えない「イデア界」も）そこから生じたところの『原基』である、と主張しようとする。[21]」

ここに「絶対完全実体」なるものも、「現象界」に下りてくる様も、両者いずれも曖昧模糊としたものであると同時に、もう一つの特徴として明らかに一種の循環論法が存在することが分かるのである。しかも注意すべきは存在から当為は引き出せないのであるが、自然法論においてそれが行われているのは、そこに論理の〝カラクリ〟があるという。「望むもの、もしくは善いとするものを『自然に即したもの』として説明し、しかる後にこの自然に即したものから善を取り出すという循環に陥」っている、としている。そしてケルゼンの批判の論理と同じく「純粋な事実言明から演繹される要請命題は存在しないのであり、規範的な諸命題が推論の過程で現われてくるところでは、規範内容は少なくとも諸前提の一つの中に存在していなければならないのであって」、規範が前提の中にあるかのように捉えるることについては、なにか〝カラクリ〟があるとしてよい。それは「前科学的思考において頻発する万有もしくは人間本性を、社会構成物のモデルにしたがって、もしくは芸術的計画の実現として解釈することは規範的要素を宇宙もしくは個体の想像上の構造の中に入れ、ここから再び循環的にこの要素が汲み取られうるということ」が「くり返し」行われたのである。このメカニズムは「知的には法外に難しいと言うことでは決してなかっのであろうが、この全過程は長い間見抜かれなかった。そして、思想家の非常に感情的な関与と政治的制度および世界観的枠組のしばしば非常に巨大な利害が実際の事態を意識化することをほとんど今日にいたるまで阻げてきたのである。(22)」

この考察の中で重要なことは「自然法論が、数々の明白な誤謬にもかかわらず、多大の影響を社会思想に与えてきた」のは何故であるか、という問題である。ケルゼンはそれは「人間の心に深く根差した欲求、すなわち、正当化の欲求をこれが満足させるからである。(23)」トーピッチュは「諸教義の歴史的成果の基礎をなしていたものは明らかにその論理的な厳密さではなく、その心理的な作用および――それと関連して――その政治的・実践的有用性である。事実言明が全く客観的に与えられていて、期待や意思から完全に独立しているものとかかわりあっているのだ、という印象を人に与えるという事情から出発するのが好都合であろう。したがって、価値的規範的な内容が事実言明ないし事実命題からの演繹という形態で現出する場合には、それは同様の印象を呼びおこし、これによって動機づけの力が本質的に強められうる。グスタフ・ベルクマン（オーストリア生れのアリメカの哲学者）は思想問題に関するその試論においてこのことを正しく考察している。『価値判断は、それをいだいている人の論理的説明の中に、価値判断としての正当な論理的表示のもとに現われるのではなく、事実についての言明であるという装いのもとに現われる場合、その動機づけの力が、しばしば大いに強まるものである。』――これはまさに先に問題とした自然法教義の心理的作用である。(24)」

こうして、このようにいかようにも解釈・展開可能な考え方をトーピッチュは「空虚公式」とまで言い切ったの

である。(25)

もともと冷静に考えてみれば、自然法という日本語で僅か三文字であらわされるものがどうしてこのように、意味深大で、社会形成に決定的な影響力をもつのか不思議ではないか。そこにある種の〝うさんくささ〟は感じとられてこなかったのか。そこで以上のような吟味をつみ重ねてきたのである。

それは思想というものの性格と役割りに注目することによって理解がすすんだのである。

すなわち、われわれは、思想を識るとき、その誕生の経緯をよく認識してかからねばならないこと、そして、純正に論理的な厳密さ・正確さ、といったことに生命があるのではなく、その現実における政治的・実践的有用さ、において始めて社会的に役割りを果たすということである。しかもその思想が何か超越的な世界から発していると して、その思想に依拠することは、人々を強く、熱く動機づけるものだということなのである。

われわれがこのような「普遍」思想を突きつけられたとき、余程の心理的・理論的武装をしておかないと足をすくわれてしまうのである。

注

(1)この部分はすべて『哲学事典』(平凡社、一九七一年)による。

(2)(1)に同じ。

なお、ここで扱っている歴史主義(historism, historicism)はカール・R・ポッパーの批判した歴史主義ではない。念の為。

また、今日における自然法の問題状況を、伝統的自然法論と現代自然論法に分けて検討し、今後の展開を的確に指摘したものに、西野基雄「自然法の問題性」（阿南成一・水波朗・稲垣良典編『自然法の多義性』、創文社、一九九一年、所収）がある。分野外の筆者が、この問題に取り組むに当たり、示唆を受ける所、多大であった。ただし評価は異なってしまった。

(3) アーネスト・バーカー『近代自然法をめぐる二つの概念——社会・政治理論におけるイギリス型とドイツ型』（田中浩・沢田麗吾・新井明訳、御茶の水書房、一九八八年。原著は一九三四年刊）。

(4) 同、七二～七三頁。

(5) 同、七三～七四頁。

(6) 同右。

(7) 同、七四～七五頁。

(8) 同右。

(9) 同、八六～八九頁。

(10) 同、六七～六八頁。

(11) 同、八〇頁。

(12) 同、六八～六九頁。

(13) 同、八〇～八一頁。

(14) 同右。

(15) 同右。

(16) 同、八二～八三頁。

(17) 同、七〇～七一頁。ただし、改行した。

(18) ハンス・ケルゼン『正義とは何か』（宮崎繁樹・上原行雄・長尾龍一・森田寛二訳、ケルゼン選集3、木鐸社、一九七五年）、第二章、五九～六四頁。

(19) R・N・ベラー他『心の習慣——アメリカ個人主義のゆくえ』（島薗進・中村圭志訳、みすず書房、一九九一年）、参照。

(20) M・J・サンデル『自由主義と正義の限界』（菊池理夫訳、三嶺書房、一九九二年）の日本語版序文及び序論、xiv頁。

(21) エルンスト・トーピッチェ「認識論における神話的モデル」（碧海純一訳、清水幾太郎責任編集『現代思想6　批判的合理主義』、ダイヤモンド社、一九七四年、所収）。二五二～二五三頁。

(22) 同、「自然法の復活か——法理論における事実内容と規範設定」（『科学的思考と神話的思考——社会哲学(下)』住谷一彦訳、未来社、一九八五年）、一四～一五頁。

(23) ケルゼン、前掲書、九〇頁。

(24) トーピッチュ、前掲書、一五～一六頁。

(25) トーピッチュ「空虚な定式について——哲学用語および政治学用語の語用論」（長尾龍一訳、上掲『批判的合理主義』所収。）

ついでにいうと弁証法も同様に空虚定式の最たるものである、としている。

第二部

第V章　科学・技術における新たな突破口

はじめに——科学技術についての新しい見方の必要性

日本が独自の発信をしながら、同時に人類的、地球的規模で「普遍」の共通項に立つことが求められている時、あらためて西洋の科学・技術について世界の文明史の中で位置づけをし直すこと、そしてその特性について評価と解釈をし直すことが出発点として必要である。そしてそれに基づいて新しい科学技術の発展方向を見通すこと、さらに人類の新しい文明形態も展望することがなされなければならない。

ここで突発口という表現を使ったのはそういう意味（西洋近代科学の見直し）であるが、科学技術の「普遍」的性格からして、もう一つ、日本のこの分野における貢献が正しく位置づけられれば、それは世界の中の日本の認識においてブレイクスルー的役割を果たすとみられるからである。

しかしその場合西洋科学がダメだから、次は東洋の思想だといった単純な乗り替え論があるが、これでは何事も生まれない。また戦前にあった反欧化主義の焼き直しでしかない。そうではなくていままでの科学発展について内在的批判を行い、その中から新しい内的発展の芽を見つけ出していくということでなければならない。

そのためまず、(1)西欧における科学の意味について、三つのことを出発点として確認しておかなければならない。

① 人間がこの地球上に生存していくことは、自然との関係をいかに保つかにあり、従って、自然の認識の科学、すなわち自然科学の進歩が決定的意味をもつこと。

② 西欧の今日までの世界に対する圧倒的な影響力および世界支配力の物理的軸として決定的な意味をもっていること。

③ 自然科学の進歩が、人間の認識全般、ことに人間と社会についての認識にきわめて大きな影響力を与えたこと。また西欧の優位を生み出した自然認識の徹底自体が西欧の歴史と文化の中で生成されてきたこと（因と果の双方の把握）。

(2) しかしそれのみではなく、われわれは俗にあるいは表面的に、西欧近代科学について、右の大きな現実のために、その本質を絶対視することが多いが、果たしてそのように理解しよいのか、という根本問題がある。

(3) またさらに今日のめざましい発展（例えば生命科学）が文明と人類の将来について新しい観点を必要としていないか、といった問題にも目配りしなければならない。

以下順次、この問題に触れていくことにする。

1　科学の価値と社会形成

このうちまず、(1)の①、②についてはすでに触れたので、③のもつ意味について検討してみたい。

ブロノフスキーの見解

この問題については、今日、西欧において、科学について共通の認識基盤を提供したとされるＪ・ブロノフスキーの見解をみてみよう。

「（科学）の真理からこのようにして他の諸価値が生じるかを示そうと思いますので、その議論に目を向けていただきたいと思います。さて、「尊敬」（respect）、「寛容」（tolerance）のように、それなしには科学を営んでいけないような、個人的価値があります。それらは「かくある」の価値、つまり、一人で仕事をする人の価値です。それから、「正直」（honesty）、「誠実」（integrity）、「尊厳」（dignity）、「信頼性」（authenticity）のような、科学者社会の紐帯となるような社会的価値、つまり、「かくすべし」の価値があります。そして科学は、この後者の価値に基づいて、この三百年間、（何度も申しましたように）ほぼ五十年毎に完全に変わる、ということができたのです。射殺される者もなく、均制化される者もなく、粛清される者もなしにです。

科学者の社会、科学者の共同体には、次のような良さがあります。つまり、今から五十年後には、今ここで学んだことの大半がまったく正しいとはいえなくなっているだろう、ということが、科学者の社会に足を踏み込んだ時点から、すべての人の了解事項になっている、という良さです、しかも、その知識の否定がなされるに当たって、無法な人身攻撃ドラマが展開されることはないでしょう。（中略）変化に直面しながらも社会は維持されえねばならない、とするならば、今言ったようなことが社会的関係のうちに組み込まれなくてはなりません。そうでないと、プラトンが築きたいと望み、ヒットラーが築きたいと望み、ムッソリーニが築きたいと望

ブロノフスキー　Jacob Bronowski（1908–1974）ポーランドに生れる。第一次大戦中一時ドイツに移った後、1920年イギリスに移住。ケンブリッジ大学にて数学を専攻、23年Ph. D.取得。ハル・ユニヴァーシティ・カレッジ講師を務めたあと、42年内務省軍事研究所で爆撃の経済予測の仕事に従事、50年国立石炭委員会開発局総局長。64年からソーク生物研究所（カリフォルニア）主任研究員。このように、数学者・物理学者・生物学者として研究生活を送ったが、詩の研究もするなど幅広い視点にたち、芸術と科学はともに想像力に根をもつ人間的活動であることを強調した。

み、スターリンが築きたいと望んだような種類の、硬直した全体主義社会が出現することになります。（中略）

私も、こういうことを言ってきたからには、科学の持つこのような側面が、われわれの社会のうちにもたらす影響について、なにかを言わないことには、臆病のそしりを免れないでしょう。われわれは、すなわち、この都市に住み、現在の世界に住むわれわれは、本質的な意味で、科学的なものの見方がすみずみまで浸透した社会である、と言いうるような社会のうち、初めて生きている人間です。」(1)（傍点筆者）

このような、自然科学についての認識が近代社会にとってもつ意味、その理解の仕方については、今日、ここであげたブロノフスキーのそれは共有財産となっているとのことであるが、ここには真理のためには教会の権威に屈せず、また常に情報・知識の公開と共有（競争を含む）を通じて、科学・技術の進歩が図られてきたこと、それが近代社会を切り開いたのだ、という自負に根ざしているといえよう。

そのため、科学と近代社会の形成が根幹のところで一体であり、それとつながって、民主主義体制についても一体の認識体系のもとにある、という理解が存在することを、ここでわれわれは知るのである。

この点はわれわれが西欧社会を理解するうえで重要である。確かにこのような科学の形成と発展を進めた個人の自律性、科学者達の社会形成、そして人間の宗教と社会的じゅばくからの解放、そして何よりもその輝かしい成果が、人間と社会観に大きな影響力をもったことは事実であろう。

それは一七世紀の啓蒙的合理主義の開花、そして社会的・政治的革命にその典型をみることができる。

社会にとりこまれる科学（制度化）

ブロノフスキー自身は科学をこのように把えて、科学もまた人間の芸術活動と同じく、不確定なものであることを主張し、〝絶対化〟に反対しようとしたのであるが、しかしそこには科学についてある種の楽観主義があると思えてならない。すなわち社会の中で科学が現実に歩んだ道は必ずしも右の見方のようには進まなかった。科学の社会における影響力やそれが機能する位置といったものはこのように純一であるとは到底思えない。

それは二つの意味で然りであろう。一つは科学のいわば興隆期においては、その連続しためざましい成果は人々の価値観形成に、そして社会形成に大きな影響力をもった。しかし科学技術はでき上がっていく過程で社会の中に包含されていく。その過程で社会体制の中で認知され、いわゆる制度化が進んでいく。それと同時に、科学それ自体の発展や科学者世界の行動原理とは別の要素が大きな影響力をもつ時代や局面に入っていく。それは国ごとに、また時代ごとに異なるが、共通していえることは科学に対して大きな影響力を行使する力や要素が登場する。それは政治であり、軍事であり、民族主義であり、独立運動であったりする。こうして科学技術は、社会・国家の特定目的のために存在するものとなり、その下で発展するものとなった。そのため、人類社会を向上させた反面、容易に全体主義の隷遇化に置かれたこともあったのである。それは科学・技術の近代における脆さを物語る。したがってブロノフスキーの言うように、科学技術と近代社会の最も良質な結合ばかりではないのである。

すなわち、現実の社会の中で科学技術は必ずしもこのように理想化された形で発展したとばかりはいえない。むしろ科学のうえに社会体制はあるのであって、ブロノフスキー自身が右の文章で指摘している懸念が現実に起こったのである。

従ってここでの捉え方はブロノフスキーのそれとはやはり異なる。われわれがブロノフスキーによる普遍的性格をもった認識に共鳴しつつも、歴史的現実をみればそこにある楽観論には組みしえないのである。(2)

われわれの立場からしてみると、もう一つの問題がある。それは一つの社会の母胎から自生的に生まれ、かつそれが右に指摘のごとく社会形成にまで影響した国に比べ、それを移入した国にとっては、それは他生的であり、やはり異種・異文化である。しかも伝統が濃厚に形成されている国にとっては尚更のことである。それが明確な形をとってあらわれたのが新井白石の「和魂洋才」論であり、これを打ち出すことによって自らの国の依拠するところは西欧社会とは別なのであるとして、自らの社会と国家を維持せんとしたのである。従って、科学技術と社会形成との理想化された結合状態仮説ではなく、それは社会体制の一つの枠組みに組み込まれているものだ、という認識を確立したうえで、あらためてこの観点から、「用を為す」という考え方を定立し直したいのである。

それでは何のための用か。それは人間と人間社会に役立つということである。もっといえば、科学技術の独歩的進歩発展を人間優位の立場にたって価値づけを行うということである。そして次第に人間優位の科学技術を社会との関係で新しく創り出していく、その道筋が形成されるということである。

ここで言う〝次第に〟とは、科学技術の発展と成果を道徳倫理に従属させたり、また東洋や仏教思想をもち出して否定し去るということではない。そのよう道徳的判断ではなく、多くの試行錯誤の中から、新しい位置を求めることである。

2　西欧科学観のもっていた「限界」——科学史家E・A・バートの指摘に拠りつつ

科学技術の現代にもつ意味を考究する時は、右にみたような制度論的アプローチから切り込むのと同時により内在的に、近代科学の性格を問い質していくことから始め、そして現代科学の諸成果をレヴューする手続きが必要である。

科学技術が今日の東洋と西洋の発展の差を規定した最大要因の一つであるが、今日は逆にそれ——西欧で生れた科学技術についての〝普遍性〟の共通認識とその世界的規模でみられる活用が、地球人類の生存系そのものをおびやかすところまで行っているがために、あらためて人間と自然との関係をもう一度とらえ直すこと、その中で自然認識、心、そして人間の位置関係をとらえ直す必要性が痛感される。よく科学技術を批判する時、科学技術発達の量的成果の絶大さをもってその限界を指摘することが多いが、果たしてそうなのか。その本質のもつ「限界性」こそいま振り返って吟味しなければならないのではないか、と思われる。(3)

それは全く手に負えない大難題だが、このような観点から近代科学の性格を問い質していったものに、科学史家E・A・バートによる『近代科学の形而上学的基礎』がある。バートは、コペルニクスからニュートンまで近代科学を生み出した背景を形而上学や宗教との関係に照明を当て明らかにしたうえで「結論」おいて次のような評価を行っている。これは決して読み易い文献ではないが、以下順を追って紹介し、その中で筆者なりの解釈を加えてこの問題を明らかにしていきたい。

科学的形而上学とは何か——三つの特質

近代科学の科学たるゆえんは、ニュートン物理学にその最高峰の完成をみるが、この新しい科学的形而上学はバートによれば三つの特質をもつ。(傍点は基本的には筆者のもの。以下の引用は「第八章　結論」の叙述の順にほぼ沿っている)

「私たちは、新しい科学的形而上学の核心が、究極の実在性と原因となる力を

バート　Edwin Arthur Burtt (1892–1989) 哲学者。アメリカ生れ、エール大学卒、1925年コロンビア大学博士号取得。23–31年シカゴ大学で哲学を教え、31年コーネル大学に移り、41年同大学哲学教授。著書には、『正しい思考の原理と問題』(1928)、『科学時代の宗教』(1929)、『宗教哲学の諸類型』(1939) などがある (邦訳はない)。本著の原題は *Metaphysical Foundation of Modern Physical Science* (『近代物理学の形而上学的基礎』、初版1925) であるが、科学革命の時期における科学の発展を扱うならば物理科学が科学全般を意味するとしてよい。また本著は科学史における「古典」として、必読文献とされている。

数学の世界に帰することの中に見出されることを観察した。この世界は空間と時間の中を動く物質的物体の領域である。もう少し詳しくいえば、この形而上学的見方の勝利をもたらした変換の中に、三つの本質的な点を区別することができる。つまり、①実在について、②原因性について、③人間の心について、支配的な観念に変化が生じたのである。第一に、人が住んでいる現実の世界は、人がその実体の中で体験できるような多くの究極的な性質をもった実体の世界とはもはやみなされず、数学的特性だけをもち数学的形式で完全に陳述することができる法則に従って動く原子の世界となった。第二に、事象の形相と目的因による説明は、この世界でも、またそれほど自立的でない心の領域でも、はっきりと却下され、それにかわって最も単純な要素による説明が用いられるようになった。それらの要素は時間的には作用因と関係があるが、力学的に扱うことのできる物体の運動である――それらを最も単純な要素とみなすことができるかぎり。変化のこの局面に関連して、神は最高の目的因とはみなされなくなり、まだ神の存在が信じられているところでは、世界の最初の作用因となった。人間も同じように、それ以前には目的論的階層構造《ヒエラルヒー》の一部として自然に比べて高い地位を占めていたのだが、その地位を奪われてしまい、また人間の心は、スコラ主義的な能力によって記述されるかわりに、知覚（今では反応）の組合せとして記述されるようになった。第三に、これら二つの変化に照らして人間の心と自然の関係を書き直そうとする科学哲学者たちの努力は、デカルトの二元論の通俗的な形の中に表現された。それは、第一・第二性質の教説と、心は脳の片隅に閉じこめられているという考え、また感覚と観念は機械的な仕方で生じるという説明を含んでいた。[4]」

つまり、科学の成立によって現実の生きる世界の実体性の否定がなされ、目的因としての神は最高の地位からすべり落ち、人間も自然より低い扱いとなった。また、事象の世界や心の領域は消え去り、単純な要素による説明が採用され、心は脳の片隅へ、あるいはその働きは機械的反応にすぎない、と述べられるようになったのである。

この変換は現在の文明にとって大きい意味をもつ。しかし先に結論的評価をここで筆者がしておけば、いまは転換期なのだと思う。これから新しい科学像、科学の基本観念が生まれるならば、右にみたような変換、あるいは歪みは是正されてくるのであろう。このように考えることは楽観的かもしれないが、しかしそれが求められていることも確かなことだ。そのために今必要なことは、従来の学説を批判的に検証し、その不充分さを補うことであって、これはよりうつろい易い思いつきではなく、一般化された解釈をうちたてることである。

実在の本性について

そこでバートにもどって科学的形而上学の変換を詳しく跡づけてみよう。まず①実存の本性について。近代物理学はこれについて素晴しい成果をあげた。「けれども人々が、精密な数学的分析に適した分野をきれいにするために、空間・時間の領域から非数学的な特性を残らず掃き出してしまい、それらをすべて脳の片隅におしこめ、それらは外部の原子運動が生んだ半実在的な結果にすぎないと宣言するとき、人々は相当手荒な宇宙的手術を行ったのだ。」(5)

問題はどうしてそのように処理したのかだが、それは仮説のもち方と心性（あるいは性向）ではないか。すなわち、「もしも私たちが、宗教的救済を願う希望的観測が、中世の実在の階層構造を構築するのに強力な役割を果したと判断するのが正しいなら、別な種類の希望的観測が、初期近代物理学のこの極端な教説の基底にあったと考えるのは、同じくらいもっともらしい仮説ではないだろうか？つまり、人の心の外には数式の体系に還元できないものは一つもないと仮定すれば、自然のそのような還元をおし進めることはそれだけ容易だったから、自然学者たちはさっそくこの便利な仮定を設けることにとびついたのではないか？」(6)

これは人間の認識について、そして科学者の認識について、その心理構造に分け入った興味ある指摘である。

新しい発見は、人間をわくわくさせるものであるし、それが当時においては、自然について神の御心を解き明かすという事から出発していたであろうが、それがすべて神に基づくという解釈から自然を解放したのだと言える。そしてそれを人間がおこなったのだから、ここに救済の願望が、神に対してよりも科学に移ったのだと言えるのではないか。それは後の時代に科学者を聖職者のように扱う行き方になっていったのである。

このように、科学革命における発端の性格、そのルーツを探ることによって、その後の科学の性格が決められていったことを知るのである。

つまり、いまでいう、〝仮説ありき〟であって、自然科学者がそのように認識した方が良いのだという観測が最初にあり、それは中世の実在についての観測前提とは異なるものであり、その方がやり易いのならそれで押し進めればよいということなったのだ。

さてこの仮定が押し進められたのだが、それは止むをえないところかもしれない。関心と精神の集中が要るからだ。「ある人の幾何学への集中心が、物理的自然は数学的単位と関係に満ちているだけでなく、色や音や感情や目的因もいっぱいあると考えることによってかく乱されたならば、この人によって物理的物質の世界は精密な数学公式に還元されることができただろうか？思想史上のこれら巨人について、私たちはとかく判断を厳格すぎるものにしがちだ。私たちは、誘惑して気をそらせるものにしょっちゅう当面していたら、人は骨の折れる深遠な知的労働に没頭することはとてもできないことを思い出さねばならない。気をそらせる源は頭から否定するか除かねばならないのである。確信をもって自分たちの革命的事業を推進するために、彼らは世界をそれらに還元しようと努めていた存在を、絶対的に実在し独立しているものとしなければならなかった。ひとたびこれがなされれば、彼らの宇宙論の他の特色はすべて全く自然にそれから生じた。それは、二、三世紀の間近代科学にとりついていた形而上学的未開状態に値するものだったことは疑いない。なぜだれ一人として、それにおそろしく大きな困難が含まれていることに気づかなかったのか？　ここでもまた、私たちの研究に照らしてみれば、それの中心的な理由には何の疑いもありえない。これらの科学哲学の創始者たちは、自然の数学的研究に熱中していた。彼らは形而上学を、避けられるときはできるだけ避けようとした。避けられないときは、それは彼らの世界の数学的征服をさらにおし進めるための道具になった。次々に現われる究極的な疑問に対する解答のうち、たとえどれほど薄っぺらな首尾一貫しないものであっても、事態を静め、彼らが今まで精通しているカテゴリーの中で彼らの問いかけにまずまずもっともらしい応答を与え、とりわけ彼らの自然の数学的開発を進めることのできる新しい自由な分野を切り開くのに役立つようなものは、すべて彼らの心の中に、無批判的な確信をもって容易にうけ入れられ、しまいこまれる傾向にあった。[7]」（傍点筆者）

ここには見逃せない叙述が五つ含まれている。①集中の必要性、②世界の数学的叙述（数学公式への還元）への熱中、③この数学的叙述の絶対化、実体化であり、④これによって生ずるおそろしい困難さを素通りしたこと、⑤少し無理なところも数学公式へおとしこめること、がなされたというのである。科学的認識の先端性とそれが当然に内包する限界は近代科学の出発点においてすでに存在したのである。

しかも重要な指摘は、科学のここ二～三〇〇年のあり方を形而上学的未開状態と言いきっていることである。科学が近代啓蒙の扉を開き、近代社会の基となったと広く信じられて今日にいたっているのに、その認識のあり方は未開状態だとする、全く反対の見解が出されている。まことに注目すべき発言である。

しかし転換の芽はでてきた。「近代思想の中で化学、生物学、社会科学が堂々たる地位にのぼったことは、この単純な体系にいくつかの困難をもたらした。これらの困難は、もしも力学的物理学がこれらの科学が精密なものに発展する前に、あれほど先頭を切って大幅に進歩していなかったら、これら恐るべき力学主義者たちでさえ、真剣に直面せざるをえなかっただろう。非力学的な科学の立場からすれば、存在物は心のかなたにある実在世界に属するものとみなされねばならない。その心は、安易なニュートン的形而上学の中では、居場所を与えられないものである。少なくとも第二性質と、人間が作った制度の中に含まれている第三性質は、初期の機械論哲学に適していた地位とはまるでちがった地位を与えられねばならない。これらの発展が強く示唆するのは、実在はもっと複雑なものとみなさないと矛盾が生じること、第一性質は自然を数学的に扱うときだけ自然を特徴づけるにすぎないこと、他方で自然は、規則的ではあるが還元できない性質のごたまぜである以上、第一性質と全くかかわりなく第二、第三性質も実在的に住まわせていること、などである。[8]」

例えば突発進化をいかに説明するか。このような不規則性をみていると、「たぶん外的事実の世界は、私たちが考えてきたのよりずっと多産で可塑的なのであろうある。[9]」

自然の多産性や社会の複雑性はニュートン的形而上学で説明できないことがはっきりし出したのである。

なお、ここでも科学の発展史のうえで興味ある示唆がある。各分野の科学が発展の順序がもしもう少し変っていれば、力学的物理学の「王座」はもう少し早く揺らいでいたかもしれないのだ。このような発展の仕方はかなり偶然性に左右されることがあるから、科学史をみる時、その発展を必然的かつ固定的に考えてはならないということでもある。

因果性の問題――三つの説明

さて、このように生じた困難について回答を与えることは、西欧の科学哲学ではいわゆる因果性の問題、何が事象の健全な因果的説明を構成するかを明らかにすることであろう。以下、バートに沿って見てみよう。（これは冒頭で提起された②原因性について、の叙述である。）

●目的論立場（プラトン、アリストテレス）

「原因は『形式的にかまたは顕著に』結果に適切なものでなければならないというスコラ派の格言の中に、細心の正確さで表現される。私たちはこれを簡単に次のようにいい表わすことができる。原因は結果と同じほど、また以上に完全なものでなければならない。詳しくいえば、これは本質的に宗教的な世界像を意味し、事象の究極的なすべてを包括する原因として、スコラ的な神（最も実在的で最も完全な存在）に似ていなくはない一つの存在が前提されなければならない。(10)」

●力学的立場

「それの基本仮定は、すべての原因と結果は空間・時間内の物体の運動に還元でき、それらは表現された力に関して数学的に同等であるというものである。この観点に立てば、完全性という観念は全く視界から消えてしまう。説明の課題は、事象を、それを構成する要素的な質量単位の運動へ分解し、関連した事象のグループのふるまいを数式の形で陳述する仕事になる。ここには、特別な説明の中に例示されるきわめて一般的な法則という形での説明のほかには、究極的な説明といったようなものは存在しない。そのような一般的法則を発見することによって、科学知識をできるかぎり統一しようとする努力を別にすれば、あるものの説明は、もしもそれが何かの他の数学的に同等な事象をみつけ出し、それによって前者を精密に予言すること、または後者のおこることを可能にするならば、それで全く十分だと感じられる。ニュートンの世界観は、説明の本質に関するこの仮定から導かれる、ある程度まで論理的な形而上学的帰結なのである。この仮定は、心という例外的な領域が提供する説明を除いて、どんな留保をも認めることなくあらゆる説明に適用された。(11)」

●進化的立場

「この立場は、もっと近年になって、成長という現象は有機的なものであれ無機的なものであれ、前の二つの説明のどちらとも本質的に異なるタイプの因果的説明を必要とするという感じが増大した結果として、とらざるを得なくなったものである。この立場の中心的な仮定は、原因は発生的には結果が生じるもとになるものだが、結果よりも単純であってもよいということである。[12]」

さてこの因果的仮定で忘れてはならない特徴は、「あとの二つに共通するのは、説明されるべき事象をもっと単純な（そしてしばしば以前から存在する）成分に分解する方法であり、また原因を用いて結果を予測したり制御したりすることができることである。どちらの特徴も、目的論的立場からの説明には不必要であり、ふつうその中には存在しない。[13]」

その通りであろう。このアプローチによって、自然支配の有効性が確認されたからである。しかしこれによって近代科学は神の母胎から生れ、そして神を失ったのであろうか、神を失ったのではないだろうか。

しかしその前に強調しなければならないことは、「科学のデータに関するかぎり、私たちは、適切な因果的説明を構成するのはこれらの仮定のうちどれかということはきめられずにいること、そしてそれらのうちどれを選ぶかを決定する要素は、私たちが考える対象である世界ではなく、むしろ世界について考える私たちの中になによりもまず見出されるべきだということは、少なくとも可能な一つの仮説である。[14]」つまり依拠するのは認識の対象側にあるのではなくて、われわれの側にあるということであり、そのようにわれわれの側にあるというのは、歴史的にみて人間が自然をコントロールしたいという欲求の、その時の思想的動機からくるものなのである。科学の認識をこのように歴史的に分析することは、科学を歴史の制約の中でとらえることでもあり、忘れてはならないことである。

さて周知のように、近代は一貫して、第一の立場――「なぜ」、「なんのために」という目的論的説明に反対してきた。「けれども今日では、この偏見が行きすぎだったかもしれないと人々が感じている徴候がみられる。もしも人が、宇宙の中には価値のようなものが一つでも存在することを認めるなら、その人は目的論に席を与えることなしにそれを解釈することは非常にむずかしいのに気づく。一つの価値を分解してそれの要素を明らかにすること、あるいはそれの歴史や出現の様相を研究することは、価値についてのいくつかの疑問に答えるだろうが、価値の価値たる本質を説明しないだろう。[15]」

これも重要な指摘で、価値なるものが存在していることを認め、その構成要素を明らかにしても、しかし価値そのものは分らない。科学の限界を示唆しているものである。

そして「現在科学は、目的因を排除したにもかかわらず、科学が選んだ基本的なカテゴリーとそれの適用の仕方の中に、価値が存在し機能していることを示しているようだ。[16]」

そのためこの問題がどのように考えられてきたかを、バートはまた歴史的にレヴューしていく。そこでハックスベリー教授の指を針で突いた時の痛みについて、様々の解釈が可能であることを紹介した後で、知覚される対象、脳の役割り、脳の存在の知覚、実在の意味をつきつめていく。

そしてその結論は出ていないとする。「ニュートンの時代以来、哲学者たちはだんだんにこういった問題を認識するようになった。しかしこの不可能な教説を実証的な心の理論によっておきかえる段になると、根本的に異なるいろいろな意見が出てきているし、すべてのデータに公平で、それの解釈を指導することを要求する基本的必要のすべてをみたすような哲学はまだ発明されていない。大まかには、二つの主な方向が追求されてきたということができよう。一方には、物理的自然を知るもの、つまり心そのものを科学的研究の対象にしようと熱意をもやす人々がいる。これを精密に客観的に行うことは、心を何らかの方法でからだの運動の世界の中に組みこみ、それによってあの二元論をぶちこわすことを意味する。もう一方では、中世では宇宙的構成の中で心に高い地位と運命を与えたのを、近代にもっと受け入れやすい根拠をもとにしてその正当性を実証しようと熱望する人々がいる。全般的にこれら二つの流れは互いにはげしい衝突をくり返してきた。[17]」

それでは前者のグループはどうしたか。「ニュートン主義の科学者たちが、精密数学的方法ではとても処理できないものはすべて心の上につみ上げることによって彼ら自身の外的自然の征服をおしすすめ、その結果心の科学的研究を以前よりもさらに困難にしてしまったのは、彼らの奇妙な片意地のせいだったようにみえる。彼らが物理的事象について検証できる知識を熱望したのと同じように、心について検証できる知識を熱望する人々……が、現われるだろうという思いは、彼らの心を一度もよぎらなかったのだろうか？　明らかによぎらなかった。心は彼らにとっては、科学的知識の対象となりうるものではなく、むしろ科学の廃物、切れはし、削りくずを入れるための便利な容器だったのである。」(18)

心についての科学的把握の試み――心は「延長」をもっている、しかも時空を統合して

このように片隅へ追やられ、科学の廃物を入れるための容れ物となってしまった心について、いやそうではなく心を客観的に科学的にとらえてみようとする試みはないではなかった。バートはまずこの立場を述べつつ、最後は上記にあげた後者の立場――宇宙的構成の中で心を高い地位に置くことを主張していくのである。（この部分は冒頭にあげた③人間の心について、に当たる。）

すなわち「心も空間を占めるものであり、それ自身の幾何学をもち、からだの運動の幾何学を決定するのに用いられる技術に匹敵する技術によって研究されるものである」として、(19)空間と時間の中でとらえ直すことができるし、それを進めていくと、それを越えて大きな拡がりを示すのに気づくのである。この部分は豊かな想像をかきたてるので、長文になるがバートの文章を整理し直して引用してみよう。

●私の空間と時間への拡がり……「私が自分の腕に痛みを感じ、私の足に対する地面の抵抗を感じ、また丘のかなたに輝かしい落日をながめるとき――すべて同時だ――私は空間の中に広がっていないか？　そして、もしもこれらの体験に、以前のもっと華やかだった落日の記憶と、まもなく下りてくるたそがれの予想がつけ加わるならば、私は時間の中にも広がっていないか？[20]」

●私の拡がりと物体のそれとの間の違いは本当にあるのか……「私の空間・時間的な広がりと、物体のそれとの間にいくつかの重大なちがいがあることは確かだ。後者は規則的で、信頼でき、部分にわけることができ、秩序がある。少なくとも物体の数学的な性質と行動についてはそうだ。ところが私が占める空間と時間は、奇怪な、還元できない単位で、大きさ、形、注意の集中点が急速にはげしくゆれ動いている。しかしすべての感覚器官を通した私の直接経験からすれば、それらと私とのちがいは、それらは延長をもっているが私は延長をもっていないという事実にあるという考えが、否定されることは確かだ。[21]」

すなわち、私が居て空間を占めているのだから、私が方向と関係について知覚するということができて、その故にその知覚が正当だ、ということなのである。こうして「霊魂と延長をもつ物質との関係はちゃんと存在する……。私たちは私たちの空間的世界を知り、その中に住み、それを楽しみ、それを使う。もし私たち自身が絶対的に非空間的なものだとしたら、これがどうして可能だろうか？　私たちは、数学的な一点を別にすれば、空間・時間を全く占めないで存在するようなものを、一つでもはっきりと思いうかべることができるだろうか？[22]」

●心の延長があるとして、どこに限界線があるか……「さて、もしもこのように、心が延長をもつことが要求されるとしたら、私たちはその延長をどこまでに限るだろうか？　私たちはからだのあらゆる部分の中で感じる。いやそれどころか、たぶんからだの外でも、ある条件のもとでなら感じる。この条件を分析し決定しなければならない。（中略）からだの中できかれるもの、あるいは見られるものは、そのような幽霊みたいな縁どりの限界より外にはないだろうか？　記憶や目的についてはどうだろうか？　そもそも理想や記憶像は現在のからだの中に存在すると考えなければならない説得力をもった理由はあるのだろうか？　それらをめぐって心理学的・生理学的困難が生じているのは、主として私たちが、それらを何とかして脳の中へおしこんでしまおうと決意しているせいではないのか？　私たちはこう率直に宣言するほかない。経験主義を貫くなら、心は時間・空間の中に、心の知識と熟考が及ぶかぎりの領域全体の中に、広がっていると主張するのを思いとどまることはできない、と。それ以外に、事実を表現する方法があるか？(23)」

そうなのだ。私は時間と空間の中に拡っているのだ。物体とはどこが違うのか、私は激しく揺れ動いている、それは延長をもっていることを示しているのではないか。また私は方向と関係について知覚している。こうして霊魂と延長をもつ物質の関係は正しく存在している。一体何をもって心と物質が違うと言いたてられるのか。延長の限界を見定めようと考えること自体が、何物でも脳の中へ何とかおさめようという思考にとらわれているのではないか。

　これほどに心と物質について見事に説明した文章を知らない。本質的に共通するものであることを明らかにし、かつ異なる何物かではないか、を示唆するのである。二元論を論理的に越える説得力ある説明といえるのであろう。

心は価値ある目的をつくり出す――心のユニークさとその復権を

　このように心についてその豊かな活動の様相全体について把握していくと、一体心について科学的とらえ方をするとはどういうことなのか、という疑問がでてくる。

　普通、この問題はからだの科学、心理学、生理学によって解明されようが、主観それ自体の問題は哲学の領域とされる。

しかし「古代の人々や中世の人々の、心はある意味で広大な物理的自然に堂々と立ち向かう特権ある優越した存在だという教説は、全く正道をふみ外したものだっただろうか？　科学的状況そのものの中に、科学の世界を知るもの〔心〕がそのような地位を占めることを意味する何かが存在するものではないか？[24]」

そうなのだ。古代の人々や中世の人々の方が心の大きさを、その特殊的地位をそのまま体現していた。それ故に近代の人々よりも幸福だったのではないか。少なくとも、近代の人々が古代や中世の人々よりも幸福になったとは言えないのではないか。

こうして片隅に追いやられ、何者かの反応物として説明されかかった心について、バートはその復権を叫ぶように、しかし実に真摯な科学者らしく慎重に、次のような示唆的な文章を残している。

「明確な意味では心は人間の経験全体の生きた眺望であり、事象のながれ全体と、私たち人間が認識するそれらの意味とを積極的、集中的に編成するものなのである。

科学が明らかにする広大な領域全体は、それの合理的な秩序と意味を心の知る活動の中に見出す。心は脳の小さな片すみに存在する奇妙な知覚をもつ実体ではなく、神経系の活動ですらなくて、脳もからだも含めて、空間・時間的領域がそれに提示され、または提示されうる、ユニークな何かであるように思われる。（中略）人間の人格のいわゆる高度の精神力は私たちの経験の中で明らかにされるかぎりでの実在の、最も完全な眺望であるようにおもわれる。アリストテレスが主張したように、それらは他の序列の存在がすることをすべて含み、それ以上をも含んでいる。それらのいっそう大きな達成の中で、理性、感情、目的は、すばらしい機能の統一を構成している。私たちが友人の微笑と和やかな会話の中にそれらがはたらいているのをみるとき私たちは感嘆と喜びを少しもおさえようとしない——たとえ私たちが哲学する段になるとどんな良心的ためらいが要求されるようみえようとも。（中略）自然の秩序がその広大で人を夢中にさせるものであっても、それでもなおそれは合理的に考える心の対象なのだ。そして目的についていえば、私たちは経験からして、心の対象はすべてまたその先にある目的を実現するための手段であることに気づいているのではないか？　ある知られた事物の還元できない関係の中に、それを手段にすることができるようなもっと価値ある目的との関係が存在するのではないか？　もしもこれが事実なら、目的は知識や感情よりももっと究極的な機能なのであり、心はこの語によってそのような知る行動、評価する行動、目的をもった行動を包括し、それの全体的な説明を物質的世界のかなたに見出さねばならない。心とは、延長をもった物質の世界を知ることができ、それの秩序と美をはげしく愛することができ、さらにもっと魅力ある命令的な善に照らしてたえずそれを変還することのできる、還元できない何かであるようにみえる。心はそれの世界を知るばかりでなくそれを感じ、理想化し、改造して、ずっとよいものにする力をもっているのだ。[25]」

引用が長くなったが、いわんとするところは次のようなことである。

(1)「心」は、すべての認識の源泉であり、出発点であり、自然はすべてその対象なのだ。

(2) このように物質的世界を含め、「心」の対象すべては、「その先にある目的を実現するための手段」なのであって、「心」はそれに気づいている。

すなわち「心」は事物の還元できない世界として、統合している何物か究極的な機能——それが目的なのであるが——を包括しており、そしてその全体的説明（すなわち物質の拠ってきたるもの）を、物質世界のかなたに見つけ出すものなのである。

(3) そして、「心」は真、善、美のために、それに向かって改造していける「力をもっている」。

このように心について、絶対的といえる位置づけと役割りを認めることにより、近代科学が発展する中で、かつて人類が持っていた心についての認識——それは王様であるという第一の重要性を——軽視していくことになり、目的と手段の逆転が起こっているのではないか、という疑念が、強く（しかし叙述は実に慎み深く）提出されている。

われわれは西欧近代科学について、その華々しい成果について、すなわち、その生成、発展の道程と偉大な達成について憧憬し、絶えまざる進歩の理念を確証し、科学の模範として完璧さを信じ、それを押し進める人々とその世界について聖職者的理想像のイメージ（いずれもそれを善とみなす）をもって認識していることが多いが、ここで、このような生成そのもののもつ大きな歪みについて、深い内在的批判が提出されていることにあらためて耳を傾けたい。

近代の不運

このように心を広く深い存在ととらえることに異論はある筈もない。すなわち、「自然界は結局のところ、心を支配する目にみえない暴君ではなくて、心の住む家、心の活躍する劇場なのであり、人間は理性と霊魂の機能を表現するものとして、彼の熱心な熟考の対象である空間・時間的存在の全体よりもはるかに多くの宇宙の香りと創造的多産性を集中している。[26]」このように心を中心に置き、人間を高みに置き、人間は自然の下僕ではないとして、バートは認識の逆転を主張するのである。何を今更という気持ちも湧くが、不思議な感動を覚える。

しかし人はそれは神学的迷信なのではないかと不安を覚えないであろうか。「それが、ギリシャ時代と比べて、近代の思想が負わされている不運である。しかしこれら二面的な事情の中に、近代の形而上学の問題のおそるべき困難がむき出しにされている。適切な宇宙論は、適切な心の哲学が現われた後でなくては書きはじめられないだろう。そしてそのような心の哲学は、心を実験的な操作と精密な測定のための材料にしたいと願う行動主義者の動機に対しても、また心のない宇宙と、ちゃんと説明された心を通して一つの生きた知覚をもつ統一に組織された宇宙との間の、おどろくべきちがいを見たいと願う観念論者の動機に対しても、十分な満足をもたらすにちがいない。(27)」

右の文章の前段――近代の不運は重要な認識である。

それは本書の冒頭に、

万物を動かす者[*1]の栄光は
　宇宙を貫《つらぬ》いて光り輝く、
一《いっ》には強く他には弱く輝きわたる。

その光の満ちあふれた天上[*2]に
　私はいた。そこで見たものは、そこから
降りた人には再び語る力も術《すべ》もない。

といったダンテの『神曲』を一〇六行にわたって引用し、「それは、宇宙は本質的に人間中心のものだという当時の支配的確信を壮厳な形で表現している」と述べ、つづいて「天地創造は全く気まぐれな存在がやりとげたことだ」という、バートランド・ラッセルの人間学説を紹介し、その対比をあざやかに示しているのである。(28)

すなわち、「中世の思想家にとって、自然は人間の知識、目的、運命に従属するものだとみなすのが全く当然

＊1　「万物を動かす者」とは神。神によって作られたものは神の光をあびるが、それらの完成の度合によって受ける光が多かったり少なかったりする。

＊2　「光の満ちあふれた天上」は至高天（エンピレオ）であり、今ダンテは現世にもどってこの詩を書いている。

だったのと同じように、今日では自然を次のように考えるのが当然になっている。つまり自然とは、自己充足の独立状態で存在し作動するものであり、また人間と自然の究極の関係がはっきりしているかぎりでは、人間の知識と目的は自然によって作り出されるもの、そして人間の運命は全く自然に依存している、というのである。(29)」こうして「人間は宇宙の目的論の中では高い地位を占めてはいない。人間の理想、希望、神秘的な恍惚状態は、人間自身の誤った熱狂的な想像力が創造したものにすぎず、空間と時間、および意識されないとはいえ不滅である原子によって力学的に解釈される現実の世界にあっては、はいる場所もなく適用することもできない(30)」。

これは「目にみえる宇宙そのものは人間の領域に比べて限りなく小さかった」中世において、宗教体験は最高の科学的事実であり、「自然界は人間によって知られ楽しまれるために存在した。一方人間は、『神を知り、神を永遠に楽しむ』ことができるために存在した。(略)その中で人間の占める地位は不滅だった。(31)」このような認識とは全く異なる世界に、近代はあるのである。

バートはこのような認識にたって、本書の書き出しにおいて「かえりみれば……私たち現代人は世界についてなんという奇妙な考え方をしているのだろう」と問いかけ、「しかもこの考え方はたいへんに新しいものでもあるのだ」というのである。(32)新しいとはごく最近のもの、三〇〇年しかたっていないということである。

存在の目的論的価値——人間の復権のために

本当に人間とその世界について、宗教論によってではなく、科学論を点検することによって、やっと人類の未来について展望が拓けてきたような気がする。それは長い間忘却したり、軽視してきたり、片隅に追いやってきた心について正当な評価をし、この正当な評価によって、つまりバートのいう目的論的復権を行うことによって、人間をとりもどすことができるのである。

こうしたとりもどした人間が自然界の主人となることによって、自然科学をも生かすことができるのである。自然に支配される人間ではなく、まして自然科学の成果に支配される人間ではなく、それを真に支配することのできる唯一の存在としての人間が復権するのである。

また他方において、西欧科学が永久不変の形成物ではなく、ある特定の時代の産物だということ、それは固有の発展限界をもっていたのだということも強調しておく必要があるだろう。

なお先の文章の後段にある、まだ現われていない適切な宇宙論については、本著は一九三二年に発表されたものであり、それ以降の脳の研究の急速な進歩の成果はとり入れられていないであろう。また物理学や生物学の革命的変化もとり入れられていないであろう。バートの問題提起とこれら成果との関連づけは筆者の能力では完全に手に負えない。より体系的にこれを行う必要があるだろうが(33)、しかし自然科学の本来的にもっている限界からしてどれ程の成果が期待できるかは疑問である。ただしバートの主張は学者らしく実に慎重に近代科学の体系そのものを真正面から、また内在的に再検討することを呼びかけている。

とくに繰りかえすことになるが、結論における「心」の指摘は、いわゆる心の科学的認識にとどまるのではなく、それ以上のもの、そのかなたのものまで及んでいると思う。それは一言でいえば、自然認識における目的論的考察であり、結論的主張は慎重に避けられてはいるが、人間の本当の支配のために、心の復権という主張を借りて、人間そのものの復権を語りかけているように思う。

中世と近代の人間のコスモス観を対比してみると、まことに興味深い事実が浮び上ってくる。すなわち、われわれ近代世界における人間はこれだけの豊かさを自然から取り出していることで〝大きい〟存在となった。しかし人間の中心である心を片隅に追いやることで、逆に宇宙に対して〝小さい〟存在となってしまった。すなわち中世の方がコスモスの中心に人間を置いていたが故に、人間は〝大きかった〟のである。これは研究室の哲学論ではない。

今日、人々がこの豊かさの中で何か満されないものを感じているのは、ここにある近代のパラドックスと関係があるのである。

いまこそ真剣にこの問題をとりあげるべきであろう。

科学と人間の調和ある発展とはどういうものだろうか。時には制御の必要はないのだろうか。「用を為す科学」の概念はおかしいのだろうか。しかしそれを主張するには、科学自体の内在的超克がなければ、何人も納得するには至らないであろう。そのためにまず近代形而上学が片隅に追いやった心の復権が契機となるが、そのための敷石は本書で提出されているのである。

3　生命科学のインパクト

以上は、近代科学をその生成の物語にさかのぼって検討したのであるが、つぎに近時めざましい発展をとげた生命科学に焦点をあて、その進歩は、この問題——人間と自然の調和と一体化認識、「心」の回復、再興をつくり出すモメントになるだろうかを考えてみたい。

そこでまず近年における自然科学の発展をどのようにとらえたらよいのか、につき渡辺格博士の見解をきいてみよう。博士は戦後早くから生命科学研究の第一線におられること、今世紀に入って現在までの自然科学の最先端研究を手際よく鳥瞰され、その展望を示されていることによる(34)。

自然科学発展の流れ

渡辺格氏によれば、まず自然科学の発展は大きくいって次のようにまとめられる(35)。

(1)　自然科学は現在、物質から生命→精神へという方向に進んでいる。

(2)　この方向転換をひき起こしたのが、分子生命学であり、一九五〇年代の中頃に興って、六〇年代中頃に「古典的分子生物学」として一応確立した。

(3)　分子生物学が始まる前までは、物質現象と生命現象の間に越えがたい断絶があると認識されていたが、一九五三年のワトソンとクリックによる遺伝子ＤＮＡの二重らせん構造の発見により、生命の最も根本にある遺伝という現象は神秘的でも何でもなく、物理的・科学的な物質現象として理解されるはずだということになった。

(4)　ここで一番重要なことは、生命現象は一つの物質現象であるといっても、それは生命現象を物質現象に還元したのではなく、生命現象はいろいろな物質現象の上に発展的に出てきた新しい物質現象だということであり、そして、その生命現象がさらに発展していくことによって、精神現象が起きてきたのであろう、ということである。

(5)　その考え方——現在の自然科学的な世界観は次のような内容をもっている。
まず、二百億年前……あるいは数百億年前と言うべきかもしれないが……にいわゆるビッグ・バンによって宇宙が誕生した。はじめはエネルギーのかたまりだったが、そこから素粒子が創られ、その素粒子が集まって原子ができ、さらに原子が集まって分子ができ、分子が集まっていろいろな科学物質が作られた。その科学物質のさまざまな反応の結果（化学進化）として、たまたま自己増殖（複製）できるような物質系、つまり生命を持った物質系が現れてきた。そしてその生命を持った物質系としての生物の進化のあげくに人間というものが出現し、その脳によって知的活動を始め、それが文明・文化をつくったのである。そしてこのような世界観は一九六〇年代に自然科学者の中に一般化したものである。

(6)　自然科学も物理学が先頭であった時代から、いまは分子生物学を中核とする生命科学へ向かっている。

自然科学の方向転換

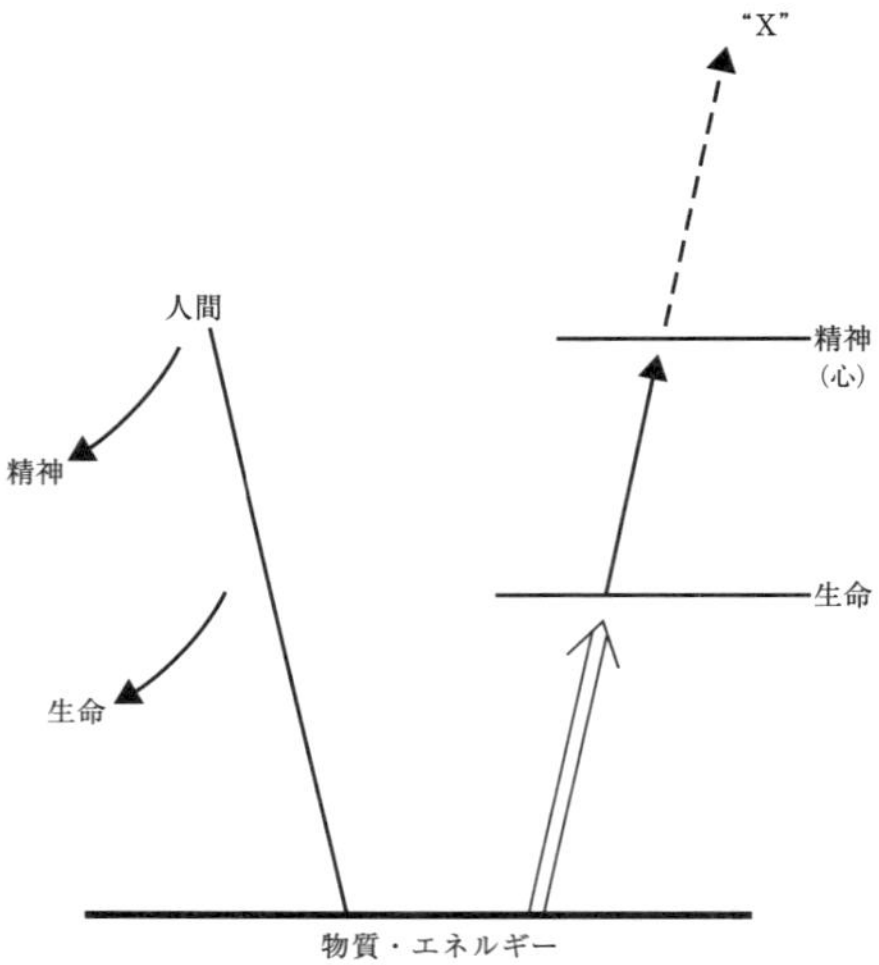

出所：渡辺格『物質文明から生命文明へ』(同文書院、1990年)、23頁。

そして生命現象の研究も別図のように進展してきている。こうして人間の脳の研究を通じて、将来はおそらく〝意識〟とか〝心〟とかいう問題までが自然科学の対象になる。同時に主観とか客観といった、いままで自然科学の枠の外にあった問題までが自然科学の対象になる、そういった方向に自然科学は向かっている、とみられる。(7)

ここで重要なことは、現在の自然科学は物質→生命→精神という方向を見せているが、これは実は物質世界の研究から領域の違う生命世界の研究に入り、それからまた領域の違う精神世界の研究へ向かってきているということではないということである。すなわち、生命というのは物質世界の中にできたものであって、しかも物質世界を越えた存在である。また精神現象というものも生命現象に中に生まれて、しかも生命世界を越えた現象である、と考えなければならない。

科学は変わったのか

以上のような自然についての把え方、自然科学の発展についての把え方はきわめてスンナリと理解できる。この考え方に裨益されながら、次の新しい科学の突破口、あるいは科学による突破口は拓けるのであろうか。

まず、科学はそれ自体変わりつつあるか。それは自然科学の最近における進歩の性格についてである。渡辺博士は次のように言う。

「自然科学は原因を追求することよりも、新しい実験によって新しい現象をゆり起こすという形の学問に変わりつつあるということになります。近年急速に進展している生命科学にしても、いろいろな操作技術――DNA操作、細胞操作、受精卵や初期胚の操作などによって新しい生命現象を発見していくといういき方がとられつつあるのです。

ということで、全てが原因追求という形で収斂するのではなく、むしろある事からある結果が起こってくる、要するにあるイベントを生んでいく。そこでいわば展開の問題になるわけです。そういう形の、自然現象を追求する新しい学問がこれから始まろうとしているのですが、それについての指導原理は現在はまだでき上がっていません。デカルト的な切断はなくなりましたが、重層的構造をもって展開している自然をどうつかまえていくかという、つかまえ方の新しい科学的方法はまだ見つかっていないと思います。」[36]

こういうことが本当に言えるのだろうか。そうは思わない。いままでの科学技術の成果をみても、エネルギーや物質の特性を発見してこれを再編成して利用しているのであり、その意味で「新しい実験（この場合は新しい知見といった方が分かり易いが）によって新しい現象をゆり起す」ということは変わらないと思う。いままでの科学が原因追求だけであったのではない。

ただ変わったのは対象が生命現象であることであり、そこにおいていろいろの新しいまた質的な問題も出てくることは認めるが、その新しい質的な問題といっても、いままでの多くの革命的発見や技術開発の成果に必ずといってよく随伴していたことであった。新しい物質の性状の発見、新しい機械の開発いずれもそうであったと思う。ふるくは人類にとって火の発見や銅や鉄の利用開始は新しい文明をつくり出したのであるし、例えば二十世紀に入っての航空機や情報通信革命は新しい世界的文明の時代を切り拓いたのであるし、原子力の開発・利用は一段と〝人間の手に神を握らせた〝ものと思う。このようにみてくると、これからの生命科学の進歩がまた新しい文明の世紀を切り拓くのに貢献することは事実であろうが、自然科学の本質的性格論の問題として原因追求という形ではなく、「あることからある結果が起こってくる」、その展開を追求する新しい学問が始まろうとしているとは考えることはできない。

思想・宗教と科学の関係

つぎに現代科学を進歩させる要因として東洋の思想の役割りを考えてみよう。

まず結論的にいうと宗教と科学の関係は簡単ではないということである。渡辺博士は西洋では、人間や宇宙をつくった神が先に存在したというキリスト教の概念があるから、それが一つの束縛になるのではないか。これに対して東洋では、自然を在るがままにみようとする姿勢があるから、逆に自然科学を進めていくことは自然にできるのだ、とされている(37)。

これは興味ある指摘であるが、コトはそれ程簡単ではない。まず「神は人類のつくられる前から存在したのではなく、存在するとしても、それは人類の未来に出現するものであろう(38)」というのはある一面では正しいであろう。しかし西洋においてこの神の身姿を説きあかそうとする思考や態度が科学を革命的に進展させたという歴史的事実は消えない。この意味では西欧は〝神〟を自己に有利に生かしたというように言ってもよい。

このことを一般化していえば、民族や文化の特定の性格を科学の発展と一義的に結びつけるのは、人間の知的及び文明創造活動の多様性からして無理があるということである。

なおここで「ある一面では」ということを言ったのは、自然科学的認識では神はこれから出現するのだが、人間にとっては人類の歴史とともに神はあるのであって、人類がすべてのこの世の苦悩を経験したあとに神が出現すると考えるのはおかしいということである。

　それでは本題にもどって、東洋の出番は何処にあるか。渡辺博士のいわれる東洋の思考の非束縛性は、歴史的事実としては、自然の受容、非変革性あるいは虚無主義・逃避をも生んだのであって、これは西洋との開差の原因ともなったのであるから、その非束縛性がそのまま科学の発展にとってプラスとなったわけではない。

一歩手前主義を手がかりに人間本位の科学を

　そうでなくて筆者は次のように考えたい。まず第一は、科学の本来的性格から、それは〝無名性〟をもっている、ということである。それは人間がその生活を少しでも安定させるため、どの時代においても自然を制御していくことが必要不可欠であったためである。自己の安全のため、食料・衣服・住屋の確保から始まり、古代に隆起をきわめた土木技術から、現代の最先端の大規模システム制御技術にいたるまで、枚挙にとどまらない事例すべてがそうである。なかには人間の生きるために必須のものもあったし、権力者の勢威を誇示するものも、死後の安寧をひたすらに希求するためのものもあった。それは、限りない人間欲望の現実の手段として、あらゆる社会に、あらゆる時代に発展したものである。

　したがって、特定の思想のもとにそれが独自に発展したとか、特定の文明が独占的に発展を推進したとか、言うことはできないと思われる。

　したがって、科学それ自体のなかから、科学を越える理念が生みだされてくるというとはできないのである。それではどうすればよいか。

　一つは、東洋の考え方に突破口の契機があるということである。それは冒頭に記した「一歩手前主義」からでてくるのだが、人間とそれが生み出した科学の成果も神に永遠に近づくことができないが故に、そこから人間と自然との調和を生み出す価値観が新しく形成されてこないであろうか。西洋における神に譲歩を迫る人間像、自然に規定されつつも圧倒的に自然支配をめざす存在としての人間の把握ではなく、つねに自然との共生をめざす人間の把握、それを通じて人間の安心立命を求め、それを確証するような科学をつくりあげていく、といった道筋を準備しえないであろうか。そこに一縷ではあるが希望をもちたい。

その場合は人間の本当の優位、つまり心の優位を支配的観念に置くことである。

しかしそれはやはり自然科学的認識をもはや越える問題だと思われる。その点で渡辺博士の文章にもどれば、「つくり出してはいるが、越えるところにある」、ということをより強調したいと思う。

すなわち、生命は物質を、精神は生命を越えるところにあるという点が大切である。そして生命や精神を統合しているものとして、またこれらを次々に越えていくものとして存在しているのが「心」なのである。そのように考えたい。

ということは、この点を一層つきつめて考えれば、自然科学のさらなる発展がいかようにあろうとも、つねに越えられない何物かが存在しつづけるということである。つまり精神世界をなりたたせる活動因子は説明できるかもしれないが、精神世界が生み出すものは説明できるものではない。これは先に引用した「心」とはそのすべてであるところの何物かである、とした定義にもある通りで、自然科学はメカニズムの説明までであってそれ以上の内容を明らかにすることはできない。

これをさらに拡げてかつ全般的に理解すれば、次なる文明の価値観はいつの時代でもそうであったごとく自然科学の進歩の保証によって生まれるのではなく、それに影響は受けるが、他の多くのものにも影響を受けて醸成されてくるものである。

こうしてようやく近代の形成において支配的影響力をもった自然科学について、その性格と限界をめぐって総体的評価に辿りついたのである。

コペンハーゲン学派

なお本書で紹介されている事件でとくに本稿の論調との関連で重要なことはボーアとアインシュタインの論争である。

これは一九二〇年代の終りから一九三〇年代のはじめにかけて、ハイゼンベルクの不確定性原理をもとにしてニールス・ボーアたちによってデカルト分割批判が起こっていたということである。そしてボーアは、東洋思想＝老荘思想にかなり影響されており、あるがままに世界を見よう、という姿勢をとっていたとのことである。このコペンハーゲン学派の動きは日本ではあまり知られていないようだが、渡辺博士によるとボーアはキリスト教的神の存在に関心がなかったが、アインシュタインは「神がサイコロをふるはずがない」として、不確定性原理に反対した。結果的にはアインシュタインは敗れたが、これが一つの契機となって生命現象の探求がボーア学派の中で生まれたという(39)。

この流れは自然科学を考えるに当ってもっと注目されて然るべきであろう。また、もっと早く紹介されておれば、日本の自然科学観や西洋文化観はかなり変わっていた可能性があるのである。

4　総括的評価——科学の限界、学問の限界、そして「近代」の負い

以上、長々と近代西欧科学の評価をめぐって、右往左往してきた。ここでまとめを行わなければならないが、その結論は意外に簡単なことである。

それはいくら科学が人間の中（内部）へ、ミクロの世界へ、さらに超ミクロの世界へ、あるいは宇宙の神秘へ、そして生命と精神の生成・活動そのものを明らかにすることに成功しようとも、そのことを通じて人間世界のあるべき姿が、すなわち人間存在の全的理解であるところの倫理の体系が明らかになってくるものではない、ということである。

まず科学は例えば精神活動のメカニズムを明らかにすることができるかもしれないが、精神が何を求めているかを明らかにすることはできないという意味でここで反論しているのではない。それは正しい反論ではあるが、まず出発点として、自然科学の発達に最大の期待をもつ、そこに解があるかもしれないと考えること自体が自然法にのっとった近代合理主義的思考を背負っているのであって、それこそ「近代の負い」ではなかろうか。

この点について現代ドイツの哲学者ハンス＝ゲオルク・ガダマーは次のように言っている。「科学が、〈人間の現存性の全体において、すなわち、特に、自らを自然や社会に適用する際に、自分自身が何を意味しているのか〉という点について弁明することもできず、またその必要性も感じていないという意味でそうなのである。(40)」

ここでいう科学は学問のことで、自然科学のみをさすのではないが、学問とはそういうものである。

それでは「自己諒解という人間性に根ざした責任を果たすことができない」学問とは何であろうか。人間の存在諒解・世界諒解について、全体的な理解をめざすのは学問の役割りではあるが、それはすべてではない。真・善・美について、もともと学問はこれに答えるものではない。それは人間性全体が応答するものである。

近代はこれを分解してしまった、また分解していくことが正しいアプローチであり、思考様式だと思われた。そして最も発達したのが物質世界、すなわち自然界の利用である。それがあまりに甚だしいあるいは輝かしい成果であったがために、人間の人間としての思考様式全体がそれに引きずられてしまったのである。それは二つの意味で然りである。

一つは人間の生活全体の分解であり、生活における物質的繁栄の圧倒的優勢化であり、逆にいえば精神世界の劣化である。二つ目は人間の認識総体における自然科学的方法の圧倒的優位化であり、これによって学問と認識と倫理にさえも歪みが出てしまったのである。

問題はこのように巨大な迂回化過程を辿った人類がここで止まってもう一度自然世界の主人公として、無限の可能性を秘める「心」の持主として復権しうるかどうかである。

このためには人間存在の根本にもどってもう一度考え抜かねばならない。まさにヤスパースのいうところの「第二の枢軸時代」こそが今求められるであろう。

そのためには筆者は宗教のもつ役割りが再考され、再建されなければならないと思う。しかしいまのところこれは直感的にいえても、これ以上説得的に展開する余裕も識見もない。言えることは新しい宗教的思考の展開とその再生は今日までのあらゆる人類的成果の総合的評価のうえになされなければならないということである。そうでなければ反近代主義の呪詛にとどまるであろう。

この意味からすると、キリスト教が逆に自然科学の枠をはめると考えるのは、当っているところがある。なぜなら自然科学の発達によって追い越されてしまった神として、これでよいのか、それは違うのではないか、という疑問を呈示しうるものをもっているともいえるからである。

他方、仏教や儒教思想は「真」に迫るのに一歩手前でとどまったことが、反対に「真」なるものへの取り組みをおろそかにしているといえる。近代科学の隆盛について有効な発言をしていないのはその為である。しかし他面、彼岸に立ってしまった、すなわちこの世のすべてをみてしまった宗教であるが故に、その立場から全人類的、あるいは全人間的救済の包括的援助をさし出すことができる可能性をもっているといえる。

とはいえひとりの人間として最後の姿はいかなるものであろうか。もう一度人間の自然な姿をとりもどすこと、それを通じて人間全体を回復すること、ここにおいて宗教も学問も一定の貢献をするであろうが、しかし窮極においてはひとりの人間として、宇宙の永遠に規定された一個の人間として、それは静かに沈思すべきことであり、選択すべきことなのだと思われる。

5　中国の科学技術について

新しい文明比較動態論の必要性

本章は主として、西洋近代科学の性格を明らかにしてきたのであるが、一七世紀以降のその隆盛によって、科学は西洋のもの、という通説が支配的である。果たしてそういうことが言えるのか。

先進文明であった中国が科学技術についても先進国であったように、古来から隆替をくりかえしてきた先進文明は、それぞれの時代において優れた科学技術を生み出してきたのである。そしておそらく、今は消え去った文明も、古来から相互に影響し合って発展の条件をつくっていたことは間違いない。

そこで、科学の発展を歴史のなかで位置づける作業の前提として、二つのことが必要である。一つは広く文明の伝播をとらえるメカニズムの解明であり、二つ目は自然科学にしぼって西欧以外の科学をいかに位置づけるか、あるいは西欧科学との関連性は何か、を明らかにすることである。そして自づと前者は後者の問題接近への前提ともなるものである。こうして文明移転とともに科学発展の比較方法論といった研究領域を開拓する必要がある(41)。

文明移転についてはすでにユニークで刺戟的な成果として宮崎市定博士の研究がある(42)。これはルネッサンスが西欧の独占物とみられるべきではなく、中国においては宋の時代にその華が咲いたことを明らかにされている。この分析視点がまず重要であると思うのはそれぞれの国において同様な文化運動があった、という理解の仕方をすることである。このような比較文化の視点によって、古今東西の歴史をすべて再点検し、再評価する必要があるということである。一五世紀の西洋ルネッサンスが人文文化の粋であってそれ以外には無いとか、あっても劣位にあるとかという理解はおかしいのであり、同時に各民族のもったルネッサンスの特色もまた歴史的に規定されたものとして明らかにする必要があろう。それはまた科学技術や文化についての西欧の独占的貢献という固定観念を打破するものになるはずである。

博士のユニークな指摘とともにさらに一層重要なことは宋の文化が伝播されて、ルネッサンスを生み出していったのだろうとする驚くべき見解を、絵画などの検証を通じて行われていることである。

資料の摩耗・損失の故に、もう一つ説得力が欠けるきらいはあるが、文明移転の視点から省みられるべき見解である。

このような科学技術や文明の比較や伝播の動態を明らかにしていけば、自づと本稿の主題の軸となっている西洋と東洋の二元的把握は揺らいできて、流動の中の把握、すなわち科学技術を含む、広い文明の移転の枠組みの中ですべてを捉えるという視点をもつことが必要となる。そして同時に、それらは文明をそれぞれの特性において位置づけ、その間の位置は上下や優劣があるのではなく、あくまで伝播、普及、相互影響、発展という動態的世界として把握すべきことを教えるのである。(43)

このことの意味は今日でも重要であり、日本の科学技術の〝偏奇〟な発展もそれはあくまでその特性として把握すべきであって、決して優劣の単線構造として受けとるべきではないということにつながっていくであろう。すなわち、「進歩」という言葉にイメージされてしまうように一本の線上に先進・後進として把握されるのではなく、それ自体として盛り上がる、それが横にも拡がる、その度びに多様な性格を帯びる、あるいは時代毎にまじり合って独特の様相を呈して、それがまた次に伝播していくというような捉え方もなされるべきであろう。

中国の科学技術についての一つの総括的な整理と評価

さて、西欧以外の科学技術の成果と役割りを明らかにするためにはまさに有史以前を含む人類の歴史そのものの全額のバランス・シートをつくる必要があるが、それは手に負えない。そこでここでは有史以来の発展成果として、西欧の科学技術に大きな影響を与えた中国のそれについて素描を行い評価をしてみたい。それには有名な、**ジョゼフ・ニーダム**の研究に依拠するのが最も適切であろう。ニーダムの研究は大部にわたっているが、ほんのその一端として、一つの総括的な整理と評価を紹介しよう(44)。

まずニーダムはよく欧米人がやるように四つのボックスに、西洋と東洋の科学と技術の成果を位置づける。これを筆者が整理したのが別表である。

そしてニーダムは総合的な評価として次のように述べて、各文明の科学技術の成果と貢献についてバランスある見方をするべきことを力説するのである（なお以下の見出し文言は筆者がつけた。傍点も筆者、以下同じ）。

●近代の自然科学はギリシャに淵源するものよりも大きく広く、また首位に立つもののみを評価してはならない。

「ギリシャの福音的支柱《プレパラチオ・エバンゲリカ》が近代化の背景の本質的な部分ではないと、わたし

ニーダム Joseph Needham（1900–1995）イギリスの生化学者・科学史家。ケンブリッジ大学に入り、ヴィタミンの発見者 F. G. ホプキンスの影響をうけて生化学を学び、卒業後はこの分野の研究者として活躍、1933 年にはリーダー（Reader）に任命された。1942 年、英国の科学顧問として中国へ渡り、重慶を中心に戦火を逃れて疎開していた中国人学者と親交を深め、戦後 1954 年から出版されはじめた『中国の科学と文明』の基礎を固めた。自らを名誉道士とよび、後進的とされていた中国にも科学革命以前には優れた科学思想や技術が存在していたことを西洋世界にしめすことに後半生をかけた。

科学と技術における各地域の貢献

科学	↑歴史的な発生	ギリシャの貢献 ・ユークリッドの演繹的幾何学 ・プトレマイオスの天文学 （中国…代数学、数値計算、磁気学、赤道座標系）※1	中国の貢献 能率のよい馬具、鉄鋼技術、火薬と紙の発明、機会時計の脱進装置、駆動ベルト、チェーン駆動、回転運動の特選運動変換、航海術の一部（平底船、船尾材舵） （アレキサンドリア）※2	↑	技術
	発生以後の増強↓	アジアの成果 ・中国的な夢幻の空虚な宇宙という概念（固体水晶状の天球にかわるもの） ・18世紀の波動理論は中国的な思考を詳細につくりあげたもの ・原子論は精巧なインドとアラビアの思想を精密化したもの ・地震計、生物学・病理学の分類はヨーロッパに知られなかった卓れた成果	ルネサンス以後に近代技術の全体の中に一体化された技術上の発明 外輪船（？）、差動歯車、共融工程、鋼鉄の直接酸化による製鉄法、インドの古い製鉄法 …これらはシナ、インドにあったが、後にヨーロッパでも生れた。それを結びつけることはできない。	↓	

資料：ジョゼフ・ニーダム『文明の滴定』（橋本敬造訳、法政大学出版局、1974年）、49～52ページより作成。
注：※1　ギルバート、ケプラー、チコ・ブラーエなどによってヨーロッパに影響を与えた。
※2　アレキサンドリアの貢献がこれに位置づけられる、という意味。

は言わない。わたしが言いたいのは、近代の精密自然科学がユークリッド幾何学やプトレマイオスの数理天文学よりも、はるかに大きく広いものだということである。それよりももっと多くの河川が近代科学という海のなかに注ぎこんだ。数学者・物理学者であり、おそらくはデカルト主義者である人にとっては、この事実は歓迎すべきものではないかもしれない。だが、わたし自身、職業が生物学者・科学者であり、半ば以上はベーコン主義者であるから、ガリレオの打破という槍の穂先を構成していたものが、すべての科学を構成するものだとは考えない。社会条件が良好であったときに、経験的仮説の数学化を結晶させることになったものはその本質を涸渇させることはない。もし力学が最初の科学となったとしても、それは『首位に立ったもの《プリムス・インター・パーレス》』であったのである。もし天上および地上の物理学が、ルネッサンスの戦闘の名誉を担うものであったとしても、その多くの勇敢な連隊をもった科学の全軍と混合されるべきではない。[45]」

●科学史は一本の影響線だけで書かれるべきではない。

「全額におよぶバランス・シートを作成することによってのみ、あらゆる文明が人類の進歩にどのような寄与を行ったのかが、すこしでも確かめられるだろうからである。あらゆる科学技術的活動がヨーロッパ文化圏の進歩に貢献する必要があったと言うことは、合理的とはいえない。他の文明において起こったことは、まったくそれ自体のために研究に価するのである。科学史とは、一すじの連繋した諸影響によってのみ、書かなければならないものであろうか。それがいかなる影響を受け、また影響を与えたかにかかわらずどのような努力もその位置を見いだしうるような、人類の性格についての思想と知識の理想的な歴史がありはしないだろうか。現代の普遍科学の歴史と哲学とが、結局すべてのものを包容することになろう。[46]」

●複数の価値の承認を

「要するにわたしは、わたしがつねにヨーロッパの要求をはかりにかけるときに採用しようとするいつもの態度に、ショックを受ける人びとにとって都合のよいような、一つの和解の意見《オプニオ・コンシリアトリックス》を提供しようと試みた。わたしが示唆したことがらを考えぬくなら、いく種類かの価値を容認することがますます必要であると感じられるであろう。ガリレオの打破を生みだすのを直接に助けた価値、そして大事なことを一つ言い残したが、ヨーロッパ以外の文明も等しく研究に価するとするそれ以外の価値がそれである。[47]」

●「われわれの文明」というプライドを捨てよう

「アジア文化をもつ人びとも、中世的な形態で数学や自然科学全般の基礎づけを行ない、それによってルネッサンス期の好ましい社会的・経済的な環境のなかで起った決定的な中世打破のために、舞台を整えることに力があったのだと認めた方がよいであろう。確かに、実際には西欧の文明と同じく高尚で、刺激を与えてくれるこれら非ヨーロッパ人的文明の歴史と価値にもっと注意を向けた方がよいであろう。そうして『われわれは人間であり、知恵はわれわれとともに生まれた』と高言する知的プライドは捨てようではないか。近代科学はヨーロッパにおいて生まれ、ヨーロッパにおいてのみ生まれたという否定できない歴史上の事実に十分なプライドをもち、その事実があるからといって永久的な特許権は要求しないようにしようではないか[48]。」

この引用につきていると思うが、しかし、このような的確で全体を見通した評価はまだまだ定着していないのであって、この点について筆者もここで強調しておきたいのである。このことを共通の認識にしたいために長文の引用をおこなったのである。そしてニーダムは現代の普遍科学と西欧科学を明確に区別するのである。

このようにして西洋の科学理解は狭くとらわれているとニーダムはいう。すなわち第一に数学の定義があまりにも狭すぎる。すでに中国人は紀元前一四世紀に九個の記号で数を表現し、高次の数値方程式の解法まで工夫していたし、それはヨーロッパに流入していた。第二に宇宙観もヨーロッパよりも大胆で空想にあふれていた。第三に科学を力学の成功のみに限定するのは狭すぎるのであり、中国人の陰と陽の道の概念や自然の有機的パターンの把握は物理学を越えており、また磁気的現象の知識は中国からヨーロッパに送られたものである[49]。

自然法についての比較

このようなニーダムの科学概念についての指摘がある通り、この一事をもっと広く解釈すれば、科学技術の発展はより広く、また複雑な社会現象としてとらえるべきであって、西欧科学優位観はあまりに単純なストーリーでしかない、ということもここで明確になったのである。また同時にそのような多面的研究をしていない社会科学分析

（科学についての人文科学的・社会科学的研究）の貧困さをも熟知しておくべきことである。

もちろん、ニーダムは東洋が西洋にひき離された要因について、科学技術者の社会的地位、言語、社会構造（西洋における商人階級の存在と中国における官僚制の強さ）、人口、とくに労働力の賦存状態などについて端念に比較分析を行っている。しかもそこにおいて多くの通説の打破も行っている。

これら一つ一つは興味深いものがあるが、本稿の関連では「哲学的・神学的要因」をどうみるか、にとくに関心がある。内容的には本稿の他の部分とやや重複するところがあるが、ニーダムの見解をきこう。

まず儒教は何よりも現世的な社会倫理学的な内容をもち、その意味では西洋でいわれる自然性——人が追求すべき現実的な人間の本性と一致するような行動のしかた——といわれるものにかかわってきたことを指摘した後で、しかし「創造神の概念は、この体系において必要なかった」こと、そして「道家は『自然』にきわめて深い関心を示したのに、理性と論理を信用しないという傾向があったので、『道』の作用というものは多少とも測り知れないものというままで取り残されがちだった。それゆえ、一方では、関心は純粋に人間関係と社会に集中され、他方では、自然への関心がひじょうに強くあったにもかかわらず、合理的—体系的というよりは、むしろ神秘的—経験的となる傾向があった」としている(50)。

これはいままで明らかにしてきた中国思想の性格の指摘として的確である。

このことから中国思想の強味と弱味がでてくる。とくに自然科学の発展においては、その特段の人倫重視的性格が制約要因となった。この点は重要なので、長文だがニーダムから引用する（見出しは筆者が付した）。

●西洋文明における創造神の存在と法律と自然についての共通理解（自然法）

「疑いもなく、ここにおける中心的な眼目の一つは、中国とヨーロッパにおける自然法の概念のあいだの比較である。わたしとわたしの協力者は、東アジアと西ヨーロッパにおける自然法の概念の、かなり詳しい研究にたずさわってきた。西洋文明における法律上の意味での自然法と、自然科学の意味での自然の法則という思想は、共通の根源に還元されることが容易に示される。ちょうど地上の最高権を有する立法者が人びとの従うべき実定法の条文を制定するのと同様に、天上の最高位にある理性をもった創造の神が、鉱物・結晶体・植物・動物、および運行を行なう星が従わなければならない一連の法則を定めたというのが、西洋文明の最古の考え方の一つであったことは疑いない。この考え方が西洋のルネッサンスにおける近代科学の発達と密接に結び着いたということは、ほとんど疑問をいれえないであろう。もしそれがほかの地域において欠如していたとすれば、それは、なぜ近代科学はヨーロッパにおいてのみ起こったのかという理由の一つになりはしないであろうか。換言すれば、素朴な形態で中世において構想された自然法が近代科学の誕生に必要であったのではなかろうか。

人間性のない自然現象にたいして、立法者が『法律を制定する』という概念の最古の起源がバビロニア人のあいだにあったということは、ほぼ疑問の余地がない。太陽神のマードックはもろもろの星の立法者として描かれているのである。この概念は、ギリシャの前ソクラテス学派やペリパトス学派よりも、むしろストア派につながっていることが認められる。ストア派の世界に内在する普遍的な法則の概念は、人間と同じ程度に、人間性のない自然を含むものであった。キリスト教の世紀になって、法を制定する神の概念が、ヘブライ人の影響を受けた流れによって大いに増加した。中世全般を通じて、人間性を離れた自然に神聖な法を制定するという概念が、多かれ少なかれ常識的なものとしてつねに存在していたが、ルネッサンスの時代には、この比喩がまことにまじめに扱われはじめた。この転換点は、『法』という表現を全く使用しなかったコペルニクスと、奇妙なことにかれの三法則以外のところでは、それを使用したケプラーとのあいだに現われた。自然現象に

『法』という表現が最初に適用された例の一つが、天文学や生物科学ではなくて、アグリコラのある著作のなかの地質学的・結晶学的な内容のところに現われたのである。(51)」

●中国人の世界観――自然法思想は何故発達しなかったか

「中国人の世界観は、全く異なる流れのうえに立つものであった。あらゆる存在の調和のとれた協調というものは、外部の超越的な権威の秩序から生じるものではなくて、宇宙的・有機的なパターンを形成する全体のヒエラルキーのそれぞれの一部分であるという事実から生じるものであった。そしてあらゆる存在の従うべきものは、それら自体に本性的な内的命令であった。中国の法の概念は、いくつかのさまざまな理由のために、自然法の思想を発達させることはなかった。第一に中国人は早くから、封建制度から官僚制度への移行期に法家に属する政治家の失敗に帰結する専制政治のために、精密に公式化され抽象的に制定された法律をひじょうに嫌悪するようになっていた。それゆえ、官僚制度が最終的にうちたてられたとき、慣習とよき『風習』を受け入れるという形をとった、古い自然法の概念が典型的な形態の中国社会にとって、何よりもふさわしいものとなったのである。その結果、実際は自然法的な要素がヨーロッパ社会に比べて、中国社会ではいっそう重要となった。しかし、その多くは決して形式的な法律用語で表現されることはなく、内容においては圧倒的に人道的かつ倫理的なものであったから、人道とは関係のない自然界の形態にまで、その影響の範囲を拡大するのは容易ではなかった。最後におそらく何よりも重要なのは、至高の存在物という利用しやすい思想は確かに最古の時代から存在していたのに、すぐに非人格化されて、創造という思想を全く欠くようになったことである。したがって、人間とは無関係な自然にたいして、天上の立法者によって最初から定められた法則があるという考え方が発達するのが妨げられた。このことから、もし観測・実験・仮説、および数学的論述という方法を使用すれば、あまり合理的ではない人間でも、偉大な理性的・超越的存在の法則を解読したり、再定式化することができるようになるのだという結果に至るまでにはならなかった。」[52]

非常に分かり易い文章なので、いちいちの説明は不要であろう。

まとめ――自然法をめぐる西洋と中国の理解の相違

最後にこの興味深い検討をまとめれば、つぎのようになろう。

(1)　人間は人間の本性に基づいて行動する、という理解は同じ。

(2)　ただし中国では理性と論理よりも人倫を重視する傾向があったので、「道」を発見しながらそれを追求しなかった。

(3)　法律（人間社会）と自然（人間性はない）の拠ってきたるものについて。

西洋……同じものであると理解し、これは創造神（超越者）の権威から生じたものと考えた。

中国……あらゆる存在は超越神からくるものではなく、有機的構造をもって存在している、その一部である。また専制政治のために法律を嫌悪し、よき慣習を受け入れ、人道的倫理性を強調したので、この理解が自然にまで及ぶとは考えなかった。

また、至高の存在は認識されていたが、人格化されなかった。

こうして出発点において両者にきわめて類似した把握（至高の存在）がありながら、それが人格化されるか、非人格化されるか、の僅かな（?）違いが、その後の思考過程に大きな影響、差異を生み出していくという不思議さを痛感する。また社会が早く発展し、その統治機構が整備されたがゆえに、逆に人倫優位の思想が支配的となったのである。それだけ、社会のあり方と人間の思想は相互にからみ合って文明のあり様をつくっていくといえるのである。

注

（1）ジェイコブ・ブロノフスキー『知識と想像の起源』（野田又夫・土屋盛茂共訳、紀伊國屋書店、一九八九年／原著は一九七八年）、一七三～一七五頁。同書の訳註（二二八頁）によると、『科学と人間的価値』（原著は一九五三年の出版）では、次のように述べられており、この方が分かり易い。「要するに、個人の独立性（independence）と社会の寛容（tolerance）を基本価値として、それからさらに独自性（originality）、異議（dissent）、自尊（self-respect）、自由（freedom）、正義（justice）、名誉（honor）、人間の尊厳（human dignity）など」である。

（2）科学と社会を論じたオーソドクスな研究はロバート・K・マートン『社会理論と社会構造』（森東吾・森好夫・金沢実・中島竜太郎訳、みすず書房、一九六一年）の「第四部　科学の社会学」がある。

（3）この観点については、西洋科学史について精力的に取り組んできた村上陽一郎教授の一連の業績がある。とくに『近代科学を超えて』（講談社学術文庫、一九八六年、ただし初刊は一九七四年）は必読文献であるので、本章の記述においても参照したが、紙幅の関係で参照部分の引用は割愛せざるをえなかったことを記しておきたい。

（4）E・A・バート『近代科学の形而上学的基礎』（市場泰男訳、平凡社、一九八八年、原著は一九三二年）、二七二頁。

（5）同、二七三～二七四頁。

（6）同右。

（7）同右。

（8）同、二七五頁。

（9）同右。

（10）同、二八六頁。

（11）同右。

（12）同右。

（13）同、二七七頁。

(14)　同右。
(15)　同右。
(16)　同、二七八頁。
(17)　同、二八七頁。
(18)　同、二八七～二八八頁。
(19)　同、二八八頁。
(20)　同右。
(21)　同、二八八～二八九頁。
(22)　同右。
(23)　同右。
(24)　同、二九〇～二九一頁。
(25)　同右。
(26)　同右。
(27)　同、二九二頁。
(28)　同、一四～二二頁。
(29)　同、二二一～二二二頁。
(30)　同、二二一頁。
(31)　同、一四頁。
(32)　同、一〇頁。
(33)　それをひき継ぐとすれば物理学の領域におけるイリア・プリゴジンの業績に目配りしなければならないであろう。あるいはニュー・サイエンスの成果のある部分にも理解を及ぼさなければならないであろう。
(34)　渡辺　格『物質文明から生命文明へ』(同文書院、一九九〇年)。生命科学を始め量子力学などそれぞれの専門領域の進展についてはまた別に、分野毎の専門書がひもとかれるべきであろう。いまはその余裕はないので本書を手がかりとした。
(35)　この部分は同書、一五～二二頁を要約したものである。
(36)　同、四六～四七頁。
(37)　同、一六〇頁。
(38)　同、一五八頁。
(39)　同、三四～三八頁、また一六八頁。
(40)　ハンス＝ゲオルク・ガダマー『科学の時代における理性』(本間謙二・座小田豊訳、法政大学出版局、一九八八年)、一三二頁。
(41)　文明の移転を正面きって論じ合ったものに「文明移転」(日本アイ・ビー・エム(株)、『無限大』六一号、昭和五八年冬)がある。対談者は江上波夫・伊藤俊太郎の二氏であり、その内容はまことに刺激的・啓蒙的である。
　日本が非西洋のなかでトップ・ランナーとなった事実を回顧して、近代における文明移転の様相を明らかにすれば、世界史のなかの日本の位置が描けるであろう。
(42)　宮崎市定「東洋のルネッサンスと西洋のルネッサンス」(『アジア史研究第二』同朋社出版、一九六三年、所収)。

(43) なおこれに関連してヤスパースは「枢軸時代」が何故生れたのかの説明として、アルフレート・ウェーバーの騎馬民族説を参照、採用しようとしている。騎乗民族が中央アジアから中国、インド、西洋に侵入し、古代高度文明を同化したのではないか、とするのである(カール・ヤスパース『歴史の起源と目標』、重田英世訳、思想社、一九六四年、四七頁)。これはあくまで一つの事例であるが、人類のふるい歴史時代からすでに文明は動態的であったのであり、その視点をつねにもつことの重要性(固定的、閉鎖的に考えない)をあらためて知るので、ここで紹介しておきたい。

(44) ジョゼフ・ニーダム『文明の滴定――科学技術と中国の社会』(橋本敬造訳、法政大学出版局、一九七四年)。ここまでは主として「第一章 中国科学の伝統における貧困と勝利」に拠っている。

(45) 同、四八~四九頁。

(46) 同、五一頁。

(47) 同、五二頁。

(48) 同、五三~五四頁。

(49) 同、四〇~四三頁。

(50) 同、二八~三一頁。

(51) 同、二九~三〇頁。

(52) 同、三〇~三一頁。

第Ⅵ章　自由——その葛藤と相克

1　自由について——I・バーリンに依拠しつつ

科学技術が西洋隆起の物質的基盤をつくっているとすれば、自由の追求はその思想的基盤をなしていると思う。そこで政治思想の中心テーマである、自由の本質は何か。それは民主主義とどのような関係があるのか。それは啓蒙思想とどのように絡み合うのか。また、民族や国家が対等の地位を要求するナショナリズムは自由概念のなかに入るのか。さらに自由や平等を希求した運動がなぜ全体主義に転化するのか。これらの検討を行うことは、今日いわゆる〝普遍的〟と称される価値について、そのまま口移しにう呑みにするのではなく、その真《リアル》の意味をもう一度問い直すために必要なことなのである。

そこで今日の時点で、自由について広汎に考えていく手掛かりとしては、**アイザィア・バーリン**『自由論』所収の「二つの自由概念」（生松敬三訳）が最もよきテクストとなると見られるので、以下それを順を追って解説しながら考察を進めたい。（なお引用箇所の傍点は引用者による。）

この論文の意図

この論文のもととなったのはオックスフォード大学チチリ講座就任講演であり、それは一九五七年になされている。

まずこの社会・政治理論講座が置かれているのは、人生の目的について不和・不一致があり、政治の問題について争点があるからであり、大学人はユートピア的に世界に安住している、と警告を発することから始めている。この点でいきなり、現実の解きえざる生の世界と観念（思想）の谷間に立つ自らの立場を明らかにして、この主題に切り込んでいくのである。バーリンの説くように、まことに近代の歴史上、今日ほど社会政治学説によって社会は大変動を来した時代はないのである。従って政治学がこのような切実な課題にこたえているのか、ただの政治評論をしているのではないか、という思いは筆者も日頃からぬぐい切れないのである。

ウェーバーの説くごとく、政治は、あるいは権力は人間世界で最高の意思決定世界であるが故に、それは生々しいものである。「政治学というものは、いぜんとしてあらゆる他の形態の哲学的探究と分ちがたくからみあっているのだ。その境域があいまいで不安定な主題は、確定した概念、抽象的モデル、論理学ないし言語分析に適した精妙な諸手段などによってとらえることができないからという理由で、政治思想という分野を無視すること——哲学における方法の統一を要求し、その方法でうまく処理できないものはすべて否定してしまうこと——、これはたんに素朴で無批判的な政治的信念のままになっていることをみずから容認することにほかならない(1)。」

しかも「（歴史的）運動ないし葛藤を理解することは、そこに含まれている観念あるいは人生態度を理解することであり、……政治の言葉・観念・行動はそれを使用するひとたちを対立させている問題の文脈のなかにおいてでなくては理解できない(2)。」

かくて「政治理論は道徳哲学の一分枝であり、その出発点は政治的諸関係の領域における道徳的観念の発見ないし適用にある…。（中略）その中でもこれまで永く政治学の中心問題であったもの——服従と強制の問題 the question of obedience and coercion——はさまざまな相容れぬ解答を与えている。（中略）／強制の許されうる限界如何という問題に対する解答としては、今日世界で相対立する見解が維持されており、それぞれがきわめて多数の人間の忠順を要求しているのだ。」(3)

この観点から「服従と強制の問題」、つまり自由の問題が政治学の中心問題であり、この問題に関するすべての側面を検討しなければならないのだ。

二つの自由

自由とは何か。「幸福とか善とか、自然とか実在とかと同じように、この自由という言葉の意味もきわめて多義的であるから、異論にたとえるような解釈はほとんどない。」それは二〇〇以上に及ぶ意味があるが、今日の中心的問題は二つの自由を考えてみることである。

消極的自由…「主体——一個人あるいは個人の集団——が、いかなる他人からの干渉もうけずに、自分のしたいことをし、自分のありたいものであることを放任されている、あるいは放任されるべき範囲は

バーリン　Isaiah Berlin（1909–97）思想家・政治哲学者。当時ロシア帝国領であり、第2次大戦後またもやソヴィエト連邦に編入されたラトヴィアの首府リガに生まれた。木材商人であった両親とともにイギリスに移る。オックスフォード卒業後は、哲学の研究員として学究生活に入ったが、論理実証主義の流れの一人として、30年代のオックスフォードに新風を吹きいれた。最初の書物はマルクス伝であった。バーリンの関心は現実政治との接触によって広まり、高まった。第2次大戦の際、英国はその総力を動員してヒットラーと戦ったが、バーリンは情報省の一員として1941年からニューヨークで戦時勤務につき、翌年からはワシントンの英国大使館に移り、戦勝までの米国政治情勢、とくに世論の動向についての優れた判断をチャーチルに送った。45年9月からはさらにモスクワ大使館に移り、46年はじめにオックスフォードに戻っている。57年にはナイト爵位をうけた。74–78年は英国学士院長も務めた。

どのようなものであるか。」

積極的自由…「あるひとがあれよりもこれをすること、あれよりもこれであること、を決定できる統制ないし干渉の根拠はなんであるか、まただれであるか」

そして「この二つの問いは、それへの解答は重複することがあるにしても、それぞれ明らかに区別されるちがった問いなのである。(4)」

消極的自由論

バーリンはこの区分けを軸に議論を展開していくのであるが、まず消極的自由をめぐって精密な検討を加える。あらゆる自由についての論文は非常に多岐にわたるが、しかし、個人の自由についてはただ一点「権威を寄せつけまいとする議論だけはいつもほぼ同じである。」もっともその規準はどこにあるかは果しない論争のタネとなったし、理屈づけは様々になされたが、「自由の名に価する唯一の自由はわれわれ自身の仕方でわれわれ自身の善を追求することである(5)」という言葉も生まれ、国家は夜警や交通巡査にいたるまで縮少されてしまった。

個人主義的自由観とその誤謬　このように個人の自由の保護が、J・S・ミルによって神聖なものとして扱われた理由は、「もしも人間が『ただ自分だけに関わりのある道を通って』欲するがままの生き方ができるのでなければ、文明は進歩することができない。…自発性、独創性、天才の精神的エネルギーの道徳的勇気のはけ口がなくなってしまっては、『社会は『集団的凡庸』の重みのためにおしつぶされてしまうからであろう。」これは「エラスムスの時代から今日に至る近代世界において自由主義たちの考えてきた自由(6)」であり、個人主義的自由観、人間観といえよう。

これについてはバーリンは三点の批判とコメントを付している。
(1)まずここでは「強制の反対である無干渉は、それが唯一の善ではないにしても、そのものとして善きもの」という考え（古典的な消極的自由観）と、真理の発見は自由であってこそ可能なのだ、という考えの混同がある。これは同一のものではない。なぜなら厳格な規律をもった宗教団体や軍隊でも、優れた人間性は発揮されているから。[7]
(2)この学説は近代のものであり、ルネサンスあるいは宗教改革以前にまでさかのぼるものではない（つまり歴史的産物ということ）。[8] (3)この意味の自由は、ある種の専制政治などと両立しえないものではない。それは統制の範囲の問題であって、統制のよってきたる源泉ではない。たとえば自由主義的な専制君主が居たように、あるいはデモクラシーが市民から自由を奪うこともあるように。[9]

この批判やコメントは正鵠を射たものであり、自由の論議のむつかしさを物語っている。先の自由が多様であるという認識につづくものであるが、これを裏面からみると、個人主義的自由観・人間観の抽象性とその歴史的限界を指摘しているものと理解したい。すなわち民族国家の政治や社会の体制の下で、自由を一義的に律することの限界の一つはこのような個人主義的自由観に基づいているためであることを認識しておかねばならぬし、ここでいきなり現実の問題に敷衍して考えてみると、この立場にたてば、欧米諸国が非欧米をみていかに自由が乏しいかを批判する時、つねにわれわれの側に違和感が残る一半の理由が明らかとなってくる。

「わたし」の存在が問題――「への自由」の重大さ　さて政治の問題に移して、上記についてさらに考えてみよう。それは、われわれが自由――「からの自由」、バーリンのいう消極的自由についてだけ論じてもそれは一筋縄ではいかないのであり、その多様性をまず知ることから自由の問題の広さと深さを認識しておきたい。

まずバーリンは一つの例から説き始める。すなわち、全体主義国家において拷問の脅迫をうけて友人を裏切った場合、そうしないであくまで抵抗し、そのため投獄されるというもう一つの選択もあったが、しかし、このような二者択一の可能性もあったというだけでは自由はあった、とはいえないとし、自由の程度は次のような諸点によって定められるとしている。

「(a) どれほど多くの可能性が自分に開かれているか（この可能性を数える方法は印象主義的な方法以上のものではありえないが。行動の可能性は、あますことなく枚挙することのできるリンゴのような個々の実在ではない）、

(b) これらの可能性のそれぞれを現実化することがどれほど容易であるか、困難であるか、

(c) 性格や環境を所与のものとするわたくしの人生設計において、これらの可能性が、相互に比較されたとき、どれほど重要な意義をもつか、

(d) 人間の行為によってこれらの可能性がどれほど閉じられたり、開かれたりするか、

(e) 行為者だけでなく、かれの生活している社会の一般感情が、そのさまざまな可能性にどのように価値をおくか。

以上すべての諸点が「統合」されなければならぬ。したがって、その統合の過程から引き出してくる結論は必然的に正確なもの、異論のないものではありえない。おそらく数えきれないほどに多数の自由の段階があり、いかに頭をひねってもこれをひとつの尺度で測ることはできないであろう。加うるに、社会の場合には、『Xなる社会のしくみは、B、C、D各氏の自由を全部加えた以上に、A氏の自由を増大せしめるであろうか』というような（論理的には不合理）問題に当面させられることになる。同様の困難は、功利主義の規準を適用するときにも生じてくるわけだ。さりながら、もしわれわれが正確な尺度を要求するのでなければ、今日スウェーデン国王の一般臣民は、全体としては、ルーマニア共和国の一般市民よりもかなり自由であるというこ

とに、正当な理由づけを与えることはできる。生活様式の全体が、直接に全体として、比較されなければならないのだ。もっとも、比較をする方法や結論の真理性は証明することは困難だし、また不可能であるのだが。しかし、概念のあいまいさ、そこに含まれている規準の多様性は、主題そのものの属性であって、われわれの測定方法が不完全であるとか、われわれが正確な思考をなしえないとかいうことからきているのではない。[10]」自由はまさにこのような多様性という理解しかできない代物であること、そして一つの尺度で測ることはできない代物であること、そのことを常に頭に置いておくべきことなのだ。

このような成熟した見方が社会認識について欲しいものである。それはまさに大人の世界のものである。一般には生硬な、青白い善悪論が多すぎ、それに振り回されているのである。

デモクラシーと自由の関係については後にまた詳述されるが、上記(3)に明記されているように「統制の範囲であって統制のよってきたる源泉ではない」ということから、まさに今日的問題――個人の自由とデモクラシーの間の問題は充分に吟味されねばならぬものとなる。それが消極的自由と積極的自由の区別ないし対照ということであり、その懸隔はまさに大なるものだからである。バーリンは言う。

「個人の自由とデモクラシーによる統治とのあいだにはなにも必然的な連関があるわけではない。『だれがわたしを統治するか』との問いに対する答えは、『政府がどれほどわたくしに干渉するか』という問いとは、論理的にはっきりと区別される。結局のところ、消極的自由と積極的自由という二つの概念のあいだの大きなコントラストは、この区別のなかにあるのである。というのは、自由の『積極的』な意味は、『わたくしにはなにをする自由が、あるいはなんである自由があるか』という問いにではなく、『わたくしがだれによって統治されているか』また『わたしがなんであるべきか、なにをすべきか、なんであるべきでないか、なにをなすべきではないか、ということをだれがいうことができるのか』という問いに答えようとするときに、明らかになっているものなのだ。デモクラシーと個人の自由との連関は、その二つを主張する多くのひとたちの考えているよりもはるかにかぼそいものでしかない。」

つまり、わたくしがいかように存在しているのか、わたしはだれによって統治されているか、という問いの方が大きく重いのであり、「自分自身によって統治されることを欲する、あるいはとにかく自分の生活が統制される過程に参画したいと願う気持ちは、行動の自由な範囲を求める願望と同じく深い願望であり、そしておそらく歴史的にはそれ以上に古いものであるだろう。[11]」

自分は誰の統治下にあるのか、その統治される過程に自分も加わりたいという気持ち、すなわち社会の形成に参画することと、個人として干渉されたくないという気持ちをもつことと――この二者は社会と個人というもっとも深い、歴史的に古い問題に行きつくのである。それはまさに「そこからついに今日世界を支配しているイデオロギーの大衝突がもたらされるほどの相違なのである。というのは、『消極的』自由観の信奉者たちが時として残忍な圧制のもっともらしい偽装にすぎぬと主張しているのは、まさしくこれ――自由の積極的概念、つまり、からの自由 freedom *from* ではなく、への自由 freedom to――であるのだから。[12]」

こうして「への自由」が登場してくるのである。

積極的自由論

この節は後に論じられる、自由をめぐる重要なパラドックスの序説となるものである。

積極的自由とは　積極的自由とは「自分自身の主人でありたいという個人の側の願望からくるものである。わたくしは自分の生活やさまざまの決定をいかなる外的な力にでもなく、わたくし自身に依拠させたいと願う。わたくしは他人のではなく、自分自身の意志行為の道具でありたいと願う。わたくしは客体ではなく、主体でありたいと願い、いわば外部からわたくしに働きかけてくる原因によってではなく、自分自身のものである理由によって、自覚的な目的によって動かされるものでありたいと願う。わたくしはなにもの somebody かであろうし、なにものでもないもの nobody ではありたくない。決定されるのではなくて、みずから決定を下し、自分で方向を与える行為者でありたいと願うのであって、外的な自然あるいは他人によって、まるで自分がものや動物や奴隷——自分自身の目標や方策を考えてそれを実現するという人間としての役割を演ずることのできない——であるかのように働きかけられることを欲しない。少くともこれが、わたしが理性的であるといい、わたくしを世界の他のものから人間として区別するものはわたくしの理性であるというときに、意味していることがらである。なかんずくわたくしは、自分が考え、意志し、行為する存在、自分の選択には責任をとり、それを自分の観念なり目的なりに関連づけて説明できる存在でありたいと願う。わたくしはこのことが真実であると信ずる程度において自由であると感じ、それが真実でないと自覚させられる程度において隷従させられていると感じるのである。」(13)

ここで長い引用をしているのは、ここから出てくる様々の問題をすべてはらんでいるからであるが、一番のポイントは「消極的」と「積極的」観念は直接衝突するところまで行くということである。

つまり自己支配ということを考えてみると、それはわたくしは自分自身の主人である、といいながら、情念や精神や自然の隷従から解放されている、といえるのだろうか。「支配する自我」と服従させられる自分。この二つの自我が高められると、「真の自我は個人的な自我（普通に理解される意味で）よりももっと広大なもの、個人がそれの一要素あるいは一局面であるようなひとつの社会的「全体」——種族、民族、教会、国家、また生者・死者およびいまだ生まれきたらざる者をも含む大きな社会——として考えられる。こうなるとその全体は、集団的ないし『有機体的』な唯一の意志を反抗するその『成員』に強いることによって、それ自身の、したがってまたその成員たちの、「より高い」自由を実現するところの「真」の自我と一体化される。[14]」

こうしてより高い自由の実現と真の自我のために、成員への強制という相反したものが出てくるのである。まさにパラドックスである。

パラドックスを生む転換　しかし世界は、あるいは現代世界はこのパラドックスを無視するかのように突っ走ってしまったのだ、と筆者は思う。その間にはバーリンの説くように「偽装」「魔術的転換」あるいは「奇術」があるのだが。

それはこういうことだ。

「かれ自身はそれを知らないけれども、わたくしはそのひとにとってなにが善いことであるかを知っているといい、そのことの――またかれの――ためにかれの願望を無視さえするということと、かれが自発的に――実際に自覚はされていず、また日常生活においてそうみえるわけではないが、かれの経験的自我の知ることのできぬ理性的な自我、善悪を識別する『真実』の自我としての役割において――それを選択したのだし、それがいったんはっきりしてくれればどうしてもそれを選択せざるをえないのだということは、ぜんぜん別問題なのである。もしあるひとが現にそうでない、少なくともまだそうでないあるものであるならば、そのひとが選ぶであろうところのものと、そのひとが現実に求め選択するものとを同等視するところには一種の偽装が行なわれているわけだが、このおそろしい偽装は、政治上のあらゆる自己実現 self-realization 説の核心をなすものである。[15]」

言い回しがもって回ったところがあって理解しにくいが、要するに自分は善に目覚めていて、これを他人（彼）に強制することと、彼が自発的にそのような選択をせざるをえないのだ、と考えることは全く別の事項であるのに彼がそれを求めているかのように考えてしまうのは偽装である。しかしこの偽装は政治上の自己実現の核心なのだという指摘である。価値批判の一方的強制といい、政治は力を行使することからくる偽装の恐さといい、まさに正鵠を射ており、イデオロギーと政治におけるその実現の恐ろしさもここにあるといえる。

ここには二つの自我という認識がある。一つの自我は経験的なものであり、現実の欲望と要求をもった個人的自我である。もう一つの自我は「経験的自我の夢想だにしない理想的な目的の追求と一体化された、内なる『真実』の人間である」[16]。そしてこの実体は国家や階級や国民や歴史の進行にまで拡大されていく。

こうして二つの自我を区別して考えてみると、自己支配の欲求が歴史的にあらわれた二つの形態――「一つは独立達成のための自己否定という形態であり、もう一つは、同一の目的達成のための自己実現、いいかえれば特殊な原理ないし理想との全面的な自己同一化という形態」[17]があることが分かってくる。

しかし注意しなければならないことは、「自己支配としての『積極的』自由観は人間の自己分裂を示唆する」[18]。つまり自由を考えていくとそれは人間とは何か、という問題に行きつくのである。

しかしこの問題は人間存在、人間と社会、人間本性論としてもっと深く考えられてよい。最後にみるようにバーリンは積極的自由については否定的立場をとっているが、ここで出てきた人間の分裂についてはその把握は正しいであろう。その故に深甚な問題が指摘されていると思われる。

人間についての理解（人間観）が自由の観念に複雑にからんでいるのである。

もう一つの重要な点は、消極的自由の態度が保持、貫徹できればよいが、様々の条件がそれを許さないということがある。そのため奇妙な転換が実は行われているのであるが、それも承知のうえで突っ走ってしまうこともある。

筆者はそこにある歴史の真実に目をやりたいのである。

地位の欲求

社会的存在としての〝私〟または社会と個人、そこにおける自由とは？

自由についての論議はつづく。いままでの自由の検討は基本的には原子としての個人、個人としての人間であった。しかしいわゆる民族の自由といった問題は、どのように扱ってよいか。これこそ、われわれ、しかも、ここでの問題意識から殊のほか重要なものであるが、バーリンはこれを「地位の欲求」と表現しているものである。

それは「わたくし」は社会的存在であり、ひとびとの相互作用の中で生きている。また特定の集団や階級に属している。あるひとなり、ある国民は自由がないというのは他のひとなり、他の国民から正当な承認を受けていないことなのだ。こうして「わたくしはそのように認めてくれ、それによって、わたくしがなにものかであるという感覚を与えてくれるひとは、歴史的、道徳的、経済的、またおそらくは民族的に、自分がそこに属していると知っている社会の成員のみなのである。（中略）政治的また社会的な従属状態からの開放をわたくしが要求するとすれば、それは、自分自身に関するわたくしのイメージを決定するのにその意見や行為が役立っているひとびとの、わたくしに対する態度の変更を要求しているのである。一般に被抑圧階級あるいは被抑圧国民が要求するものとは、たんにその成員の妨げられることなき行動の自由といったものではなく、またなによりまず社会としてあるいは経済的な機会の平等であるわけでもない。ましてや、理性的な立法者によって考え出された摩擦のない有機的国家内に、ある地位が割り当てられることでもない。かれらが欲していることは、しばしば、人間の活動の独立の一源泉として、つまりそれ自身の意志をもち、その意志（善かろうと悪かろうと、正当であろうとなかろうと）にしたがって行為しようとする一個の実在として、（かれらの階級、国民、皮膚の色、民族を）認めてほしいということ、ただそれだけなのである。(19)」

地位欲求は自由とみなしてよいか　このように重大な欲求は、自由とみなしてよいのか、しかしそれは「自由そのものではない」とバーリンは言う。なぜか。

「それ（自由）とはるかに密接に関連するものは、社会的連帯、兄弟的関係、相互理解、対等の条件での結合の要求、等々であり、これらはすべて時として――誤解を招く言い方だが――社会的自由と呼ばれている。[20]」しかし自由とは、わたくしの領域に足をふみいれてきたり、権威を主張したりする他の人々、さまざまの種類の侵入者、専制君主などを近寄せないでおこうということであるが、「承認〔認知〕への欲求は、それとはひじょうにちがったあるものへの欲求である。つまり、それは結合、より緊密な理解、利害の統合、共同の依存と犠牲の生活、への欲求なのだ。[21]」

確かにここには混同が生じている。自由と地位・認知への普遍的な渇望との混同、そして個人とともに、社会全体がそれを求めることによって二重の混乱が生じている。しかし「このような混同によってはじめて、ひとびとが寡頭制的独裁者ないし独裁的執政者の権威に従属しておりながら、ある意味でこれによってかれらが解放され自由にされていると主張することが可能となっているわけである。[22]」

こうして自由はますますあいまいになってくるが、これは第三の自由であろうか。まず「いま問題になっているこの事例をたんに自由の観念と地位の観念ないし社会的連帯、兄弟的関係、平等、それらのものの結合、等々の観念とを混同したものとして簡単に却下してしまうわけにはゆかない。なぜなら、地位への渇望は、ある点においては、独立の行為者たらんとする欲求にきわめて近いものであるからである。[23]」

しかしこの目標に自由という略称を与えなくてもよいであろう。ただし自由について誤謬をおかしているとか、混同していると考えるの浅薄である。「自分の階級なり集団なり国民なりの『人格』を主張したいという願望は、『権威の支配する領域はどのようなものであるべきか』という問いに対する答えとぜんぜん無関係なものではないし、…何よりもまず『だれが』統治するかという問題といっそう緊密な関係をもっているのである。」[24]
そうしてこれらを「自由の混合形態として記述することができる」とするのである。[25]

この事実の重さ　問題はこの事実の重さである。バーリンもつづけて「この自由の混合形態は、とにかく、今日の世界においておそらく他のいかなるものよりも顕著な一つの理想であり、しかもいかなる現存用語もこれをピタリと表現することはできないもののように思われる」と言っている。[26]

ところが自由の存在はまことに不公平なものだ。バーリンもこれをつねに問題としているが故に、「地位、承認欲求」をここでとりあげているわけだが、自由主義の先達たちの考えと右の問題はどうからみ合うのか。「自由主義の先達たち——ミルやコンスタン——は、この最小限（消極的自由のこと）よりもはるかに多くのものを求める。つまり、社会生活の最小限の要求と両立する最大限の無干渉を要求するのだ。このような自由の要求がこれまで、ごく少数の高度に文明化された自覚的な人間以外のひとびとによってなされてきたことがあろうとは思われない。人間の大多数はおそらく、たいていはそれを他の目的のために進んで犠牲にしてきたのである。」[27]

まさにその通りで、それが人類の歴史でさえある。それでは、その他の目的とは何か。それは「安全、地位、権力、徳、来世の報償であり、あるいはまた正義、平等、博愛、その他個人的自由の最大限の達成とはぜんぜん、あるいは部分的に、両立しがたいと思われる諸価値、またはその実現のためにおそらく個人的自由を前提条件として必要とはしないであろうような諸価値である。過去において、いやそれどころか現在においても、そのためにひとが死ぬことを辞さなかった解放のための叛乱や戦争の刺激となったものは、個人個人の生活圏 Lebensraum への要求ではない。自由のために戦ったひとびとは一般に、自分たち自身あるいは自分たちの代表によって統治される権利のために戦ったのだ。また革命を行ったひとびとは、しばしば、自由とはある教義の信奉者の一派による、ま

た一階級ないしその他のある新旧の社会的集団による、権力と権威の奪取・征服のことであるとした。」(28)

本稿を書いている筆者の問題意識からすると、やっと真に検討すべき課題にたどりついた感じがするが、これは逆に言えば、ナショナリズム欲求と古典的、正統的自由論の間には大きな懸隔が存在するのだということではないか。

しかしこの問題が現在と今後の世界を考えるうえで一層重要なポイントだということは間違いない事実であり、そのためここで長文の引用をしたのである。

しかもこのような地位欲求の実現のあかつきに、すなわち勝利の後にその反対の体制へ、つまり個人的自由を伴わぬ峻厳な統治、あるいは大多数の人間の抑圧、隷従へ転化していくのであるから、問題は簡単ではないのである。

「こういったすべてのことは、他人に害を及ぼす危険という唯一の制限を付せられたミルの自由観念とは、ほとんど関係がない。現代の自由主義者たちが現にかれらの生きている世界に対して盲目になっているのは、おそらく、この心理的・政治的な事実（これは「自由」という用語の明らかなあいまいさの背後にひそんでいる。）を認めないことからきているのだ。かれらの訴えは明白であり、かれの正義は正しい。しかし、かれらは人間の願望の多様性というものを斟酌していない。またさらに、一つの理想への道がその反対へも通じているということを、ひとは得心のゆくように巧みに証明してみせることができるのだという点に、かれらはじゅうぶんな考慮を払っていないのだ。」(29)

このようにバーリンは地位欲求論の最後に、ミルと離れた問題の指摘をさして、今日の課題にこたえ、ついで「人間の願望の多様性」を斟酌することを説いて、現代の自由主義者たちを批判し、さらに理想が反転することにも注意を喚起する。とくに最後の点は評論としては正しいであろう。

しかし、現実の重さは納得するように説明してみせてくれるだけで解決しうるものではあるまい、という感想は筆者には最後まで残るのであり、この立場を一層進めると、西欧とくにイギリスとわれわれの立場の相違、それが認識に及ぼす影響と限界というものを感ずるのである。

自由と主権

積極的自由の矛盾　さて先きに提起された自由とデモクラシーの問題はどう考えたらよいか。この問題についてバーリンは第七節「自由と主権」で論じている。

ここでは、いきなり、自由――バーリンのいう積極的自由、つまりフランス革命で示された「集団的自己支配」なるもののもつ本質的矛盾から説き起こしている。

これはイギリスの立場を示しているともいえるが、先きにみたように、これこそ〝ルソーの二重性ないし二面性〟である。

「ルソーは、自由の法律は圧制の軛《くびき》よりもはるかに峻厳なものであることが明らかになるだろう、と誇らかに語っていた。圧制とは、人間である支配者への服役である。法は専制君主ではありえない。ルソーのいう自由は、ある一定の領域内で干渉を受けないという個人の『消極的』自由ではなく、一社会の十全の資格ある全成員――そのうちのある成員ではなく――が公的権力を分け持つことであった(30)。」

ルソーのように〝詩人〟はこれでよかったのかもしれない。また一八世紀の啓蒙の隆起はそれだけの威力を示さなければ専制君主を打ち破れなかったのかもしれない。

しかしバーリンは言う。一九世紀前半の自由主義者たちは、このおかしさを見抜き、例えばミルは、「支配〔統治〕するひとびとは、必ずしも支配〔統治〕されるひとたちと同じ『民衆』ではなく、デモクラシー的自己支配〔統治〕は『各人のみずからによる』支配〔統治〕ではなくて、せいぜいのところ『各人の他のひとによる』支配

〔統治〕であるからだ」とした(31)。

筆者はここに自由と民主主義のいつに変わらぬ葛藤があると思う。現代の理想とされる〝民主主義〟なるものの、あるいはそれが語られ、希求される時の〝うさんくささ〟の本質的な部分である。しかもフランス革命によってそのノロシがあげられたという歴史的事実の持つ独特の、しかし〝歪んだ〟事実の伝承もある。

積極的自由が「自分たちが神聖視している消極的自由を容易に破壊してしまう」、この「二つのタイプの自由の葛藤」をバンジャマン・コンスタン（フランスの作家・政治家）は、叛乱の成功は「たんに隷属の重荷を移動させるだけのこと」であり、「ひとが民衆の政府によっておしつぶされたのか、君主によってそうされたのか、あるいは一連の抑圧的な法律によってなのかということを、どうしてそれほど大きく気にとめねばならないのか、とかれは問うた。それはもっともな問いであった。『消極的』な個人的自由を欲するひとびとにとって、主要な問題は、だれがこの権威をふりまわすかということではなく、どれほど大きな権威があるひとたちの手中におかれるかということだ、なぜなら、だれの手に握られようと、無制限な権威はいずれはだれかを破壊せずにはいない。……抑圧の真の原因はひとえに権力の集積という事実それ自体のうちにある、それはいつどこで起ころうとも同じことだ、なぜなら、自由は絶対的に権威そのものの存在ということによってすでに危険にさらされているのだから」と主張したのである(32)。

これは大革命に対する批判となっているが、二つの自由の間の葛藤には基本的矛盾が確かにある。しかしここでコメントすれば、人々は始めからすべての調和を見越して行動するのではないということも知っておかねばなるまい。従って残された途はこの基本的矛盾に早く気づくことであり、それが自由を確保し、民主主義を少しはまだ〝マシ〟なものにする最重要な契機となるということだけである。ふりかえってみれば人間の歴史――近代の歴史はそれに気づくにあまりにも多くの犠牲を払わざるをえなかったのだ。

これと類似した矛盾は独立と自由の間にもある。民族の独立獲得の後に、新権力による圧制が始まるということは多くの歴史が示すところだ。しかし右のいずれの場合にも、現代史においてはその国の置かれた国際的条件が大きく影響するものであり、一律に言うことはできない。

大革命はあくまで国内事件であったとしてよいから、右の批判は正しいものであったといえよう。バーリンも一九世紀の自由主義思想家の主張は正しいものがあったとし、次のように言う。彼らは「もしも自由が、権力またはだれかあるひとによって、わたくしのしたいと思わなかったことをさせられるという制度を含むものであったら、その名において強制されるその理想がなんであれ、わたくしは自由ではない、絶対的主権という教義はそれ自身において圧制的な教義なのだ、と正しく主張した。」そして「もしわたくしが自分の自由を護持しようとするなら、だれか、またはなにか……がその侵害を認可しないかぎり、自由は侵害されてはならぬ、と言うだけではじゅうぶんではないのだ。わたくしは、なんぴとも決して越えることを許されない自由の境界線の厳存するような一つの社会をうちたてなければならない[33]。」

そこでこの境界線をどう決めるのか。「この自由の境界線を決定する諸規則に与えられる名はさまざまであり、またその性質もさまざまであるかもしれない。あるいは自然権と名づけられ、あるいは神の言葉、あるいは自然法、あるいは功利の要求、あるいは『人間のもっとも深い関心』の要求、等々と名づけられるであろう。わたくしはそれらをア・プリオリに真なるものとして信じ、それらがわたくし自身の主観的な目的、またはわたくしの社会・文化の目的であると主張することができる。これらの規則あるいは命令に共通していることは、その歴史的展開に示されているように、それがきわめて広汎にうけいれられ、また人間の実際の本性にきわめて深くもとづいているものであって、今日までのところ、ひとりの正常な人間が思い描かれているときにその本質的な部分をなすものとされるにいたっているということ」である[34]。

つまり自由の境界線は歴史的にきめられてくるものであり、同様に人間の本性に基づくものという、定義としては漠然としているが、きわめて経験主義的な主張といえよう。

さてデモクラシーはこれを守ることができるか。バーリンは否定的である。すなわち、

「デモクラシーそのものは論理的にはこれ（個人的自由の不可侵性）になんの義務を負うものではないし、歴史的にも、自己の原理にはあくまでも忠実でありながら個人的自由の不可侵性を確保することはできなかった。これまですでにいわれたように、政府が欲するようなある意志を被治者の側に生じさせるようにすることは、どんな政府にとってもいともたやすいことなのであった。」(35)

デモクラシーは頼りにならないのである。

この矛盾をどう解くか――自由の二つの拠って立つ原理　しかしながら批判ばかりしておれない。この自由と民主主義のもつ矛盾をどのように解放したらよいのか。デモクラティックでありながら、社会を自由にするものはなんなのであろうか。バーリンによれば、自由主義者たちは次のように言うという。

●権利の承認……「一つの原理は、権力ではなくしてただ権利のみが絶対的なものと見なされる。したがって、いかなる権力が支配〔統治〕していようとも、すべての人間には非人間的な行為をすることを拒否する絶対的な権利がある、ということである。」

●歴史上受けいれられてきた規則の承認……「第二の原理は、人間がその内部を決して侵されてはならない境界線は、なんら人為的に引かれたものなのではなく、歴史上長く受けいれられてきた規則によって定められたものである。したがってこの境界線を守ることは、一個の正常な人間であるとはどういうことか、それゆえにまた、非人間的ないし狂気の行動とはどういうものかという概念そのもののうちに入っているのであっ

て、その諸規則が、たとえばある宮廷なり主権者なりの側での形式的な手続きによって廃棄されうるなどということは、まったく不合理なことである。[36]」

このようにして、自由であるということは、社会がこの二つの相関的な原理によって支配〔統治〕されることをいうのである。

この意味の中には、道徳的正統性という考えが座っている。すなわち、あるひとが裁判もなしに有罪となったりすることなど、あらゆる不当な行為は、なぜ不当なのかといえば、「それは、あるひとの意志を他人に押しつけることへの絶対的な防壁というものの——法律には係わりのない——道徳的な正当性が認められていることから生ずるのである。[37]」

そして、これに立脚して社会の自由が決まってくる。

「ある社会、ある階級、ある集団の、この意味における自由は、その防壁の強さによって、またその社会なり階級なり集団なりがその成員——全部ではないにしても、とにかく大多数の成員——に対して開いておく通路の数と重要性によって、測定される。[38]」

これが自由についてもっとも重要な要件であり、その故にこの説明は明解である。やっと結論に到達しえたのではないか。

権威をめぐる二つの自由の相剋——それは人生の目的に対する和解し難い態度に基づく　しかしこの結論に到達すると、それは冒頭にあった『積極的』な——自己支配という——意味における自由の信奉者たちの目標のほとんど対極に位置するものである。[39]」

ああ！　この対極に位置するものに到達するのに人類は、近代は、どれだけの血を流したのだろうか。また今日流しつづけているのであろうか。

その故に本稿の立場からは、このような社会はいかにくるのか、それは時間をかけて、それに向って、各国家が自らの条件にのっとって漸次的に進んでいくことができるのか、その過程は波瀾はあっても、それは各民族の歩みの中で解決するもので、他国からの干渉や弾圧や時には侵略も受けないで済む歴史過程のことなのか、という疑問を呈示したいのである。先にみたようにバーリンのいう「地位欲求」と、ここで説く社会の中の「成員に対して開かれている進路の数と重要性」は矛盾なく存在しうるのか、である。

この意味で右の文言の注書きがイギリスの政体を述べて説明しているのは、われわれにとって象徴的な意味合いをもつ。それはイギリスにおいてのみ実現してきたことなのではないか、ということである。

「大英帝国においては、もちろん、そのような合法的権力は絶対的な元首——議会における国王——に与えられている。この国を自由な国たらしめているものは、それゆえ、この理論的には全能な存在が、そのようなものとして振舞うことを慣習ないし世論が抑えているという事実である。明らかに、問題は、このような権力に対する抑制の形態——法律的であるか、道徳的であるか、制度的であるか——ではなくして、この抑制の効果の有無である。」

さすがにバーリンはこのあたりに大きな問題が存在することに気づいているのであろう。この二つの極にある考え方の性格、本性を指摘することをもって本節の結びとするのである。

① 基本的な争点は、権威を抑圧しようとする欲求（消極的自由）と、それを手中にしようという欲求（積極的自由）の二つにあること。

② それは人生の目的に対する、和解し難い態度であること。

③ しかもそれぞれは絶対的要求であること。

④ その故に、それぞれの求めているのは人類の最深・最大の価値であり、それを理解しないことは決定的に間違いであること。

すなわち次のようにいう。「前者〔「消極的」自由の信奉者は権威そのものを抑圧しようと欲し、後者「積極的」自由の信奉者〕はその権威をわが手中に置かんと欲する。これが基本的な争点である。それは、一つの概念についての二つの異った解釈というのではなく、人生の目的に対する二つのまったく相異なる、和解せしめがたい態度なのである。たとえば実際上はしばしば、この両者を妥協せしめることが不可欠であるにしても、このことははっきりと認めておいた方がよい。なぜなら、両者それぞれの要求は絶対的な要求なのであるから。その要求はいずれも完全に満足させることのできないものである。けれども、そのそれぞれが満足させることを求めているところのものは、歴史的にも道徳的にも、人類の最深・最大の関心事のうちにあって同等の権利をもつ究極的な価値なのだということを認めないのは、社会および道徳理解における重大な欠陥なのである。」[40]

このようにして自由についての二つの概念を相対立するものととらえ、しかもそれぞれが人類の最深・最大の価値であるとし、これを理解しないのは社会と道徳の欠陥認識である、と明言する。かくして、自由と支配の間はつねに相対立する矛盾として存在するのであるから、究極の社会と道徳における調和はどこかにある境界線を設けることによってしか実現しえざるものとなる。それが先にあげた二つの原理なのであるが、しかしそれが保証されるともいえないのである。

自由の観念の変遷と今日的意味

自由主義から出発して全体主義へ変形する奇妙さ　一九世紀の自由主義者の主張は先にみたように一応の到達点をみせたが、政治・思想の展開はもう一つの流れがある。それは一八世紀の啓蒙主義から出発して全体主義に行き着くもので、これについても検討しておかねばならない。

これについてバーリンは、カント以来の一八世紀啓蒙主義から一九世紀に完成をみた「合理主義形而上学」あるいは「客観的理性」の考え方――その中には後期フィヒテ、ヘーゲル、マルクス、実証主義者（コント）から最近のナショナリスト、共産主義者もある――を広くレヴューした後に、「まったく、われわれははじめの自由主義的な出立点からずいぶんと遠いところにまでさまよい出てしまった」とし、バーリンは〝深刻〟な（筆者にはそう思える）問題提起をする。すなわち、「なにによって、このような奇妙な転倒――結局は、やはりカントの弟子であると自称する思想家たちによって、カントの厳格な個人主義がほとんど純粋な全体主義的学説に近いものへと変形させられたこと――がもたらされえたのであろうか」と問い[41]、この議論を行うに当ってバーリンはまたも注記の中で立論を明確にしている。それは個人の自由の「限界の精確な確定保証」の規準をいかにして定めるか、についてカントとミルの違いを通じてである。（傍点筆者）

●ミルおよび自由主義者の立場……「いちばん首尾一貫したかたちでは、できるだけ多数の個人が、相互に他人の目的を妨げることがない限り、その目的そのものの価値を評価することなく、できるだけ多数の目的を実現しうるような状況を待望する。人間の目的はすべてひとしく究極的に抑制しえぬ自己目的と見なされねばならないから、かれらは個人ないし集団の間に、ただそれらの諸目的の衝突を防ぐという観点からのみ境界線が引かれることを願うわけである。」

●カントおよび合理主義の立場……「すべての目的が同等の価値のものとは考えない。かれらにとっては、自由の限界は『理性』の法則を適用することによってのみ決定される。理性はたんなる法則の一般性そのものより以上のものであり、万人において、また万人のために同一の一目的を創出ないし開示する能力である。理性的ならざるものは、理性の名において断罪されてよい。したがって、各個人の想像力や特異質によって与えられるさまざまな個人的目的——たとえば審美的その他の非理性的な種類の自己充足——は、少くとも理論上は、理性の要求に道を開けるために容赦なく制圧されてよいのである。理性の権威および理性が人間に課する義務の権威は、理性的な目的のみが『自由』な人間の『真実』の本性の『真』の対象たりうるという想定にもとづき、他人の自由と同一視されるわけである。(42)」

これはうっかりすると見過すが、しかし決定的な違いである。一方は多元主義であり、他方は理性の名における一元論となっている。出発点は非常に近いようで、すでに異なっており、その到達点は埋めることのできない断絶となるものである。

議論と前提の間違い　従って、「最善・最賢のひとによってさえ、専制主義へ…導かれてゆくものであるならば…この議論の前提になにか間違いがあるのではないか。基礎となっている想定それ自体がどこか誤っているのではないか。もう一度その基本的な想定なるものを整理してみよう。

第一点は、すべての人間は一つの目的、ただ一つの目的、つまり、理性的自己支配という目的をもっているということである。

第二点は、あらゆる理性的存在者の目的は必然的に一つの普遍的な調和的な型にはめこまれねばならず、しかもこれはあるひとが他のひとよりもより明晰に識別しうることがあるということである。

第三点は、一切の葛藤、したがってすべての悲劇は、ただたんに理性と非理性的なもの、あるいはじゅうぶんに理性的でないもの——生活における未成熟・未展開の要素で、個人的たる公共的たるとを問わない——との衝突のみに由来する、そしてこの衝突は原理的には避けることのできるもので、理性的存在には起こりえないものだということである。

最後に第四点は、すべての人間が理性的になってしまえば、かれらはそのすべてに同一のものである。かれら自身の本性の理性的な法に服するであろう、かくしてかれらは完全な遵法的な、同時に自由な存在となるであろうということである。(43)」

つまり、人間は理性的自己支配という目的をもつこと、それは普遍的な調和に到達するものだが、それについてある人は知っていて、他の知らない人を教育したり、指導したりする。つまり人間社会の衝突はこのような理性と非理性の存在にあり、それは合理的には避けられるものであるから、すべての人間が理性的になれば、最後は完全に法を守り、同時に自由になる、とするものである。

まさに問題点を衝いた指摘であり、その故に出発点にもどって考え直す値打ちのある点である。

しかし静かに、人間と社会について想いをめぐらせて見よう。この迷える羊、はるかなる愛を説き、真なるものにひれ伏し、善なるものに行動を起こすかと思えば、欲望のままに身に任せ、暴力に容易に頼り、恣意のままに生きることに自由と満足を求める、この人間なる存在をふりかえれば、ここにある全体の論理構成の虚構とそして同時に単純さをあらためて認識するのである。

徳と知と自由と　東洋（インドや中国）の思想に、右にみられたような発展をするとともに奇妙に変形をもたらす特徴がひそんでいるかどうか、是非専門的に検討してみたいところであるが、西欧思想には一元論に立つが故にすべてを断裁するという意味で強さがある。しかしその故に自己の立場を絶対視して、変化に対応することが少なく、時とともに次第に変形していくものがあるように思えてならない。バーリンも皮肉を込めて以下の指摘で結んでいる。

「ヒュームが正しく、ソクラテスは間違っていたのではあるまいか。徳は知ではなく、自由はそのいずれとも同じではないのではないか。長い歴史においてこれまで以上に多くのひとびとの生活を支配していることは事実であるけれども、この有名な見解の基本的な想定のひとつたりとも証明することはできないのでは、いやおそらく真理でさえないのではないか。[44]」

この文章の意味は深長なものがある。イギリスの自由主義に立脚すること、懐疑論も再評価すること、そしてしかし歴史は必ずしもそうでなかったことの認識である。本当にそうであるとするならば、近代の西欧思想のある重要な側面の全面的な再検討を必要としよう。徳、知、自由――いずれも政治と社会の重要命題であるが、それを根底から問い直すことになるのではなかろうか。

この観点からも、バーリンはイギリス自由主義に依拠しているわけではあるが、しかしそれが育まれてきた土壌や歴史、そして世界史の中でのイギリスの位置まで検討してかからねばなるまい。また同時に東洋社会における社会道徳と自由について、バーリンは殆ど検討することがないが、より全面的に扱う必要を感ずる。それは自由のあらわれ方の多義性、多様性を痛感するからである。

まとめ――バーリンの主張

経験的観察と通常の人間的知識　さてようやく結びに入ることができる。それをバーリンは「第八節　一と多」として論じている。

ここではまず「個人が殺戮されたきた（のは）……、とにかくどこかに、究極的・最終的な解決があるという信仰である。[45]」しかしこれは間違っているとする。そして次のように述べる。（傍点筆者）

「真の価値の全体的調和は、どこにか――おそらく、その特徴はわれわれ有限者の分際としては想像さえできないような、ある理想の王国において——発見せねばならぬという大前提のア・プリオリな保証で身を固めているのでなければ、われわれは当然経験的観察と通常の人間的知識というごくありきたりの手段・方法に依拠せざるをえないわけだ。(46)」

まさに経験主義に立脚するわけであるが、それがこの世界の現実であり、それ以外にありえようがないのである。

「われわれが日常的経験において遭遇する世界は、いずれもひとしく究極的であるような諸目的——そしてそのあるものを実現すれば不可避的に他のものを犠牲にせざるをえないような諸目的——の間での選択を迫られている世界である。事実、このような状況であればこそ、人間は選択の自由にひじょうに大きな価値をおいているのである。(47)」

ここに自由の真の意味と意義があるのである。論理《ロジック》的にもこのことはいえる。「人間の追求するいかなる目的も相互に矛盾・衝突することがないという保証があるとしたら、選択の必要も選択の苦しみもなくなってしまい、それとともに選択の自由というものの重要な意義も失われてしまうことになるであろう。(48)」

それを認める同様に「人間の思い描くさまざまな目的のすべてが調和的に実現されうるような唯一の定式のごときものが、原理的に発見可能であるという信仰は、明らかに誤りであると思うのだ。もしわたくしの信じているように、人間の目的が多数であり、そのすべてが原理的には、相互に矛盾のないものではありえないとするならば、衝突・葛藤の可能性——悲劇の可能性——が、個人的にも社会的にも、人間の生活から完全に除去されるということは決してありえない。そうすれば、絶対的な諸要求の間での選択を余儀なくされるという事態は、人間の状態の不可避的な特徴であることとなる。このことによって、自由には、アクトン［イギリスの歴史家］が考えたように、たんに一時的な必要としてではなく、自己目的としての価値が与えられるわけである。(49)」

この自己目的としての自由のためにバーリンは窮極的には、「消極的」自由に階級・民衆・全人類による「積極的」な自己支配欲求よりも高い価値を置くのである。これは確かに自由のあり方としては　望ましく理想とされるものであろう。それは「真実で、より人間味のある理想である」とする。[50]

「より真実であるというのは、人間の目標は多数であり、このすべてが同一単位で測りうるものではなく、相互にたえず競いあっているという事実を認めているからである。（中略）また、より人間味があるといったのは、それが（体系家たちのするように）ある高遠な、とりとめのない理想の名において、人間から、かれらの人間としての生活に欠きえないと思われる多くのものを奪い去ることをしないからである。要するに、人間は究極的に諸価値の間で選択をする。人間がそのように選択をするのは、かれらの生活や思想が、その基礎的な身体的構造と同様にかれらの存在や意識的思考や自己同一性の感覚などの一部分であるところの基本的な道徳カテゴリーや概念によって、決定されているからなのである。[51]」

「この点については、やはりベンタムが解答を用意しておいてくれたように思われる。『個々人の利害が唯一の真の利害である……現に存在している自分よりも存在しない人間の方を好むほどに、またまだ生まれていない、いや決して生まれてこないかもしれないひとびとの幸福を促進するという口実のもとに、現に生きている人間を苦しませるほどに不合理な人間がいるなどと考えられるであろうか。』この点は、バークがベンタムに同意している数少い一事例である。というのは、この文章こそは、形而上学的政治観に対立する経験論的政治観の核心をなすものであるからである。[52]」

問われる人間の生き方　その場合、人はその弱さの故か、はたまた崇高の故か、形而上学的要求を求め、それに身をゆだねたい強い欲求にかられる。「しかしながら、この形而上学的要求に実践の指導をゆだねることは、同様に深い、そしてはるかに危険な、道徳的・政治的未成熟の一兆候なのである。[53]」

このような立場は、人間の生き方において、真摯なそしてしかし殆んどの場合、絶望と虚無の直前に居るような、それでいてそれに耐えて顔前の問題に一つ一つ立ち向って解決していく、それ以外に人間の世を生きる手だてはないといったまさに実存主義的な生き方を求めることになろう。これは筆者のまとめとしての評価であり、見解である。

2　ソヴィエト全体主義の妖怪――「大革命」から全体主義へ

自由について考察したつぎに、民主主義について検討するべきだが、その余裕はない。とはいえ上記のバーリンの最後の文章にあるように、「決して生まれてこないかもしれないひとびとの幸福を促進するという口実のもとに、現に生きている人間を苦しませる」「危険な、道徳的・政治的未成熟」の例を、われわれは二十世紀にみてきたのも事実である。

そこで、民主主義の考察をさしおいていきなり先に進むことにする。それは民主主義のなかから生まれた社会主義が当初は人間の解放をめざしながら、それがいかにして抑圧的な全体主義へ変っていったのか、という問題である。

具体的には、ソ連体制についてであるが、それは「全体的民主主義」と称することができる。その体制は一九世紀マルクス主義の、この世における最初の実現形態として世界史に登場した。しかし今日、その誕生間もない時期よりの圧制、抑圧、全体主義的支配体制が次々と明るみに出され、さらにペレストロイカによってソ連自体の、ソ連の手による改革を進めるに至って、アメリカの勝利とか歴史の終えんとかまで唱えられるまでになった。

「スターリン時代の犠牲者の数は、詳細にはわからないだろうが、二〇〇〇万人をくだらず、おそらくは四〇〇〇万人に近いと見積っていいだろう。イギリスの歴史家ロバート・コンクェストが『大いなるテロ』（一九六八年）のなかで、信頼できる資料を集めて推定している数はこの上限に近い。全体的に見て、スターリンは人類史上最大規模の虐殺を行なったといえる。統計の上ではヒトラーをしのいでいるのだ。(54)」

しかし何故に人々のあらゆる呪縛からの解放を窮極的に目ざした思想が全体主義となってしまったのか、について体系的に、政治、思想、社会についての人間の認識の仕方（それは思想の一形態だが）、そして人間の本性まで掘り下げて検討することは意外に為されていないように思われる。

この問題については**J・L・タルモン**の『フランス革命と左翼全体主義の源流』が参考になる。原著は四十年も前のものであるが、ここでの主題であるところの、主として思想的側面の検証に最適の文献の一つであると思われるので、この結論的部分に依拠して、以下論じてみたい。

全体的民主主義のルーツと特徴

まず全体的民主主義のルーツはどこにあるのか。

「全体主義的民主主義は、最近生まれた現象でもなければ、西方的伝統の外にある現象でもない。それは十八世紀の理念という共有財産に根をもっている。フランス大革命のあいだに別の独立した傾向として分かれ、それ以来中断せずに続いてきている。そのように起源はマルクス主義のような十九世紀の様式よりもはるかに遠

タルモン　Jacob L. Talmon（1916–1980）ヘブライ大学教授。ポーランドに生まれ、第1次大戦後の混沌とした革命期を経験した。第2次大戦中はパレスチナ委任統治領、フランス、イギリスで過ごし、1949年イスラエルに移る。現代の思想的・精神的諸力のかんする分析者として、また現代世界の基礎的趨勢についての観察者・批判者として、単にイスラエルのみではなく、世界から注目された。本文で引用した著述のほか、『政治的救世主義—ロマンティック時代』（1960)、『民族の神話と革命のヴィジョン』（1981）をくわえて3部作が完結している（この2著の邦訳はない)。

いところにある。マルクス主義は、最近一五〇年間に相次いで起こった形の全体主義的民主主義の理念のうちで、たしかに最も重要ではあるが、やはりその一つにほかならないものである。[55]」

それではその思想的特徴はどういうものか。

「じじつ、達成でき、いな不可避な、かついっさいを解決させる究極物としての自然秩序（あるいは一般意志）という十八世紀の理念こそ、それまでの政治世界にはなかった心的態度、すなわち歴史ドラマの大団円へ向かって連続的に進んでゆくという感覚を生み出したものである。この感覚にはまた現存社会に癒すことのできない構造的な危機があるという鋭い意識を伴っている。この心的状態を表現したのが全体主義的民主主義の伝統であった。[56]」

すなわち、①一切を解決させる自然秩序（一般意志）が存在し、②人類はそれに向って歴史の大団円に向って進んでいくが、③われわれの住む現存社会は癒すことのできない欠陥をもっている、という認識である。

この思想はマルクス主義よりもふるく、フランス大革命の中で現実に全面的に登場したが、ことにジャコバン派と革命家F・N・バブーフの平等社会の思想が重要である。すなわち、

「徳性の開幕を目ざすジャコバンの独裁とバブーフの平等主義的共産社会の陰謀とは、前者の終わったところからあきらかに後者がはじまっており、双方とも十八世紀の基本前提の実現をはかるにほかならないと、強調するものであって、近代の政治的救世主義にとり最初の二つの型であった。いずれも神話をあとに伝え、実践的教訓を与えたのみでなく、現在にも生命をもつ、中断したことのない伝統のはじまりをなしたものである。[57]」

この文言をいま読むと、今日はまさに「中断したことのない伝統のはじまり」が終わろうとしているのであり、今日の局面の、歴史の中での重要性が分かろうというものである。

自由主義的個人主義がなぜ全体的民主主義へ変ったのか

それでは市民の自由と平等と博愛をめざしたフランス革命の理念は、どうして全体的民主主義へ切り変わっていったのだろうか。これについてタルモンはつづけて次のように述べる。

「全体主義的民主主義は早くから中央集権化の様式に発展した。それは十八世紀の自由主義的個人主義の諸価値を否定した結果ではない。これらの諸価値に対して元来あまりに完璧主義の態度をとっていたからである。それは人間を、絶対的なよりどころとした。人間は単に諸制縛から開放されればよいというものではなかった。あらゆる既存の伝統、既成の制度および社会の組織をくつがえし、つくり直さなければならない。[58]」（傍点筆者、以下同じ）。

この完璧主義がどこからくるのかは、民族性やその心理特性もあるかもしれないが、それはひとまず置き、その場合の人間把握の方がここでは重要である。すなわち、人間それ自体という観念である。

すなわち、上記のように一切の伝統・制度・組織をつくり直す「その目的は人間にその権利と自由の全体を保障し、いっさいの依存関係から人間を解放すること以外にはない。それは共通の人間性に含まれていない属性のいっさいをすてた、人間それ自体（この言葉の傍点のみは原文のまま、以下同じ）をあらわしていた。自然秩序の要素には必ず人間しかないものとし、その結果あらゆる集団と伝統的関係を排除してしまう。人間それ自体に到達するには、いっさいの相違と不平等とを一掃しなければならない。……したがって人間の権利という倫理的観念は平等主義的社会思想という性格を急速にとるにいたった」のである。[59]

この結果、社会の中間組織――階級、組織、職業団体などが一掃されなければならず、「人間と国家との間になにものも介在をゆるさなかった。中間的存在からの制肘をうけない国家の権力は、無限となった。この人間と国家との間の排他的関係は服従を意味する。それは社会集団がひとつでないことにともなう多様性とも、また人間的意志および経験主義から生まれる多様性とも反対なものであった。[60]」

ここに皮肉なことに国家独裁の根拠が与えられたのであって、あらゆる多様性――人間の意志、伝統及び経験主義から生まれる――を否定することになるのである。ジャコバン主義はまだ「個人主義と集団主義との組合わせがぎりぎりな均衡をえていた最後である」が、「共産主義的バブーフ主義は、すでに自由の本質を、国家によるいっさいの所有と厳格に平等な国民所得の分配を確保すべき公共強力の行使および精神的服従にあるもの[61]」とするものへとつき進んでいくのである。

人間それ自体という自然法思想の、単純というよりもここでは純一な把握がここにあるが、それは一八世紀啓蒙的合理主義の隆起という社会的背景によって強調されたとはいえ、それは過度な、そして思想という人よりは政治宗教の性格をもっていたといってよいだろう。

人間それ自体の思想が独裁を生む

それでは人民の独裁はいかにし成立していくのか。その論理的脈絡はどういうものか、それは実に皮肉なことに、人間が主権者であるという考えの中から直接的に生まれてくるのである。

「人間は主権者たるべきものであった。人間それ自体という理念は、必然的にすべての人の意思が符合する共通点があるという仮説と呼応した。人民投票的民主主義への傾向がそのコロラリーであった。集団、党または階級ではなく、個人としての人びとが、意志するようによびかけられる。議会ですらも最終的権威ではなかった。なぜならば議会もまたみずからの利害をもつ団体であるからであった。人びとの純粋な一般意志をひきだす唯一の途は、人びとを個々の人間として、そして一斉に、その意志を発現させることであった。[62]」

右の文言を読んでいると中国における文化大革命、とくに毛語録をふりかざして荒れ狂う紅衛兵の大集団を想起させる。それはそれほど旧い話ではないのだ。ここで重要な指摘は人間それ自体という理念のもつ、もう一つの性格、必然的にすべての人の意志が符合する共通点があるという仮説であり、その純一さにはただ驚くのみであるが、それは社会的には極端なまでの楽観主義であり、ユートピア想念となる。人間には共通の要素もあるが全く異なる要素もあるのであって、またそれは環境、時代で変化もする。その総合体として存在しているのであり、その故に社会や組織は多様となるのである。何という単純な想定なのであろうか。

それでは現実の社会の仕組みにそれを適用していくとなるとどういうことが起こるか。

社会を統御していくためにはどうしても特定の人に権力を与えなければならない。その場合に起こる矛盾がコトの始まりである。まず、

「無制限の人民主権は、国民の大多数である非特権階級の人びと、すなわち、人間それ自体の理念に最も近い人びとに対して、投票によって、必要ならば、直接的に、強制的行動によって、少数特権階級を威圧する権力を提供するものである、と思われた[63]。」

この人民主権によって完全な社会的、政治的、経済的平等がみちびかれると思われたが、この概念は多数意志が必ずしも一般意志と同じでないということが分り始めるやいなや生まれてきたものである。そして「一般意志を表明させる条件をつくり出すためには、この表明をゆがめている諸要素を一掃しなければならない。少なくとも影響を及ぼさせないようにしなければならない。人民を貴族、ブルジョアジー、いっさいの既得権益ないし政党からも解放して、当然その欲すべきことができるようにしてやらなければならない。この仕事が先であって、人民が意志する形式的行為はその後のことであった[64]。」

窮極の救済への長い道のり

こうして窮極の救済に向かって長い道のりが始まるわけであるが、それは実際は強権による人権の抑圧であった。すなわち、それは「次の二つのことを意味した。すなわち反人民的分子に対する臨時の戦争状態にあるという感覚と、人びとを自由かつ積極的に自己の真の意志を意志しうるところまで再教育する努力ということである。[65]」

どうしてそういうことになるのか、それは人民を代表して権力を握った集団特性を分析すれば分かる。すなわち「この二つの場合ともに、一般意志の具現者とは、高度に組織化された信徒団に助けられて戦う少数の指導者であるという考え方が自由な人民の自己表現の理念に代わることとなった。ジャコバン・クラブの助けによって革命的支配に訴えた公安委員会とか、『平等者』に支持されたバブーフ派の秘密執政府とかがそうである。革命とか戦争とかの緊急状態においては、強制は当然の方法であった。熱狂的喝采を挺子とする、満場一致の表決で示す道義的支持と従順とが最高の義務となった」のである。[66]

ところがこれが大革命の戦争状態が終わるまでの臨時的措置であればよかったのであるが、「反対者がまったく一掃されるまで戦争状態はつづくこととなる。」ロベスピエールもバブーフも死に、ついには「大革命は倒されたが、しかし終わりにはなっていないのである。革命の目標が達成されないうちは終わりにできなかった。大革命がつづいており、したがって戦争状態もつづいていた。闘争のつづくかぎり、大革命の前衛は既成の社会秩序に対して、いっさい忠誠を誓う必要はなかった。かれらは、子孫の信託をうけたものである。それゆえに、至福の一千年に対し幕をひらくため、必要なあらゆる手段を行使する自由があった。反対党である時期には破壊活動を、権力をにぎってからは恐怖政治を行なって、さしつかえなかった。革命を起こす権利とプロレタリアート（すなわち人民）の大革命的（臨時）独裁とは同一物の両面である。[67]」

十九世紀以降の変容

この考え方はその後どのように変容していったか。あるいは受けつがれていったか。

まず十八世紀のおわらないうちに、「極端な個人主義は完全に集団主義的強制様式となった。」これにつづく十九世紀はどうであったか。「十九世紀の貢献は、全体主義的民主主義前提を、はっきりした集団主義的な理論で代えた点にあった。社会の一般意志に内在し、主権者たる人民の決定において表明される、絶対的正義の図式として元来考えられたところの自然秩序に対して、客観的および科学的に真理であり、道徳的、政治的、経済的、歴史的、および美的ないっさいの問題に対し、一貫した完全な答えを提供するものであるとみられた排他的な教義が、とって代った。(68)」

まさに社会〝科学〟なるものが登場したのである。しかも絶対的排他性をもって。

こうして、徳性や倫理ではなく、〝政治宗教〟の対立の時代が来たのである。すなわち、「自然的および合理的な社会秩序を実現しようとする闘争は、まもなく、正義対不正義の争いではなく、歴史上の非人間的、超道徳的諸力間の争いとみられるにいたった。(69)」

このような事態に至った歴史的背景としては、十九世紀における国民国家の成立（政治・経済の中央集権化）と、産業社会の成立による大衆の形成により、国家権力の強大化と国家全体の思想統合がより容易になるという事態がある。また大衆民主主義時代の一つの特徴として政治においては倫理よりもイデオロギーのもつ役割が飛躍的に大きくなり、それぞれにおいてより巨大なパワーの衝突という事態へと変質していくということがある。

この時に、ジャコバン＝徳性と利己性との力関係の争いという観念からマルクス主義＝階級闘争観念への移し替え、あるいは利害対立の完全な調和としてのユートピアの観念、そして、それに至る始めの時期は臨時的独裁が必要という観念、などに思想的な共通性が指摘できよう。

ただし一八七〇年以降は西ヨーロッパにおいて政治的救済主義は衰退し、後に社会民主主義となっていったが、それに代って「いまや革命の精神は東方へひろがって、ついにその自然的本拠をロシアに見出した。ロシアでは数世代にわたる圧迫がつくりだしたいきどおりとスラブ民族の救世主義的素質とが、これに新たな烈しさを加えた。形は新しい環境のなかで修正されたが、しかし全然新しい様式の思想あるいは組織が、東ヨーロッパでつくり出されたのではなかった[70]」。

ひき出される教訓――同時に満足され得ぬ救済と自由、そして救済主義ののろい

以上の検討からいかなる結論を引き出すことができるか。

(1)　第一は全知全能思想の誤りである。「この研究から引き出す最も重要な教訓は全包摂的で、かつすべてを解決するような信条があるという思想と自由とは相容れないということ、これである。この二つの理念は人間性の底に最も根ざしている二つの本能、すなわち救済のねがいと自由に対する愛好とに対応するものである。この双方を同時に満足させようとするならば、苛烈な暴政と農奴制度に陥るか、さもなければ、少なくとも全体主義的民主主義にはつきものの、はなはだしい偽善と自己欺瞞に陥る結果となる[71]。」

人間性の最深部に根ざす救済の願いと自由の愛好。しかしこの二つを同時に満足させることはこの世界では全く反対の現実を実現させることになるのだ。

救済はこの世界の、この生活の苦しさからの解放と言いかえてよいが、これは先にバーリンに基づいて検討した「への自由」であり、そしてここでいう愛好される自由は「からの自由」であるとしてよい。

この二つの同時達成の困難性!!　その故に人間の歴史の営みを右か左の善悪で簡単に論断はできないのである。

しかしそれよりもここでは、すべてを解決するような信条があるという考え方をまず捨てなければならぬということである。

(2) 第二は救済主義ののろいである。

まさに「人間の最も高度の衝動から生まれながら、圧制者の武器に堕落することは、救済主義的信条にかけられたのろいである。排他的な信条をもつものは反対者を許すことができない。自分は数知れぬ敵にとりかこまれていると感ぜざるをえない。正常的な生きかたにおちつくことが決してできない。この危険感が、恐怖手段に訴えても正当的なものを守ろうとするかれらの不断の要求をひきおこす。敵ではないものは、公開集会ないし投票場における感情的デモと謀略的な全会一致との手段を使って、見せかけでも熱烈な信者につくり上げねばならない。政治的救世主主義は経験的な思考と自由な批判との代わりに定義でものごとを推論している。この推論は五感の明証するところを無視しても容認しなければならない、アプリオリな集団的概念に基づくものである。[72]」（傍点、原文のまま）

つねに経験的な思考（経験主義）と自由な批判をゆるすよりも、圧制者はあらゆる恐怖手段や全会一致によって、とに角前に進まなければならない。これこそ救済主義ののろいであり、圧制者の自縄自ばくの姿である。

「完璧な、調和のある自由の状態が、過渡的な革命独裁の全面的勝利ののちに来ると約束することは、ことばの矛盾である。……反対者あるいは反動の恐れが存在するかぎり、自由をみとめられないという、全体主義的民主主義の根底にある含意は、約束された自由を無意味なものにしてしまう。反対するものも意見のちがうものもなくなった時に自由が与えられる――いいかえると自由はもう無用のものとなったときに提供されることとなる。自由は反対する権利がなく、またちがう意見をたてることができなければ、無意味である。この点についての民主主義的全体主義者の誤解ないし自己欺瞞は、十八世紀合理主義的人間理念をばかげたものにしてしまった。それは人間性における非合理的要素、および『生活のいろいろな実験』さえも、悪い出来事、不幸の残りかす、一時の考えちがいであって、統一的な社会ができれば、——必ず、かつ匡正する力により——例外なく合理的な行為に変わるはずであるという、非合理な信念に基づく倒錯観念である。[73]」

自然法の人間の捉え方は間違っていないのか

すべてを解決するような信条があるという認識あるいは救済主義は、タルモンのいうように、人間性の最深部から出てくるものだ。他方、人間にはこれと矛盾する自由への強い欲求がある。

従って自然法を問題にしてきた筆者の立場からすると、十八世紀合理主義的人間理念自体は間違いなく、その後の展開が間違ったものだ、ということになるだろうか。そうはいえまい。自然法的な人間それ自体という観念に、出発点から欠陥があるようにみえるが、そのためこの欠陥をつねに是正する努力が払われなければならぬのだ。しかし他方、いかにしてこのような転換が果たされてしまったのか。それは観念のあり様だけではなく社会経済や国民国家成立の実体条件とともに語られなければならないであろう。

非合理的な信念、それが当然にひき起す恐怖感、その故に嵩ずる集団的暴圧こそが二十世紀の悲劇をいろどるのだ。文明とは一体何物なのであろうか。

「排他的で、しかも、いっさいを解決するような全体主義的民主主義の教義が世界を支配することは自然と歴史との教訓に反することになる。自然と歴史との示すところでは、文明とは、歴史的かつ実用的に形成された一段の社会的実存および社会的活動が、いくつとなく共存していくことであって、ただひとつの実存面しか許されない抽象的な人間を、つくり出すことではない。[74]」

以上、いままで省みられたことが少なかったと思われるタルモンの研究に殆ど全面的に依拠したのは、ほかでもなく今日フランス革命を問い直そうとする動きに刺戟されたこともあるが、それよりも重要なことは、ソ連社会主義体制の拠って来たる基本性格を捉えておきたいためである。しかも制度論ではなく、人間の思考、想念、行動を中心に社会思想の形成、その推移、その変質を描き出していることに特別の意義と優れた面をみるからである。政治思想史研究はすべからくこのような側面をもっと発展させるべきだと思うが、以上の論述によって今日の社会主義体制の行き詰まりを描き出すことがほぼ完全に出来ると思われるのである。

竹山道雄氏は晩年、人間の表象は基本的に欠陥があるのではないか、と言われたが、まさにその通りであろう。とくに人間それ自体という把握に基づいて人間を絶対視することからくる思考体系は次々と多数の、そして誤ったコロラリーをつくりだして、まさに人間を解放するのではなくて、人間を支配していく。この矛盾をはらむ全人的支配の構造とその根にいま根本的にメスを入れなければならない。

3　おわりに——なぜ一元的〝信仰〟が繰り返し現われてくるのかが問題

以上、自由を中心において、これに関連する様々な重点について考察してきたが、ここで一つのまとめと評価を筆者なりに行ってみよう。それはバーリンの豊穣な議論の仕方に刺激されて、自由がこのように奥行き深く理解されていながら、他方において社会は一元的思考に振り回されていったのか、という問題である。

まずバーリンの立場は一貫して、一元的な形而上学的な社会認識・社会哲学・政治思想を批判し、これに対置するに通常の人間の経験と知識をもってするものである。これは人間の本性に基づいているが故に、今日では（でも）納得しうるものであろう。それはまたある種の心のやすらぎを覚える知見である。

しかしそれで終わらない。本稿でも一元論的社会哲学を批判してきたが、ここに至ってはあらためてそれが何故に成立しえたのか、十七世紀以来、幾多の歳月を経ているにも拘らず、何故に根本的な修正をうけなかったのか、ということの方がわれわれの立場からして重要な関心事となる。そしてその場合、本著の主題としている歴史主義の形成が陰に陽にからみ合っていることも明らかにしなければならない。

そこでバーリンを離れてこれらにかんする筆者の見解を述べるなら以下の通りである。

まずドイツにおいて、ロマン主義を最初の芽として一人前となった歴史主義は、フランスの明晰な合理主義と対抗してドイツ的思弁によって鞏固に武装された。

ここにおいてフランスの果した役割は決定的に大きい。それは大革命をひき起こして、封建制に別れを告げ、啓蒙合理主義の徹底によって近代思惟を確立すると同時に、独裁と恐怖、流血の時代の幕明けとなった。つづいて国民的統一をかかげたナポレオンの勝利は全ヨーロッパ制覇にまで拡大し、革命の輸出を行った。

この間、歴史主義は強いプロシャ＝ドイツの勃興と時には相即し、時には反発したが、後進国の常として思想は社会に根づき、定着し、成熟することなく、結局は現実の進展を前にして押しやられてしまうのである。またそうであるが故に、その思想と文化は現実とは離れ、孤高性、抽象性、理念性、そして想像力において飛翔するのである。それは人々に大きい魅力となって映るが成熟とした思考とは別物でもある。そして時には現実をさかしらに鼓舞することに使役されするのであった。このことは日本における思想の社会定着の実体からも類推しうるところであるし、またドイツ観念論に代表される〝壮大な〟ひびきとその文化全般にみられる過度の精神主義は逆に社会の実体との乖離を示しているのである。

実はアメリカ独立は大革命に先行していたのであるが、ヨーロッパが地続きであることのインパクトはやはり大きかった。大革命とナポレオンの制覇は、各地域に強烈な近代化とナショナリズムの二つを生みだしたのであり、ここに民族国家形成の理念づけと、社会＝国家と個人の自由の相剋という二つの問題が大きな課題として登場し、後の後発「近代化」民族国家のすべてに重くのしかかっていったのである。歴史主義がもったこの刻印は形而上学的政治思想を推進するとともに強く支持したものと思われる。

もち論、このほかに発展する資本主義の下での矛盾があった。それは十九世紀に入ってからのことであるが、労働者階級の貧困化である、これは各国に共通したものであり、それをみた知識人の覚醒もあったが（マルクス主義）、これが強く形而上学的性格をもったことが独特であった。

これに対してイギリスの場合には、十二〜十三世紀以来、その改革は時には血が流れたこともあったが、何よりも他の国よりも先行し、それだけ長い時間をかけて進めてきたこと、近代に入っては資本主義においてもっとも先行したということであり、その場合、一貫して島国という「安全の余剰」を享受しえたことも大きい（外圧や侵略の危険を回避しえた）。

またプロテスタントのアメリカ移住により国内の政治的対立のはけ口があったことも無視しえない。その意味は、国内における漸次的改革を選びえたということである。

しかし先進ヨーロッパ諸国は次第にあまりにも理念的かつ急進的な改革思想が社会に受け容れられないことを知り、十九世紀後半には早くも漸次的改革主義をとり、その勢力は国家への参画を進めることになっていく。これに対し、ヨーロッパの遅れた国——特にロシアは少数の知識人に指導されて急進的改革、つまり革命を達成する。ここにおいては戦争という異常事態がつくり出した条件も極めて大きかったが、かくして後進国に、また後発国なるが故に、形而上学的革命主義を受け容れてしまったのである。

これに対してアメリカの場合は、人間の自由という理念がまさに全面的に開花した。それだけの条件はあった。アメリカのユニークさは別に論じた通りであるが、地理的、歴史的特質にも支えられて、国家としても巨大なパワーを持つことができた。しかしその故に逆に母国イギリスの経験主義をじっくりと発酵させる土壌がなかったといえるであろう。

そしてアメリカの世紀到来の観点からヨーロッパを逆照射すると、ヨーロッパ〝中小国〟においては、アメリカ大陸におけるような恵まれた条件が無かったが故に、社会主義に傾斜することによって逆に自由の圧倒的専制(!?)と共産主義の圧制に抵抗したともいえるのである。その中で、イギリスは一層経験論に磨きをかけてきたといえるが、しかし最早、世界にそれを拡めるパワーをもたなくなったのである。

他方、西ヨーロッパ大陸では前世紀よりのドイツの擡頭がすさまじかった。それは今世紀に入って二回の大戦をひき起してしまった。この戦争収拾に当り新興国アメリカの役割が期待され、結局それは米ソ二大国の支配体制に発展していく。

これを思想史的にみれば、未熟の「自由主義」と形而上学的「革命主義」が対立するに至ったのが第二次大戦後の実相であり、またそれは相互に「普遍主義」を主張するが故に不幸なことに一元的思考は衰えることがなかったのである。しかし実際は巨大なるパワーの対立の故に思想の成熟、深化そして浸透は後景にしりぞいていたといえるであろう。それが物質的繁栄と流血・悲惨の同居として二十世紀を色どっている要因でもあるのである。

かくして思想は本当に現実を規定したのか、が吟味されなくてはならない。また一つの思想は様々のヴァリエーションを生むこと、むしろ反対物に転化することさえあることを知る。現実が思想を生み、また当初のものが反対物に転化さえするのも現実のあり方から規定されていく、というように理解するのが正しいであろう。

この際、一元的思考が真の自由の条件を離れて繰り返し勢いをえてくるのも、それを欲する条件(上記にいう窮極の救済への願い)の方が圧倒的に強いためなのであろう。

注

（1）アイザィア・バーリン「二つの自由概念」、生松敬三訳（バーリン『自由論』小川晃一・小池銈・福田歓一・生松敬三共訳、みすず書房、一九七一年、所収）、三〇〇頁。
（2）同右、三〇二頁。
（3）同、三〇一〜三〇二頁。
（4）同、三〇三〜三〇四頁。ただし改行した。
（5）同、三一一頁。
（6）同、三一二頁。
（7）同、三一三〜三一四頁。
（8）同、三一五頁。
（9）同、三一五〜三一六頁。
（10）同、三一八頁。
（11）同、三一六〜三一七頁。
（12）同、三一七頁。
（13）同、三一九〜三二〇頁。
（14）同、三三二一頁。
（15）同、三三三頁。
（16）同、三三四頁。
（17）同、三三五頁。
（18）同、三三四頁。
（19）同、三六二〜三六三頁。
（20）同、三六六頁。
（21）同、三六六〜三六七頁。
（22）同、三六七頁。
（23）同、三六八頁。
（24）同、三六九頁。
（25）同、三七〇頁。
（26）同右。
（27）同、三七二頁。
（28）同、三七二〜三七三頁。
（29）同、三七三頁。
（30）同、三七四頁。
（31）同、三七四〜三七五頁。
（32）同、三七五〜三七六頁。
（33）同、三七七〜三七八頁。
（34）同、三七八頁。
（35）同右。
（36）同、三七九頁。ただし改行した。
（37）同、三八〇頁。
（38）同右。
（39）同、三八〇〜三八一頁。

(40) 同、三八一頁。
(41) 同、三五五頁。
(42) 同、三五八頁。ただし改行した。
(43) 同、三五八〜三五九頁。
(44) 同、三五九頁。
(45) 同、三八一〜三八二頁。
(46) 同、三八三頁。
(47) 同右。
(48) 同、三八四頁。
(49) 同右。
(50) 同、三八八〜三八九頁。
(51) 同、三八九頁。
(52) 同、三八九〜三九〇頁。
(53) 同、三九〇頁。
(54) Z・ブレジンスキー『大いなる失敗』(伊藤憲一訳、飛鳥新社、一九八九年)、四〇頁。
(55) J・L・タルモン『フランス革命と左翼全体主義の源流』(市川泰治郎訳、拓殖大学海外事情研究所、一九六四年、原著は一九五二年)、二八三頁。
(56) タルモン、前掲書、二八三頁。
(57) 同右。
(58) 同、二八四頁。
(59) 同右。
(60) 同右。
(61) 同右。
(62) 同、二八四〜二八五頁。
(63) 同右。
(64) 同右。
(65) 同右。
(66) 同、二八五〜二八六頁。
(67) 同右。
(68) 同、二八六〜二八七頁。
(69) 同右。
(70) 同右。
(71) 同、二八八〜二八九頁。
なお、余談であるが近代化論でユニークな業績をあげている、S・N・アイゼンシュタット教授もイスラエル人の学者である。学問的には〝辺境〟の位置にあろうが、欧米の〝正統〟研究よりも問題意識は鮮烈であり、周辺の苦悩を踏えていると思う。欧米〝主流〟に一定の距離を置いていること、多くの苦難の経験をもつこと、欧米〝主流〟の正統性でない周辺の状況に触れていることがその業績の背後にあるのではないかと思う。このことから日本の歴史的経験に基づく、日本人でなければやりえない研究がある筈であり、これは今日の社会科学研究の貧困さを感ずるので是非とも言っておきたいことである。
(72) 同右。

(73) 同右。

(74) 竹山道雄「人間は世界を幻のように見る——傾向的集合表象——」(『歴史的意識について』講談社学術文庫、一九八三年、所収)。

第Ⅶ章　国際政治における現実主義
――アメリカ外交政策の〝普遍性〟についての点検

現実に関連するテーマを扱っているこのパート（第二部）の最後に、具体的な、また歴史的なテーマの一つとして、日本と最も関係の深いアメリカの対外政策を題材にとり、〝普遍的なるものを実現する〟と称する現代の支配的な考え方の特性とそれが生まれたルーツを明らかにしたい。

それは同時に現代世界におけるアメリカの自由と民主主義の特性を示すことになるが、これによって日本外交の方向性について示唆を得ることができよう。

1　アメリカの対外政策の特徴

いま述べたように話題を再び現実の問題にもどして、今後の日本のあり方に決定的に影響力をもつアメリカの対外政策の特徴をここで考察しておきたい。

また日本の今後のあり方を考える時、アメリカとの関係をどのようにしてくかは、日本外交の根本にかかわることであるからである。

さてアメリカの外交のもつ道徳主義的アプローチについて警告を発し、現実主義的アプローチを主張したG・ケナンは必ずしもその地位を得ることができなかった、といわれる(1)。

ここにアメリカ外交の特質を解く一つの鍵があると思う。

まことに一九世紀なかば以降アメリカの拡張の勢いは大きかった。そして二十世紀はその力が最大に発揮された。この道徳主義的アプローチと力の行使の両面につねに留意しておかねばならない。

道義主義アプローチの四つの要因

アメリカが対外政策において、理想主義を掲げること、その故の脆弱性をもつこと、しかしこの脆弱性を直視するよりは結局は力で押し切っていく行動をとるのであるが、ヨーロッパ諸国には無い、このようなアメリカの政策の根はどこからくるのか。

それにはアメリカ建国の歴史的特徴を把握しておかねばならない。すなわちそれは建国のユニークさからくるもので、アメリカが封建時代をもたず、それとの葛藤を経験せず、自由を金科玉条とする、つまり自然なものとする、という立国の理念の実現からきていることが大きい。このような特異性とそのもつ強さと〝脆さ〟についてはルイス・ハーツ『アメリカ自由主義の伝統』が指摘したところである（注5を参照のこと）。

次の問題は、このようなアメリカ建国の特異性に基づく対外政策の特徴についてであり、具体的にはその道義主義的アプローチである。

対外拡張主義、帝国主義的行動について、武力、経済的利害、道義的責任という三つの側面から、イギリスとアメリカについて一八七〇年から今日に至る過去約一〇〇年を対象にした研究に、メルボルン大学政治学部シニア・レクチュアラーであるフィリップ・ダービーによる『帝国主義の三つの顔』がある。ダービーの分析によれば、アメリカの道義主義的アプローチの背景を為しているものに四つの要因があるという。すなわち「アメリカの国際的理想主義の根源と力を説明する助けとなるのは、様々の点で接触し重複する考え方の四つの方向」である。(2)

●第一の要因……フロンティアの存在と影響力

これは一八九三年に出版された、アメリカの歴史学者フレデリック・ジャクソン・ターナーの評論にあるもので、「アメリカとヨーロッパの文化的相違は、特有の社会的倫理と、独特な国民感情を生み出す新しい資源と新しい挑戦を備えた西に向かう自由な領土がアメリカに存在していたことに由来した」という（傍点筆者以下同じ）。そして「フロンティアは、支配的な個人主義、政府の制限への怒り、高度な理想主義の民主的伝統を生みだした。(3)」

●第二の要因……資源の豊富さ

この理想主義は内外の政治に刻印を残し、またそれ以降もこの側面からとりあげられてきたが、その中で「われわれの目的にとってもっとも適切なのは、アメリカ合衆国の豊かな天然資源のもつ意義である」。すなわち、「アメリカ人の政治・経済思想、とくに民主主義についての考えの一般的様式が資源的豊富によって強く影響された…。経済的余剰の存在は、アメリカ合衆国の政治的民主主義の発展に肥沃な条件を与えた。しかも、民主主義が経済的に条件づけられた程度は、ほとんど認識されず、豊富と自由とを同等に扱う傾向があった。同じ近視眼は、アメリカ型の民主主義が海外で定着しうるし、その受容が道義的選択という単純な問題であるにすぎないという見解の一因となった。(4)」

こうして経済的条件が満たされなくても民主主義の価値が教え拡められなくてはならないし、そこでは道徳的に選択するかどうかのみが問題なのだ、という御託宣を拡めることになった。

●第三の要因……封建制が無かったこと(5)

●第四の要因……宗教の影響

これについては日本人にはなかなか理解し難いが、つぎのようなことである。

「信仰上の各宗派が移住し、植民したということは、この影響が圧倒的に個人主義かつ民主主義であることを意味した。同時に、アメリカの政治生活は一定の宗教的性質、もっとも顕著には、道義主義的目的と福音主義的精神の感覚を帯びたのである。（中略）マイケル・ハワードの見解によると、アメリカ合衆国は、古い世界の国民国家というよりも、常に世俗的な教会あるいは多分巨大な宗派のようであった。歴史文脈上、アメリカの宗教的福音主義が専制的特質を有していたことを心に留めることは、特に興味深い。一七世紀と一八世紀において、福音主義者は、服従に対する必要を信じ込んでいた。『おお、因われの身に祝福あれ、これ以外には完全な自由は決してない』という、一八世紀後半のマサッチューセッツの牧師の言葉にあるように、真の自由は、神の意志に従うときにのみ見出されうるのである。[6]」。

このように、地理的（フロンティアの存在）、資源的（豊饒さ）、歴史的（封建制の無さ）、宗教的（福音主義）要因は、相重なってアメリカの対外政策の形成に大きく影響してきたという説明は十分に肯づけるものがある。戦後の占領政策においても、今日のアメリカの対日主張にもそれらは如実に出ているのである。

しかもそれはアメリカが圧倒的パワーを発揮しえた時は、非アメリカからみても〝輝いて〟みえたことは事実であろう。

しかし他方、非アメリカの対アメリカの認識の根底には自分達と異なる独得の文明であるという立場はつねにあったものと考えられる。国の規模の相違、周辺からの干渉の小ささ、圧倒的な産業スケールや物質的生活の豊かさなどは自分達と異なるものであるという認識がそれであり、その結果、政府のあり方、経済、社会政策のあり方、〝反〟体制勢力への対抗政策など、つまり自由や民主主義や平和の考え方に自づと相違が生じたのである。しかもアメリカにその理解が充分にあるかどうかについてつねに不安を隠さず、国の威信もあって自らの途を主張することもしばしばあった（ドゴールなど）。

つまり、〝祖国〟に当るヨーロッパの各国からみれば、右にみたような特質が存在しえないが故に、逆に冷静に見つめ、認識する知恵をもっているといえる。イギリスは母国として独特の立場にあるが、非アングロサクソンであるフランスなどのアメリカ人を見る目の、一段低位に置いた視点、またその文明のけばけばしさ、うつろい易さ、さらに根無し草的側面、ストックの貧寒さを指摘し、〝告発〟してやまないのはそのためである。(7)

第二次大戦後は

さて、第二次大戦後のアメリカは以上の文脈からみるとどうであったのか。ダービーはつづけて長文の分析をおこなっているが、それはわれわれが体験した歴史であるだけに生々しい。しかしその結論は次の文言に要約されていよう。

「世界の自由という崇高な論理の下で、アメリカの道義主義は、時代の主要な潮流をアメリカが理解していることにアメリカの自画像をあわせる多くの構想の中に表われた。それらの構想のうちでもっとも重要なものは、反植民地主義、反共主義、第三世界の開発への関与、逆説的ではあるが、ベトナム戦争の後半の数年間にあったアメリカ合衆国内部における反米主義の高揚であった。当面、目立っているのは、第三世界の開発への関与を部分的例外として、アメリカの理想主義の国際的表現が消極的になったことである。道義的目的は、積極的善の追求というよりむしろもむしろ、知覚された敵に対する反対という形をとった。(8)」

こうして「具体的環境における考え方と行動の指針として、理想主義の一般性そのものの有用性には、限りがある」ということになる。(9)もっとも考えてみればすぐ分るように、戦前においても具体的現実の中で理想主義をテストしてみれば、すべてキレイ事に進んでいるわけではない（ハワイ統合、フィリピン統治など）。

戦後において重大なる変化はソ連の抬頭に対応して、反共主義に優先順位が与えられたことである。ただしこの点の実際の評価はむつかしい。冷戦体制というものの真実が、ポスト冷戦下で明るみになってきたこともあって、アメリカのみを批判して済むものではない。しかし歴史的に他の大国の外交政策と比較して、アメリカのそれが特定の傾向をもっていたことはやはり指摘しておかねばならない。

その第一は、対外政策が権力国家間のパワーバランスによって営まれたというよりは、これを超越してイデオロギーの対決に基づく軍事力の圧倒的な拡大に依存していったということである。アメリカは反共主義イデオロギーを殆んど絶対といえる盾にしたことは事実であり、そこに歴史的な国家特性としての道義主義的アプローチの強大な現代版をみることができる。そのため当初有していた理想主義が変形していったことも事実であろう。

ダービーは次のように述べている。「われわれは、反植民地主義のもとで考察されたよりも、もっと広くもっと活動的なアプローチを扱いつつあり、それは、国際体制の支配的側面と諸国家の国内的健康とを単一のカンバスで結びつけたのである。アメリカの対外政策の実際において道義的不名誉とばかげた恐怖心の表現としての反共主義は、発展的な強国としてのソビエト連邦の問題に向けられた現実政治の考え方と容易に区別されえない。さらに、道義的命令としての反共主義がトルーマン政権に、ためらいがちの議会と素朴な大衆とに、アメリカが海外武力の独自の体制を確立しなければならないということを確信させる手段を与えることによって、その独自の生命力を発展させるようになったのである。ほとんど、それは、アメリカ社会のあらゆる部門にしみ込んで、大衆の考え方を形成することとならんで、公的活動を性格づけたのである。この広い意味において、反共主義は、時代の性質を定義したのである。[10]」

この表現は微妙な内容を含む。すなわち反共主義と現実主義は区別し得るか、という問題であり、ここにこそ戦後アメリカの外交政策の根本テーマがあるのであり、ケナンの苦しんだ立場と、そして同時にケナンの「封じ込め政策」が別の本当の封じ込め対決に進んでいった理由がある。

こうして「反共主義の衝撃と含蓄は広範囲に及んだ、それは、ソビエト連邦、中国、一枚岩的な共産主義、あるいは後の段階でのキューバでさえある敵に対して、十分柔軟であった。敵は、多くのこれらの志願者の共同体であるかもしれなかった。ベトナムの場合に置けるように、特殊であることや、あるいは敵陣営内部の関係を分析することは、必要ではなかった。デービッド・ハルバースタムは、国家安全保障担当官にとって、衝突は、『主義主張』であった。すなわちそれは、国家的用語ではなく、イデオロギー的用語において定義されたと書いている。最終的結末は、アメリカ合衆国が敵というよりもむしろ敵の軍事力に対処しつつあったということであり、それゆえに、利害関係の妥協あるいは調節の余地は、まったくありえなかったのである――すなわち果てしなき反対のみ――」(11)。

こうして「アメリカ合衆国で発展した反共主義は局地的な操作あるいは特別な利益集団の弁論の結果ではなくて、アメリカ社会の主流の内部から生じた。その強さは、それがアメリカの過去に根ざす文化の考えと側面――アメリカの優秀性についての信念、普遍性の要求、アメリカの政治的伝統における絶対主義者と、抑圧的でさえある要素――を着ている大きさに由来した。その他の西洋社会においては、それ以前に、マッカーシズムがあれだけ大きいことを遂行しうることは決してなかったであろう。反共主義のパージの研究において、デービット・コートは、国内的と国外的の両方において反共主義を形成する際に、アメリカ自由主義が果たした役割を強調する。ソビエト連邦とアメリカ共産主義に向けられた敵意は冷戦の自由主義のくさびとなった。その起源は、『本質的には経済的ではなく、むしろ文化的、理想主義的、独善的で、道義的』であった。アメリカ合衆国をベトナムへ向かわせたのは自由主義者であった。」(12)

このような反共主義を軸に、第三世界の開発論としての「近代化理論」の登場とそれへの疑念や、ヴェトナム戦争とそれによる国内の亀裂があり、挙げ句はアメリカの歴史を含むすべての道義的告発となって「アメリカの理想主義の車輪は一まわりしてもとに戻ったのである。」(13)

不安の心理

さらに隠された側面として——筆者にはこう映るが——アメリカの不安ということがある。すなわち「一九三五年の著作において、［アメリカの政治学者］ハロルド・ラスウェルは、この国がさらに国際政治に関与するようになるにつれて、不安がアメリカの世界観を形成することにおいて非常に大きな役割を果たすであろうと予言した」という。それはどういうことかというと、アメリカの有する「絶対主義」とそれが思い通りにいかないことへのいら立ちであるといえるし、そのいら立ちの根っ子にアメリカ社会の未成熟さがある、というように表現してよいだろう。「ハーツによれば、アメリカ人の道義的エートス特徴づける絶対的主義は、外国の物事に対する不安の反映である。『アメリカは彼らの側では不断に快適に生活することができない。』モーゲンソーとケナンによれば、このようにわれわれは、外部世界の改造の試みと、孤立への後退の間でアメリカが動揺する傾向の説明へと進む。フルブライト上院議員は、『自信の欠如が力と伝動の誇張された印象を生み出すように思われる』という。」(14)

思えば哀しい国民ではある。

自己修正のない「十字軍と福音主義」

ダービーは、このようなアメリカの道徳主義的アプローチが植民地主義、共産主義、第三世界の開発、その他アメリカの考えたとどうからみ合っているかについてそれぞれ示唆深い指摘を行っているが、ここではこれ以上触れないことにして、これらを通じて実に興味深い評価を行っている。それはこのように対外関係が、時代とともに複雑になるに従い、その接触する地域や国々また課題ごとに異なるのであるから、その内容が当然影響を受けて変化したり、修正を受けることがあるだろうと一般に思われるが、アメリカの〝原則的考え方〟はそのようには変らなかったと言っていることであり、これがイギリスの場合の道義的責任と異なる、というのである。

これは重要なので長文だが引用する（傍点は筆者）。

「アメリカの道義的考えが国内の政治文化から生じ、それと結びついたままであった程度を述べることは自明のことであるかもしれない。その上重要であるのは、これらの考えが海外の情勢と出来事の評価によって影響されたことがいかに少ないかということである。特定の場合には理論の形式になんらかの衝撃を与えたが、考えと感情は、総体として完全にアメリカ自身の経験と、歴史から生ぜしめられる。たいてい、道義は、常に内部的確信からその強さを引き出すが、通常の経過においては、それは、外的環境と相互作用の過程とによって左右される。たとえば、イギリスの場合には、他の社会、特にインドについての理解は、道義的責任の理論形成上疑いなく重要であった。しかし、アメリカ合衆国にとって、焦点は、きわめて国内的であり、それは、アメリカの例外主義と純潔性とについて、ならびにいかにアメリカが世界に模範を示すかについての考えが、発達したということを基礎にしている。一八四七年の著作において、アルバート・ギャランティンは、後継世代を支配してきたイメージ、すなわち『あなたの使命は、世界の状態を改良すること、『模範的な共和国』になること、――すべての他の政府と、すべての他の恵まれない国民の模範となることである』というイメージを連想させた。この自画像の一つの側面は、他の形態の政治的・社会的組織を絶対的に拒絶することであったし、あるいは、少なくとも選択的な歴史的経験に対する冷淡であった。われわれが白人中心主義（エスノセントリズム）として分類する、このわがままは、アメリカの理想主義の外部世界に対する特徴的側面であった。

第二の関連する側面は、アメリカ人の理想主義がいかなる特殊な責任観念にも結びつけられていなかったことである。道義的衝動が勝手に漂っていた。それは、抽象的かつ非領域的であって、特定の国際関係の枠内で発達しないし、あるいは、特定の人々、ないしは国家に向けられてもいなかった。[15]」

すなわち、ここにあるのは、

(1) 対外政策が情勢や出来事によって影響されなかった、つまり政策は常にアメリカの内部からのみ出てくる。

(2) またその理想主義は特殊な責任観念にも結びつけられず（つまり現実主義的点検は少なく）、道義的衝動が強くあった。その故に〝普遍的〟(!?)であったといえる。

(3) この宗教的特質――十字軍と福音主義は「アメリカ合衆国が正しい解答を持っており、妥協をためらうという確信によって特徴づけられてきた」。

(4) このような傾向は、「他の国家――一九世紀後期のイギリス、アフリカ帝国の最後の十年のポルトガル――にもあったが、それが優勢であることはめったになかったし、たいていの場合、特定の階級、あるいは支持者に縛りつけられていた。[16]」

この点は重要な指摘であり、他の帝国主義とも違う性格である。ここには絶対的といえる〝善悪〟の把え方、使命感、そして熱情に支えられた無差別的な国際主義がある。しかし他方これを別の面からみると、〝お人よし〟と〝青白さ〟とひとりよがりな押しつけとそして非現実主義と暴走という事態になるのである。

アメリカ外交の陥し穴であると考えられる。

友好と外交と

同様にその立場はきわめて理想主義的ではあるが、歴史的レヴューとしては貴重な資料に溢れている文献として、ウィリアム・A・ウィリアムズ『アメリカ外交の悲劇』（高橋章・松田武・有賀貞共訳、御茶の水書房、一九八六年）がある。この著では、アメリカには一方において善意をもち、他方において時代とともに膨張する力がある。そしてその対外発展の結果、相手国で矛盾と反発が生ずる、そして対外的な相互関係が大体つねにアメリカの理想として表現されるものと異なってくること、そのためにとられる悲劇的な力の行使を描いている。

アメリカと深くつき合うことになる日本としては必読の文献としてとりあげたいが、意外に注目されていない。このことはヨーロッパにおいてはむしろ深く理解されているようだ。ヘルムート・シュミットの『シュミット外交回顧録』を読むと、敗戦とともに勝利国アメリカの物質的、精神的恩恵や影響を感謝とともに語っていながら、その一方で対外政策は「理想主義・ロマン主義、力と偉大さに対する信念で形造られている。もし、他の世界がアメリカ人の理想像とそれを実現するための方法に一致しないと他の世界の方がそれだけ悪いということになる。[17]」このうえさらに政策が選任される大統領によってしばしば大きく変動することの危険性を指摘している。

わが国もこのようなアメリカ外交の長所と短所を充分に分かったうえで外交を展開しなければならない。その特性が分かっていないから、わが国の明確な自己主張が乏しいのである。

われわれは日米友好のもとにアメリカの外交自体を問うこと自体おかしいのだという雰囲気があるが、友好と外交は同じではないのである。歴史的にみても、両国の関係は一筋縄では行かなかった。今後の日本と世界のあり方をみても、日本の行き方はまた大きな影響を与えると思う。しかしこの点についても、防衛と同じく残念なことにモラトリアム意識、この場合は依存意識が圧倒的であるというのが現状であろう。それを打破するために、その前提を抑えておきたいのである。

2　モーゲンソーの現実主義アプローチ

アメリカの外交政策批判

九項目の要約　さて一国の国家的利益にたって、イデオロギー的な、その故に理想主義を前面にふりかざす対外政策を徹底的に批判したのが、H・J・モーゲンソーである。それはアメリカ対外政策をとりあげているが、湾岸戦争を経てイラク侵攻にいたる時点に立っても、なおとり組んで格闘してみる価値のある文章である。

その全体は珠玉のごとき警世の言句に溢れているが、その結論的立場は次の言葉に要約されているので全文をかかげる[18]（ただし、文頭の番号は筆者が付した）。

> 忘れよ、而して記憶せよ！
>
> (1) 忘れよ、ここ数年間のもろもろの幻想を。而して建国当初の政治家たちの思想と行動とが汝に遺した偉大にして単純なる真理を想起せよ。
>
> (2) 忘れよ、対外政策とは善と悪との闘いであり善はかならず勝つのだというセンチメンタルな考えを。
>
> (3) 忘れよ、邪悪な国が無条件降伏したあとには権力政治というもののない素敵な新世界（訳注 Brave New-World ハクスリーの未来小説の題名）が現れるのだというユートピア的な考えを。
>
> (4) 忘れよ、どのように徳があり力があっても、世界をその考え通りにする使命をもちうる国があるなどという十字軍的な考えを。
>
> (5) 記憶せよ、孤立が常態であった黄金時代は永久に去った。いかに努力しいかにラディカルに行動しても、

それはもはや再び帰えらないということを。
(6) 記憶せよ、力なき外交は無意味であり、また外交なき力は破壊的、盲目的であることを。
(7) 記憶せよ、どの国もその力は無限でない、したがってその政策は他国の力と利害とを尊重するものでなければならないことを。
(8) 記憶せよ、アメリカ国民は真実に直面することができる、戦時には勇気と機略をもって、平時には常識と道徳的決断をもって行動することができるということを、その歴史を通じて示してきているということを。
(9) そしてとりわけ、常に記憶せよ、一国が他国と折衝するには、一つの指針、一つの思想基準、一つの行動規範、すなわち「国家的利益」によることが、ただに政治的に必要であるだけでなく、道徳的な義務であるということを。

今日の実践的課題に即してみると、(2)、(3)、(4)、、(9)がとくに重要であり、現実主義アプローチが如実に示されている。

問題の困難性は、(5)、(6)の要素をいかに考えるか、いかに位置づけるのか、いかに上記の現実主義アプローチとかみ合うのか、ということであろう。いや、それこそ現実主義アプローチなのだということは言えるかもしれないが、今日的課題として充分に再考されるべきことである。

それは次に述べることにして、われわれがつき合うアメリカにおいて、何故、このように道徳主義的アプローチが強固であるのかをあらためて検討しておこう。

アメリカ道徳主義的アプローチの伝統　アメリカが何故、その外交において道徳主義的な言葉で語るのか。それは

「十九世紀の大半、および二十世紀のはじめにおける西洋での物の考え方の一般的な思想季節によっている、と思われる」が、またアメリカの歴史における独特な経験からくる。そのアメリカの経験の特異性は先にもみた通りであるが、「アメリカが経てきた経験がまったく例外的な性質のものであったということ、十九世紀を通じてアメリカが世界的な紛争のいくつかの中心部から事実上孤立していたということ、およびアメリカ・イデオロギーがもつ人道的な平和主義と反帝国主義とである。」

こうしてつぎの二点――「ヨーロッパの伝統的な権力政治のいざこざから完全に隔離されていたという消極的な一面と、他国の容喙と征服を全然蒙ることなしにアメリカ大陸内の膨張によって、最も自由にして最も富める国家をつくりあげたという積極的な一面」がこの特異性をつくりあげた(19)。

すなわち、アメリカが独立した時、彼らはヨーロッパとは全く別の世界が始まり、ヨーロッパの権力政治から身を退くことだと信じた。

米西戦争にいたるまでの膨張は、実は征服なのであったが、自分(?)の土地で、インディアンをけちらすだけで済んだので、力の要素は目立たなくなり、それは人々にヨーロッパのように帝国主義的植民地獲得戦争ではなく「文明化のいとなみ」であり、「明白な運命であったのだという見方を植え付けた(20)」。

もち論、アメリカが権力政治とは別物だとする考えはアメリカがヨーロッパと離れているという地理的条件も影響したが、十九世紀大半を通じて、ヨー

モーゲンソー　Hans Joachim Morgenthau（1904−1980）国際政治学者。ドイツのコーブルグ生まれ、ベルリン、フランクフルト、ミュンヘンの各大学で主として法律学を学ぶ。1931年フランクフルト大学法学部助手となって学究生活に入るが、同年ジュネーブ労働裁判所長官代理に任命され、33年までその職にあった。32−35年にはジュネーブ大学政治学講師に就いており、それ以降の政治学研究の出発点になった。34−36年はスペインのマドリッドにある国際経済研究所教授であったが、折からのナチの圧迫を逃れてアメリカに渡った。その後、いくつかの大学に職をえたあと、43年に国籍を取得しシカゴ大学に移籍し、長くシカゴ大学教授をつとめた。また、49年、51年、63−77年には国務省顧問として、アメリカ対外政策について助言する立場にあった。61−65年には国防省顧問も務めた。

ロッパ、アジア、アフリカでの力の闘争をアメリカは観衆として眺められたので、民主政治が確立されていつかはあのような権力政治の幕は下りるのだという見方がまるで、神が与えたまい、自らも選んだ恒久的条件であるかのように信ずるようになってしまった。

「そしてこの最終目標への到達を促進することがアメリカの一つの使命なのだ、と考えられてきた。歴史を通観してみて、合衆国がうけた天命はたしかに反軍国主義的、自由人的な考え方で理解されてきている」(21)ということであり、これがヨーロッパ諸国とは異なる重要な点である。それは米西戦争を転機として右の考え方を捨てなければならなくなった時も、そしてそれ以降もまだ残りつづけたことは確かである。それは先述したごとく、権力政治から離れて、すなわち、「人民の政府が永久的に権力政治を追放した、自由な、平和な、そして繁栄する世界という理念は、たしかにアメリカ的経験というものが生み出した自然の産物であったといえる。さらにまた或る意味においては、この理念こそは十九世紀を通じて西の世界を風靡した一般的な哲学を何よりも雄弁に且つ徹底的に表現しておった」のである(22)。

そしてこの哲学は、「一つは国際的な舞台での権力闘争というものは、歴史のたんなる偶発事にすぎないものであって、しかもそれは本来非民主的な政府と不可分のものである。したがって、世界中で民主主義が勝利をかちえれば自然に消え去ってゆくべき運命のものだということである。いま一つは、したがってまた、民主的な国家と非民主的な国家との間の闘争は、互いの利益のための権力闘争としてではなく、善と悪との闘争であり、善が完全なる勝利を占め悪がこの地上から一掃されることのみによってのみ、はじめて終結することのできるものだと考えられている」のである(23)。

国際関係におけるこの哲学は、十九世紀の国内政治の発展、すなわち、貴族政に代わる中産階級の抬頭と、政治支配に代わる経済構造の形成、経済依存システムの発展という事実に基づいていたのである。「このようにして、権力政治にまきこまれるということは不可避的なことではなく偶然によることであり、諸国民は権力政治と、もう一つの種類の対外政治、すなわち道徳的諸原理に合致し権力欲に汚されない政治との、二者択一をみずから択ぶことができるのだという信念を支持するにあたって、西欧諸国のどこの国にも類のないほどのつよい確信と執拗さとを示したということは、まことに偶然ではない。[24]」

このようにアメリカ対外政策が、その独立当初におけるユニークな経験と、その後の拡大における地勢文明的特徴と、そして十九世紀〜二十世紀の政治思想の発展にも影響されて、極立った確信をもつ理念になっていったのである。

しかしながら、それはその通りに実現することはむしろ稀であり、そこに失敗と挫折を経験していくというのが、モーゲンソーの解釈である。

現代の変化は考慮されなくてよいか　国際間においては、国内におけるように依拠すべき道徳が共有されてもいず、またそれを守るべき国家を越えた主体も存在しない、というのが、モーゲンソーの現実主義の主張の拠ってたつ基礎である。

まことにその通りであろう。しかし時代の進展はまた別の飛躍的といえる基盤変化をみせているのではないか。それを確認したうえで、新しい次元における現実主義をつくり出す必要がありはしないか。

第一点。モーゲンソーの依拠しているのは、理論的にも実際的にも深くヨーロッパの権力政治《パワーポリティックス》の歴史的経験であるように思われる。

しかし、この場合、ヨーロッパの権力政治は相互に拮抗する、またかなり近接した国力をもつ国の間で成りたったものであること、それは王制ないし貴族によってになわれたこと、を知っておかなければならない。

これに対し現代は、まさに地球規模に拡がる影響力をもつに至った大国が形成されていること。大衆民主政治のもとで、外交固有の専一性、機密性、ゲームのやりとりといったことは、きわめてむつかしくなっていること。そして米ソの二大国が相対立する「政治宗教」の対決という形で、世界を二大勢力に分断したという実態がある。しかも新興国アメリカはこの権力政治の批判者として登場してきている。

その第二点は、主として経済活動の拡がりと国境を越えての相互浸透である。また交通・情報手段の画期的・飛躍的革新により、人間の行動と社会の活動が地球大に拡大したその結果、様々の活動の多角的な相互依存関係が形成され、また拡大・深化した。これにより相互の影響力の地球大の拡がりがみられる。このため、国際間の関係づくりのため新しい構想が必要となった。

第三点は、今日のこのような地球大の諸活動の拡がりの物的条件をつくり出した、第二次大戦とその結果のもたらしたものである。

それは具体的にモーゲンソーのこの著述の後に一層拡大して進展した冷戦構造の評価にかかることである。ソヴィエト「共産主義」帝国の膨張主義的政策は明らかに力による覇権拡大であったことは厳然たる歴史的事実として証明される。これに対抗するために、力には力をもってするアメリカの〝現実的〟対応が、アメリカの伝統的なイデオロギー的アプローチによって飾られ、また共産主義というイデオロギーに対抗するために自由や民主主義というイデオロギーが強調され、動員されたという歴史的事実は残るのである。(25)

この間、両者に過剰な反応があり、しかもそれが年とともにエスカレートしていき、当初はまだ存在した現実主義的対応の余地がどんどん除かれていき、そのため、このような方策をとろうとしても、つくられた体制が政策をしばってしまったという側面も無視できない。

国家的利益と道徳的原理――現実主義は越えなければならないのか　このように新しい次元での現実主義の組み替えが必要であるが、しかしなおその主張の真たるところは失われない。

モーゲンソーに再びもどろう。モーゲンソーは「国家的利益の道徳的尊厳性」という言葉まで使って次のように明言する。

政治的現実に基づく道徳的原則　政治と道徳の間をどのように関係づけるかは政治が道徳的行為を実現する力をもっているので、精妙な事項であり、それを規定する言葉は選ばれなければならない。

「がんらい道徳性によって政治を道徳化するということと、不道徳性を伴った政治的現実主義を、方程式でつなぐこと自体がそもそも無理なのである。われわれのとらなければならない選択は、道徳的原則と、道徳的尊厳性を欠如した国家的利益とのうちのどちらかを選ぶかというだけではなくて、政治的現実から遊離した一組の道徳的原則を選ぶか、それとも、政治的現実の上に立った一組の道徳的原則を択ぶかということなのである。[26]」（傍点筆者）

「政治的現実の上に立った一組の道徳的原則」、これである。

なお、また道徳的原理と国家的利益は相容れない対立物なのではない。モーゲンソーを道徳的原理を軽視するかのように理解すべきではない。すなわち、

「道徳的原理と国家的利益とを相容れない対立物と見る見方は、思想的に誤りがあるだけでなく、道徳的にみても有害である。国家的利益からつくりあげられた対外政策は、普遍的な道徳原理の啓示をうけた対外政策よりは、事実道徳的に卓れている。[27]」

また、外交政策のあり方を論じた後に次のようにもいう。

「一方の側に道徳性があり他方の側に不道徳性があるというような考え方のもとに、こういった論議が戦われてきているということを想い起さなければならない。そして政治的道徳化を道徳そのものであると混同し、また政治的現実主義を不道徳と同一視するというような対比の仕方は誤っているのである。[28]」

道徳一辺倒のもつ三重の誤り　このように「国家的利益を道徳主義の見地から誹謗する者は、知的な誤りを犯しているだけでなく、道徳的にも堕落したことになる」が、それは具体的にどういうことか。三つの過誤を犯すのである。

「道徳化一辺倒の行き方で対外政策と取組もうとすることは、三重の謬りを犯すであろう。第一にこの行き方は、国内社会で発達したけれども国際社会の諸条件には合わない道徳性という誤った観念で動くこととなる。第二にそれの実現の過程において、高めるつもりの道徳的価値そのものを、かえって打毀す羽目になる。第三にこの行き方は、道徳性と権力政治とを誤って対置せしめることから出発している。そこからしてすべての道徳的価値が自らの側にありと思い上るとともに、権力政治の理論と実際とに対し不道徳性の烙印を押すことになるである。[29]」

道徳的原理を国際政治の行動指針とする時の間違い

「道徳的原理への呼びかけを国際問題についての政治行動の指針とするときは、いつも、それが実現しようと意図している道徳的原理そのものをかえってこわす結果になってしまうものである。この呼びかけは、三つの異なった方法でなされうる。すなわち普遍的な道徳的原理が国策をおしすすめるたんなる口実として利用せられる。いいかえれば、道徳的原理は、前に述べたイデオロギー的な合理化および正当化の機能を果たすのである。道徳的原理は、国策という目的のためのたんなる手段であり、国家的利益にたいし普遍的な道徳的原理といった誤った威厳を附与するのである。道徳がこういう機能を果たすことは、偽善であり濫用である。それはマイナスの道徳的意義を伴うのである。(30)」すなわち、口実として普遍的原理が利用され、イデオロギーとして正当化され、国家利益に誤った威厳を与える。これこそ道徳をも損うものである。

戦争においてこのような仕儀を嫌という程みせつけられたのが今世紀であったが、それは今日もなおみられるとおりであるばかりか、それが使用される時ほど気をつけなければならないであろう。

国民国家を越えて道徳的原理が成りたつ国際社会は存在しない　国家的利益を越える道徳的原理が適用されるべきだと考える思考は、国家と国家の関係について決定的に誤った認識に基づいている。

国民国家の中では、守るべ基準が「生活体験と制度化された伝統によって、…だいたいの一致点というものが存在している。ところがこういう一致点は、諸国間の関係には存在しない。国民社会がその個々の成員にたいしてしているように正義や平等の具体的な意味を規定できるほど統合された国際社会というものが、国民社会の上位に存在しているわけではないからである。(31)」

「国民社会相互の関係の場合においては、事情は根本的に異る。この関係は、個々の国家の政治行動を律するに足るだけの具体性をもった普遍的な道徳原理によって統御されるわけではない。(32)」

このように、国民国家を越えて正義や平等の具体的中味を規定できるような統合された国際社会は、いままで試みられたし、今日も試みられてはいるが、それはきわめて不完全な、また無力なものでしかないのであって、われわれはこのような不完全な世界に住みつづけなければならないのであるから、国家的利益を守るということで道徳的なのだという立場・原則を忘れてはならないのである。

この意味でモーゲンソーは生きているのである。

しかもまた、ここで「国家を離れて法律も道徳も存在しない」(33)というホッブズの言葉の意味を探っているように、あるいは正義とか平等とか普遍的原理もその時の政治情勢に関係づけられた度合いにおいてのみ政治行動の指針たりうる、ということを強調しているのもかみしめて味わうべき言葉である。

道徳的十字軍イデオロギーの決定的な誤り　われわれの生きた時代は、いかに政治において一元的な道徳的原理が支配したか。

その故にいかに多くの血が流されたことか。それは国家間の関係におい決定的に間違った行動原理があったためではないか。それはイデオロギーの暴威である。

「対外政策において道徳的抽象論にむかって政治性をもった呼びかけをすることの不道徳性は、現代における道徳的十字軍という現象において、極点に達している。この十字軍に従う道徳主義者は、統合された国際社会がないために国家的な道徳価値と政治的利益との限界を超出するということができないので、われわれがすでにみたように、国家的利益を道徳的原理として、混同してしまう。しかるにそれは実は典型的なイデオロギーの作用なのである。さらに十字軍派は、それだけに止っていない。彼は、国家的利益を国際社会に反映させるという当然な要求だけでなく、全人類が具体的な政治活動をなすにあたり準拠すべき道徳基準を示すのだという政治的にも道徳的にも根拠のない要求をかかげて、国家的な道徳基準を国際社会にむかって投射するものである。こうして普遍的・道徳的な呼びかけを媒介として、国家的利益と世界的利益とが同一のものとなる。

十字軍をやりつつある国家ととって善とされることは、当然、全人類にとっても善なのだとされる。従ってもしも爾余の国家が、このような普遍的承認への要求を受け入れようとしないなら、それは砲火と剣でもって改宗されねばならぬとされるのである。[34]」

この行きつく先は、突発的世界戦争である。

こうしてモーゲンソーは、「現代において、合衆国はみずからの国家理性――われわれの国家的理解を表現する唯一のもの――にむかって摸索しているのである。……この期間［過去半世紀のこと］におけるアメリカの対外政策は、深く根をはった誤謬がその解放の、そして長きにわたって忘れられた真理の再発見の、緩慢な、苦痛をともなった、また不完全な、過程となっているのである[35]」として、アメリカ外交政策を手きびしく批判するのである。[36]

注

(1) G・ケナン『アメリカ外交五十年』(増補版、近藤晋一・飯田藤次・有賀貞訳、岩波書店、一九八六年)、訳者あとがき、二五四頁。

(2) フィリップ・ダービー『帝国主義の三つの顔――アジア・アフリカへのアプローチ　一八七〇～一九七〇』(岩村等・振津純雄訳、昭和堂、一九八九年)、とくに第八章「道義的責任Ⅲ」による。

(3) 二二七頁。

(4) 同　右。

(5) 拙稿「アメリカとは何か」(『日本の抬頭をいかに意味づけるか(2)』所収、一九八八年)。なお、ルイス・ハーツ『アメリカ自由主義の伝統』(有賀貞・松平光央共訳、有信堂、一九六三年)を参照のこと。アメリカを知るための必読文献である。

(6) ダービー、前掲書、二二七～二二八頁。

(7) 筆者もそのように思う。しかし他方、アメリカ人の卒直さ、開放的態度、真面目さは好きである。

(8) ダービー、前掲書、二二九頁。

(9) 同右。

(10) 同、二三四頁。

(11) 同右。
(12) 同、二三五頁。
(13) 同、二四二頁。
(14) 同、二四八頁。
(15) 同、二二四～二二五頁。
(16) 同、二二五頁。
(17) ヘルムート・シュミット『シュミット外交回顧録』(永井清彦・萩谷順訳、岩波書店、一九九一年)、下巻、八四頁。
(18) H・J・モーゲンソー『世界政治と国家理性』(鈴木成高・湯川宏訳、創文社、一九五四年／原著は一九五二年)、二四四～二四五頁。ただし文章頭記の番号は筆者が記した。
(19) 同、八頁。
(20) 同、一一頁。
(21) 同右。
(22) 同、一二～一三頁。
(23) 同右。
(24) 同、一三頁。
(25) 朝鮮戦争、キューバ危機、ヴェトナム戦争をとりあげても、その真相が明らかになってきた今日、冷戦の容易ならぬ対立構造を知ることができよう。そこにおける現実主義アプローチの可能性と有効性はまだ結論のでないテーマでありつづけるように思われる。
(26) モーゲンソー、前掲書、三四頁。
(27) 同、四〇頁。
(28) 同、三九頁。
(29) 同、三五頁。
(30) 同、三六頁。
(31) 同、三五頁。
(32) 同、三七頁。
(33) 同、三五頁。
(34) 同、三八頁。
(35) 同、四〇～四一頁。
(36) 本稿執筆後、モーゲンソーの主著『国際政治』(現代平和研究会訳、福村出版、一九八六年、原著初版は一九七八年)全三巻を通読し、すでにこれらの点の詳説と評価があることを知った。しかしモーゲンソーの基本的立場は、変っていないことも確認できる。その路線上に新しい次元の国際政治現実主義もやはり必要なのではないか。

第三部

第Ⅷ章　歴史を生きる——過去、現在、そして未来
（K・ヤスパースの所説に依拠しつつ——一つの総括）

はじめに——ヤスパース再評価の四つの理由

いままでわれわれの生における歴史認識について長い放浪《ワンダリング》を行ってきた。ここで一つの総括を行う必要がある。その際、**カール・ヤスパース**の深い思索がある。何をいまさらという人がいるであろうが、ヤスパース哲学は次の点で今日のこの時代に再評価されてよいのである。

まず、第一に世界史の統一、あるいは人類の統一を一貫して説く時に、ヤスパース独自の発見である人類の「枢軸時代」をすべての出発点として、これを規準としていることであり、これは正しいスタートであると思われる。

つぎにヤスパースがここで論じてきた歴史哲学者と異なるユニークさは、狭義の文明哲学にとどまることなく、西洋文明における科学技術の重要度を評価したことであり、これはここでの筆者の立場と合致する。

もう一つのユニークさは常に西欧の優位を説きながらも、東洋の哲学、生の知慧へ深い理解と共感を持ち、東洋のもつ人類史的意味について常に深甚な価値づけをしていた、ということである。

しかし注意しなければならないことは、東洋について理解を示す時、それを人類の未来のために単純に西洋と融合することができるとは考えなかったことであって、ここに現代世界文明の深い亀裂の谷間をみていたということ

である。

しかもなお、第四に歴史の、つまり人類の普遍性と統一性を願い、それは本来的に人類に備わっているものとの立場を持ちつづけた。このため、人類の未来を少しでも定かにするために、その精神的状況を、すなわち歴史的にみて、あるいは人間活動の多くの側面について全般的に論じたのである。

以上四点についてカール・ヤスパース『歴史の起源と目標』に拠って、その所説をみていこう。

1 「枢軸時代」の意味

人間存在の根本を問う精神的創造の時代

人類のこれからの文明のあり方を展望する時、再び人類の歴史にたちかえってみる必要がある。それはまず「枢軸時代」の提言である。

これは、紀元前八〇〇年～二〇〇年の間の殆んど同時期に「われわれが今日に至るまで、そのような人間として生きてきたところのその人間が発生したのである。この時代が要するに《枢軸時代》と呼ばれるべきものである。」

「この時代には、驚くべき事件が集中的に起こった。シナでは孔子

ヤスパース Karl Jaspers（1883−1969）ドイツの哲学者。北西ドイツのオルデンブルグに生まれる。最初はハイデルベルグとミュンヘンの両大学で法学を学んだが、1902年に医学に転じ、ベルリン、ゲッティンゲン、ハイデルベルグの大学で医学を学び、1908年ハイデルベルグ大学精神科臨床助手となり、翌年医学の学位をとる。ついで心理学の教授資格をとり、私講師として心理学の講義をはじめる。つづいてウエーバーの死を契機に哲学を志し、22年哲学正教授となり、現代の実存主義哲学の礎石を築いた。32年哲学主任教授に就任するが、33年ナチスにより大学運営参加から締め出され、37年ユダヤ系のゲルルート夫人との離婚勧告を拒絶して教職を追われ第2次大戦中は沈黙を強いられた。戦後も夫人にたいする偏見がつづき、48年スイスに移住、バーゼル大学哲学正教授になる。本著で引用した『歴史の起源と目標』は1949年の作である。

と老子が生まれ、シナ哲学のあらゆる方向が発生し、墨子や荘子や列子や、そのほか無数の人びとが思索した、——インドではウパニシャッドが発生し、仏陀が生まれ、懐疑論、唯物論、詭弁術や虚無主義に至るまでのあらゆる哲学的可能性が、シナと同様展開されたのである——イランではゾロアスターが善と悪との闘争という挑戦的な世界像を説いた、——パレスチナでは、エリアからイザイアおよびエレミアをへて、第二イザイアに至る予言者たちが出現した、——ギリシャではホメロスや哲学者たち——パルメニデス、ヘラクレイトス、プラトン更に悲劇詩人たちや、トゥキュディデスおよびアルキメデスが現れた。以上の名前によって輪郭が漠然とながら示されるいっさいが、シナ、インドおよび西洋において、どれもが相互に知り合うことなく、ほぼ同時期にこの数世紀間のうちに発生したのである。(1)」

このようにいまから二千数百年前に「今日に至るまでの全人間史を規定するほどの、途方もなく貴重な精神的創造」がほぼ同時期に生起したのであるが、これは何をもって特徴とするか。それは人間存在の根本を問い質したということである。

「この時代に始まった新しい出来事といえば、これら三つの世界全部において、人間が全体としての存在と、人間自身ならびに人間の限界を意識したということである。人間は世界の恐ろしさと自己の無力さを経験する。人間は根本的な問いを発する。彼は深淵を前にして解脱と救済への念願に駆られる。自己の限界を把握すると同時に、人間は自己の最高目標を定める。人間は自己の存在の深い根底と瞭々たる超在において無制約性を経験する。(2)」

もち論、歴史研究の立場からすれば、ほぼ同時代とは相当の開きがあること、本当に相互に無関係であったのかどうかの確証はないこと、例えそれを認めるにしても、何故この時期にといった原因はいまだよく分からない、など疑問も多々ある。しかしそれが今日まで人類に大きな影響力を持ちつづけたという事実は厳然と存在するのであり、その故にヤスパースによるこの歴史的事実の指摘とその意味の問いかけはあらためて光が当てられるべきである。

問題はその意義であるが、それについて、「むしろわれわれがこの事実の作り出すもの、この事実からわれわれ自身の血肉と化すもの[3]」を問うことであるとし、ヤスパースは次の三点を指摘した。

枢軸時代の現代的意義

(a)　全人類に共通する何ものかの獲得

枢軸時代の事実を見て取ることは「信仰のあらゆる相違を越えて、全人類に共通する何ものかを獲得することである。（中略）自己の意識を他者の意識と結びつけながら、あらゆる他の人間との根拠との交わりのうちで歴史の統一を考える」ことである。この意味で「紀元前八〇〇年から二〇〇年までの数世紀について、この時代こそ、経験的に理解できる、あらゆる人間にとっての世界史の軸である、といえるのである。」そのため、歴史の統一を「もっぱら自己の根拠から信仰的に眺め」てはならない[4]。この意味でキリスト教的啓示信仰のみに依拠してはならない。

「あらゆる人間を結びつけるものは、啓示ではなくして経験でなければならぬ。啓示は歴史的に特殊な信仰形態であり、経験とは人間たる限りの人間に知られうるものである。われわれすべての人間は、枢軸時代において人間が至るところで変革を示した事実について、知識をともにしうるのである。枢軸時代は普遍史の基礎となり、精神的にあらゆる人間を枢軸時代につなげるという意識に引き込んだと断ずべきである[5]。」（傍点筆者）

枢軸時代の意義を説く第一項に、このこと――キリスト教への限定づき評価が入ったことの意味は、西欧優位思想の批判をすでに含んでいるのではないか。つまり精神の革命が相互に全く接触なく行ったことが「人類の普遍史の基礎」(6)となるという指摘である。示唆深いものがある。

(b) 無際限の交わりの促進

やはりそうであった。そのため西欧独占思想を克服するために無際限の交わりを説くのである。

「枢軸時代には三通りの歴史的に変わった足取りが存在するのであるから、思えばこの事実は、無際限の交わりを促しているかのような観がある。他者を顧み、理解することは、自己自身をあきらかにし、おのおのの自己閉鎖的な歴史性の可能なる狭さを克服し、拡がりへと離脱するのに役立つ。思い切って無際限な交わりに踏み込むということが、われわれに近づきえぬ先史的過去においての人間生成とは別個な、われわれ自身においてもう一度改めて行なわれるべき人間生成の秘訣なのである。(7)」

「真理独占の要請、この手段としての狂信、人間的傲慢、権力意志による自己欺瞞、ことさらには、もろもろの教義的哲学やいわゆる科学的世界観のごとき、あらゆる俗化した形で現れている独占の要請が西洋に及ぼした害悪、このようなものはまさしく、神は歴史的に幾通りもの姿で現れ、神への道を数多く開いた、という事実によって克服可能となる。(8)」

(c) 枢軸時代は後世の一切の規準なのではないか

「この時代ならびにこの時代の創造物が、後世のいっさいに対する規準であろうか? かりにわれわれがこの時代の政治的事件の影響力の大いさや空間の広さを考慮せず、幾世紀にもわたってこの時代の精神的現象に与えられる優位を無視するとしても、枢軸時代の諸現象にみられる峻厳な偉大さ、慣習の蒙昧を脱却した独特な明確さ、心ばえの深さ、新たな精神的世界への飛躍の遠大な射程距離等々は、今日までの歴史の精神的絶頂を意味するといってよいのではなかろうか?(9)」

人類はこの時代以降精神的には進歩していないのではないか。

「この問いを機械的に肯定することが誤りであるのはたしかである。後世のものは事情はどうであれ、昔のものの未だ存しなかった、新しいもの特有の価値、独自の豊かさ、洗練された気高さ、魂の深化とかを、特に《例外者》の形で所有している。歴史とは決して、自動的に結論が出てくるような普遍的な観念によって、簡単に優劣を決めうるものではない。しかし枢軸時代を把握すると、上述の設問が出てくるし、しかもおそらく、後世のものにとっては不利な、枢軸時代の優位という一方的な判定が出てくるのである。[10]」

非常に慎重ながらやはり優位を認めざるをえないのがヤスパースの立場である。

以上紹介したヤスパースの「枢軸時代」意義論は、ある意味で意外な内容といえる。より根源的に人間存在の自己発見というべきこの内容についてその意義を問うているかと思えば、そのような評価はむしろ簡単に済ませ、その人類史上の分水嶺を指摘することでとどめている。すなわち、数千年の古代高度文化が存在したが、そこでは「人間がなお真の自覚に到達していない[11]」のであり、人類はこの（枢軸）時代に実現され、創造され、思惟されたものによって……今日に至るまで生きているのである[12]」。こうして「ここから世界史は、唯一の構造と統一性を獲得し、それを維持し、あるいはともかく今日まで維持してきたのである[13]」として、明確にこの時代に人類史の分水嶺を引くのである。

そして上記(a)〜(c)の意義論は、いきなり今日的意味をもって語られているのである。しかも人類共通の普遍的な何物かを見出さなければならぬという問題意識がここにはある。すなわちまず第一に(a)キリスト教の啓示信仰による超越的歴史――「創造、堕罪、啓示の諸段階、予言、神の子の出現、救済ならびに最後審判という過程」――という考え方でのみ歴史の統一的把握をなそうとすることを、いさめるということに何よりも意義を見出しているという示唆的な立場にたっているのである。[14] この立場はわれわれの立場にとっても正しく、また今後の人類の未来を語る時に絶対に忘れてはならないのであって、第二の指摘(b)は一層その意味を強めて語っているといえよう。

意味の第三(c)は、また別の次元にたって、人類の越し方、行く末を展望するものであり、それはペシミスティックでさえあるが、後にみるように科学技術時代に、第二の「枢軸時代」の意義を認めないヤスパースの立場を示しているのである。

この意味から人類の未来は容易ならざるものがあるということができよう。

2　西洋の特異性——その隆起についての九つの説明

つぎに第二の問題に移ろう。科学技術を始めとする西欧の隆起は何故みられたのか、それは何に起因し、いかなる特徴をもつのか。以下のヤスパースの説明はかなり包括的であり説得的である。

すなわち、科学と技術を生み出した「ゲルマン・ローマ的諸民族」は「真に普遍的な、全地球的規模での人類史を開始した」が、それでは「何ゆえこれが西洋において起り、他の二つの大文化圏では起こらなかったのか」、かつての枢軸時代はどういう意味をもっていたのか。「西欧においては、おそらくすでに枢軸時代において何か独特な因子があって、それが最近数世紀になって始めてこのような効果を挙げたのであろうか？　ついには科学として発現したものが、すでに萌芽の状態で枢軸時代に含まれていたのか？　西洋だけに特異な因子があったのであろうか？これが問題である。「この原理はとらえられない」が、いくつかの点は指摘できる、[15] として次の諸点を挙げる。

(1)　地理的特徴…西洋は中国やインドの閉鎖的大陸的地域に比べると、半島・島嶼、荒地域・緑地帯・地中海対北方アルプス・長大な海岸線など、おびただしい多様性があり、これにより歴史や文化の指導的役割を交替させてきた。

(2)　政治的自由……ギリシャにおいてギリシャしか自由が発生しなかった。「自由な人間たちの誓約に基づく団結が、利をもって国民を詐わる全体主義組織の全面的独裁に抗して、確実な地歩を占めた。[16]」この一条の光が西洋史を貫いている。「自由な国家形成がギリシャ精神を成立させ、そして又、人間の途方もない好感と危険を作り出したのである。[17]」

(3)　合理的精神……「何らとらわれた定見をもたない合理的精神は、万人がいつでも納得せざるをえぬほどの、首尾一貫した論理的思惟ならびに経験的事実の有する説得力に対して、開かれている。すでにギリシャの合理的精神は、東洋に対比して論理的一貫性という特徴をもち、これが数字を基礎づけ、形式論理学を完成したのである。中世の終わりとともに始まった近代の合理的精神は、東洋とは完全に別物になった[18]」。この合理的精神は科学研究、政治国家の支配、市場経済と資本主義の生成にも決定的な役割りを果している。

(4)　個人として自己が存在しているという自覚……「個人として自己が存在しているとの内面的な自覚は、ユダヤ予言者たち、ギリシャの哲学者たち、ローマの政治家において、無制約性の永遠の規準を達成する。[19]」これは後に自然法思想としてよみがえるものであるが、あたかも人間が創造者であるかのように、強い自我と個人を生みだし、支えたと思われる。

(5)　向上を求めて世界の形成へ、あるいは理念を通じて現実を高める……すなわち、「西洋人にとって、現実にあるがままの世界が、いつでも回避しえないものなのである。

西洋はいかにも他の偉大な文化と同じく、人間存在の分裂、すなわち一方での野生のままの非精神的生活と他方での没世界的に神秘主義、――一方での人非人と他方での聖者というものをわきまえている。しかし西洋は、このような分裂の一方に偏する代わりに、世界の形成そのものにおいて向上を見いだそうと試みる。あるいは、真なるものを理想の王国に眺めるだけでなく、それを実現する、すなわち、理念を通じて現実そのものを高めよう試みる。

西洋は、世界を形成すべしとの要請を、名状しがたい感動をもって肝に命じている。西洋は世界の実相の意味を感じているが、それは無限の課題たるを告げている。すなわち認識、観想、実現を、世界そのものの中で世界に基づいて行うという課題である。世界は飛び越えられない。世界の外ではなく、世界の中で、西洋の人間は自己を確証するのである。[20]」

(6)「普遍」の突破、その故に絶えざる動揺がある……西洋も普遍者をもっているが、これを固定ないし凍結しなかった。「階級制度《カースト》に縛られた生き方にも、天命とか宿業とかの宇宙の理法に諦めを見い出す生き方にも凝結させなかった。[21]」

このようにして「西洋は例外者に活動の余地を与える。西洋はしばしば絶対に新しい生き方や創造を受け容れる。――ただし後にはそれらは全く徹底的に否認されるかもしれない」のであるが。このため西洋は人間存在の絶頂にあるが、「たえざる動揺、たえざる不満が根差し、何らかの完成に満足することができない理由があるのである。[22]」

(7) 聖書宗教の独占的地位、その結果として極端に進む……「自由ならびに無限に流動的な精神と対照的に、西洋は反面では、回教《イスラム》をも含む聖書宗教において、信仰の真理の独占的要求ゆえに極端なものごとを展開している。このような要求がそのままそっくり、歴史を一貫する原理として登場したのは、ここ西洋のみである。[23]」

いわゆる、一神教の支配であり、またその故の強さであり、また上記(5)とともにこの世界（此岸）における進歩の思想となる。

これは「結果としては、このような要求のエネルギーがたしかに人間を高めたということ、……あるものの支配欲は、他の形態での同じ要求と衝突することによって、単に狂信を生み出しただけではなく、とどまるところを知らず先へ先へと問いつめる動きを生み出したのである。[24]」

こうして「一方的に支配が成立せず、国家と教会がともに、（ただ時折妥協の必要から放棄されるにすぎない）全体的要求をもって角逐し合ったからこそ、おそらく不断の精神的政治的緊張によって、西洋には高度の精神的エネルギー、自由、たゆまざる探究、発見、広汎な経験が生み出されたのである。これは、ビザンツからシナに至るまで、あらゆる東洋の帝国が統一性を具え、比較的にいって緊張を欠如していたのと著しく相違する点である。[25]」

(8)　あれか―これかの選択という決意性……以上のような西洋世界では「緊張が極限にまで高まらざるをえない。

従って、物事を究極まで追求し、解明の限りをつくし、あれか―これかの選択にかけ、従ってもろもろの原理を意識させ、魂の最も内奥の戦いに奮い立たせる、こういった決意性が西洋に特有な態度をなしている。この決意性は具体的に歴史的緊張において現れているが、西洋において活動しているほとんどすべてのものが、この緊張の中に巻き込まれている。例えばキリスト教と文化、国家と教会、帝国と諸国家、ローマン系国家とゲルマン系国家、カトリシズムとプロテスタンチズム、神学と哲学との間の緊張に、これをみることができる。絶対的な永遠不動な場所はどこにも見当たらない。おのれの絶対性を要求するや、誰れであろうと、ただちに疑いの眼でみられているのを思い知るのである。[26]」

(9)　独立した人格の存在、人格的愛、そして自己徹照の力……以上からして、西洋においてのみ独立した人格が豊富多彩に輩出したこと、さらに人格的愛、そして「決して完結してとどまることのない無際限の自己徹照の力である。ここに、開かれた魂、無限の反省、精神の内面性という規準が発生、こういったものにとって初めて、人間同志の交わりの完全な意義や真実の理性の地平が、輝かしい姿を現わしたのである。[(27)]」（以上の傍点は原文のまま）

一つのことが特段に突出している、あるいは優れているとなると、すべてがそのようにみえてくる、という人間の認識の偏向があり、右の記述もそれを免れているとはいえまい。例えば地理的特徴がそんなに多様であるか、例えあったとしてもそれが本当に条件であるといえるのか。あるいは西洋のみが人非人と聖者をわきまえて、人間の向上を思い出そうとするのか。不断の緊張と高度の精神エネルギーは東洋を越えていたといえるのか。自己徹照の力によって西洋のみが輝かしい人格を輩出したのか。これらはひとつひとつ充分に反論が可能であろう。また反論の仕方としては、右の表現にあるような言い方ではなく、同じことでも、その内容が異なるのだというように考えるべきことであろう。

しかし、少なくとも一七世紀以降の西欧の抬頭が、またその前段の歴史である一五世紀以来の世界への拡張が、右にあげられているような特徴をもって顯現したことは否定しえないところである。

それはまさに悪も善も伴っていたのであり、そこにみられるエネルギーとパワーがどこからくるのか、その特質は何であるのか、を包括的に説明したものとして、このヤスパースの記述を是非ともここで紹介しておきたいのである。

3　アジア——人間存在の本当の根源——への想い

ヤスパースはこのように西欧のつくりだして巨大な業績を認知しながら、しかしその胸底にしのび寄る失われたものへの、深い想いを繰り返し述べ、これを東洋に求めるのである、それは「人間存在の本当の根源」と称するものである。

アジアに存在する本質的なもの

「しかしわれわれが、ヨーロッパのあらゆる優位にもかかわらず、西洋から何が失われてしまったのかをたずねる時、初めてアジアはわれわれにとって重大な意味を帯びてくる。われわれに欠如しているもの、われわれにとってどうみても本質的にかかわりのあるものが、アジアに存在するのである！　ここからわれわれ自身の魂の奥底にまどろんでいる問いが、われわれの意識に浮かび上ってくる。われわれは、われわれが生み出したもの、なしとげたもの、なったものの代わりに、何かの犠牲を支払ったのである。決してわれわれは、完成されつつある人間存在の途上にあるのではない。アジアはわれわれにとって不可欠の補足なのである。われわれは、われわれが何であるを、われわれが再確認することにより、自分の側から理解するほかはないにしても、それでもおそらくわれわれは、われわれの魂の中の深く埋もれ隠されているものを、再確認はできるだろう。このものは、さしずめ、異質的と思われるアジアを鏡とせずには、決して気づくに至らないほど深くわれわれに埋もれ隠されているのである。われわれの中でまどろんでいるものが、アジアにおいては開花しているのであるから、その点われわれ自身の視野を拡大することによって、われわれの中に埋もれているものがわかるであろう。この際例えばシナやインドの哲学史は、西洋にも見いだされるものが余計に別に存在しているというような対象ではなく、興味深い社会学的因果関係を研究するひとつの現実につきるものでもない。そうではなく、それは直接われわれ自身にかかわる問題なのである。それというのも、シナやインドの哲学史は、われわれが実現しなかった人間のもろもろの可能性についてわれわれに教えるところがあり、そして又、われわれは現実にはそれではないが、しかし可能性からいってそれでありうるところの他の人間存在、すなわちと接触させるからなのである。(28)」(以上、傍点は筆者)

東西の架橋は可能なのか

内容的には何も敷衍することはないが、この文章から、今日の筆者の問題意識——日本の発信をいかに行うか——に立って何を汲みとり、何を新たに追加すべきであるか。

(1) 近代ヨーロッパ文明が、完成された、万全のものではなく、その故に絶対妥当のものではないこと。アジアには「不可欠の補足」、「掛け替えのない人間存在の、本当の根源」がある。

(2) しかし本稿の立場からして重要なことは、このことの確認もあるが、それよりもヨーロッパとアジアの結びつき方である、それはヤスパースも明言していないのである。

本当に両者の調和ある発展は可能なのであるか。アジアはヨーロッパからみて「不可欠の補足」でしかないか。そのような理解の仕方自身が問われるべきではないのか。これこそ二十一世紀を迎える人類の課題であるといえるが、それは誰も描き切ってはいない。いやむしろ描き切れるものではないとさえ考えられる。

なぜなら、まず近代を切り開いたヨーロッパ文明は人類文明の発展の一つの極を為しているが故に、それは存在しえ、そして巨大な影響力を世界に及ぼしたのであるから、いくらインドや中国の哲学が、人間存在の根本を問うていることで西欧を越えているといっても、それも他の一つの極なのであり、その両者は歩み寄り相容れるということは決定的にむつかしいことなのではないか、ということである。

筆者にはどうしてもそれは二つの極であり、お互いは誘引し合ってはいるが、永久に交差し、融合することはないのではないか、と思われる。その故にこそ両者はこの世に存在しえているのである。

この根本的な問題の提起——疑念は、究極のところ人間存在そのものの不条理からくるのであって、それを相補うとか、融合するとか、は言葉はキレイだが、達成されざるものと考えねばならないのではないだろうか。

それは宗教のみがなすことができる。すなわち救済の切なるねがいのみが為し得る、彼岸の世界であるように思われる。

4　仏教とヨーロッパとのへだたり

そこでヤスパースの仏教についての理解をみておこう。

ヤスパースは別に仏教について研究を行っているが、例えば、その一部を引用しよう。

「仏陀は、人間の積極的な可能性を、捉えず・執らわれず・逆《さか》らわずして救済を得るというただひとつのことに限っているから、世の中におけるなんらかの建設・世界形成は、もはやふかい意味をもちえなくなる。現象へ立ち入ることによってゆたかになる歴史的に充実した生も、限り無く前進する科学的知識欲も、一回的な愛の歴史性も、歴史的《ゲシヒトリヒカイト》な埋没にたいする責めも、もはや意味をもたなくなる。[29]」（傍点は筆者）

その通りである。それであるが故に、この世から距離を置き、この世に仮の姿しかみなくなるのである。この思想が、この世の充実とどこで交わりあうのであろうか。交わり合ったらば、それは虚偽ではないのだろうか。われわれは毎日、この虚偽の生活をしているのだろうか。まさにここに根底的な問いがあると思われる。しかもそれはあらゆる生の世界現象に対する時に、われわれに突きつけられる問題でもあるのだ。

これに深入りしていくと先に進まない。ここでは両者の間に深い淵が存在するのだという問題を指摘して次に進もう。

このような仏陀の教えからして、「《根源的な哲学としてはなにがのこるのか？》仏教の世界において、神的なものにかんする形態的にしてゆたかな直感——これは詩や芸術としてわれわれの眼前に雄大な姿を現している——を涅槃《エルバーナ》に先行させるような変化が生じたが、この変化に面して次のごとき問いが生まれる。いったいそのことはやはり仏陀と関係があるのだろうか？　その答えはこういってよかろう。神々の世界、無数の儀礼・祭祀形式、さまざまな制度・宗派組織、それに自由な僧団—これらのうちには、哲学的な根源からいって、やはりひとつの残余が、すなわち、その第一の崇高な実現から光を発し、もっとも原初的な形態にまでいたる精神的な諸力のなにものかが、感得される、と。それは帰依のもつ不思議な力であり、永遠なるものへ吹き消える場合〔入涅槃〕の形式である。またそれは、生きとし生けるものと共なる、あまねき憐憫《れんびん》の情・歓喜の情としての仏教的な愛であり、かの非暴力の態度である。アジアにはほとんどいたるところに、おそらく忌《い》むべきことどもが生起したし、また現実に生起しているにもかかわらず、慈悲の光はあまねく満ちているのである。仏教は暴力も、異教徒の迫害も、宗教裁判も、魔女裁判も、十字軍も伴わない唯一の世界宗教となった。[30]」（傍点筆者）

すなわち右の文は前半において仏教の様々の形式のもつ役割を述べ、後半においてそのもつ意味をヨーロッパと対比している。この後半の指摘がことのほか重要であろう。

そして、このような仏教のもつ非暴力の態度の、根本的な特性を西欧の思想の枠組みを念頭に置いて次のように述べる。

「仏教においては、哲学と神学、理性の自由と宗教的権威のあいだに、決して分裂がなかったという点を、かかる思惟の根源的な本質の一つとしてあげることができる。これらの区別は問題となったことがない。哲学そのものが宗教的な行為であった。知識《ヴィッセン》そのものがすでに解脱・救済であるという根本命題が、あくまで妥当する。[31]」

仏教において哲学と神学、理性の自由と宗教的権威の間に分裂がなかったのだ！！知識も救済のために存在した。ここに仏教徒の平静さがあるのであり、哲学そのものが宗教的行為として人の世の苦からの解放と救済をめざすものであり、そのために知識がある。こうして人間の思索と願いのすべてを統合し、統合という形で仏教はこの世を飛び越えてしまっているのである。

ここにあるのは人がこの世に生きていくことの一つの、しかしほぼ完全なまとまりなのであり、これによって救われれば人はこの世であらゆる悲しい分裂の憂き目をみないで済むことができるのである。こうして、

「世界はあるがままに放置され、仏陀はこのただ中をゆき、しかも、一切のもののための改革を考えることをしない。かれの教えは、世の中から脱することであり、世の中を変えることではない。『可憐な白蓮《びゃくれん》が水の汚れにそまないごとく、わたしも世の中のよごれにそまない。[32]』」

しかし問題はここでとどまらない。数々の分裂を——すなわち哲学と神学、理性と権威、知識と宗教、これらの産物としての変化と平静、進歩と定着、欲望の限りない拡大とつねならざる不満を——経験しているこの人類はどうすればよいか。

「仏陀と仏教はわれわれにとっていかなる意義があるか？」を問うてヤスパースは次のように述べる。

「われわれは一瞬といえども《へだたり》を忘れてはならない。仏陀における洞見《どうけん》を成立させる条件は瞑想の実修であり、世間のさまざまな責務をさけて世間にたいして無関心な生活態度をとることだからである。……（中略）……仏陀と仏教において、われわれとしては湧出《ゆうしゅつ》させることのなかったひとつの泉が、渾々《こんこん》と湧き

出ていることを、そしてそこに理解の限界があるということを、決して忘れてはならないのである。われわれは並々ならぬ厳然たる《へだたり》のあることを認め、安価ですみやかな接近はこばまねばならぬ。われわれが仏陀の説いた真理に根本から関与するようになるには、われわれの現在の在り方がまったく変ることが必要であろう。この相違は、論理上の立場の相違ではなく、生のあり方そのもの、思惟方法そのものの相違なのである。[33]」

このように西欧の観点からみて生のあり方そのもの、思惟方法そのものの相違を認め、そこに理解の限界があることをこのように率直に指摘した言葉を他に知らない。

人間の実存を見つめた哲学者の故に為しえたことであろうが、現実のわれわれ思考方法として、この指摘は当たっていると思うし、あらゆる文化の理解においてここまで下りてみる必要があるのである。

しかしさらにここでとどまることはできない。

「しかし、《へだたり》のゆえに、われわれはおなじく人間であるという考えをもうしなうにはおよばない。いずこにおいても、あいかわらぬ人間生存の問題が問われるのである。ここに、仏陀によってひとつの偉大なる解決が見出され、実現されている。これを知り、力のかぎり理解することが、われわれに負わされた課題である。[34]」

西欧の重い課題がここにある。それでは本当に理解に到達できるのか。

「われわれ自身がそれでないもの、われわれ自身が実現しないものをどれだけ理解できるかが、そのさい問題である。性急さを避け、理解は終局にまでいきつけるものとおもいこむ臆断を避ける場合には、かぎりなく接近するという形で右の理解が可能になることを、われわれは求める。理解においてわれわれは、ふかくとざされたわれわれ自身のもろもろの可能性をはっきり自覚し、また理解を通して、われわれ自身の客観的な歴史性のみを唯一真なるものに絶対化することを、禁じるのである。[35]」

この最後の言葉は、仏教のもつ重大性を先述の「不可欠の補足」以上に認めているものであるが、西欧がそれに到達するには限りない努力が要ることを述べているのである。

仏教は「生と死をこえて永遠のすみかを見出している……。たとえば神秘主義でいう諦観や世界超脱、悪にさからわぬイエスの態度など、〔仏教に〕類似してみえるものが西洋の側から立ち現れても、いっこうにかまわない。西欧において端緒・契機であったものが、アジアでは全体になり、したがってまったく別個のものになっている。[36]」

そうであればある程、お互いに本当に歩み寄ることができるのか。

「それゆえ、のこるところは他に対するいらだたしい緊張関係である。それは、個人としての人間と人間の関係、大きくはひとつの精神的共同体と他の精神的共同体との関係にひとしい。（中略）それにもかかわらず、ともに永遠の最中《さなか》へと関係づけられたい要求がなおもやまず、そのため、理解の度をまそうとする試みがたえずくりかえされるがゆえに、最後の最後までこのような《へだたり》を承認したがらないことがある――アジアと西洋の間柄は、まさにこのようなものである。[37]」

ここにあるのはアジアへの熱い想いである。しかし、にも拘らず……と西欧の「知性」は踏みとどまる。人間の存在の本質理解とそれへの架橋への永遠の願いである。まさにアンビバレントの関係を指摘してこの著、「仏陀」は終っているのである。

5　第二の枢軸時代は来るか

さて以上の考察をしておいたうえで、冒頭に記した人類の枢軸時代の顕現の問題にもどって、いよいよ現代において第二の枢軸時代は来るのかを問うてみよう。

ヨーロッパの抬頭は枢軸時代とはいえない

まずヤスパースは近代や現代のヨーロッパの輝かしい抬頭を第二の枢軸時代とは認めていないようである。科学の発展、地球上の拡張、世界支配という巨大な流れや「科学や技術の光彩を失わせるような一五〇〇〜一八〇〇年のヨーロッパの精神的な創造……は二千五〇〇年前の枢軸時代との比較を挑んでいる(38)」。しかしヤスパースは枢軸時代との違いは大きいとする。次の言葉がある。

「相違には顕著なものがある。第一の枢軸時代の各世界に見られた純粋と清澄、天真爛漫と新鮮溌剌、こういったものはもはや二度と繰り返されない。何ごともきびしい伝統の影に立ち、邪道への足取りをたどること、あまりにもはなはだしい。こういった邪道から、それに抗らうかのように、かの偉大な人びと、孤高の人びとは、彼等のはなはだ驚嘆すべき目的達成の道を発見するのに成功しているのである。しかしその代わりとして、第二の枢軸時代は第一のそれがもたなかったもろもろの可能性を具えている。第二の枢軸時代はさまざまな経験を受け容れ、多くの思想を同化したがゆえに、以前よりはいっそう意味の変化《バラエティ》に富み、内容豊富でもある。まさしく分裂状態にあるからこそ、この時代は、以前には決して見られなかった人間存在の深みをあらわならしめたのである。第二の枢軸時代は伝統的教養を受け継ぎながらも、みずからは新たに根源的であり、先人の遺産を踏み台にして、しかも更に先を眺望しつつ、より広汎な視圏と、いっそうの深みとを獲得した、だからこそ、第二の枢軸時代が優越していると考えられるのも当然かもしれない。しかしながら第二の枢軸時代は、それが何ものにもよらず、もっぱら独自の根源から生きたのではなく、途方もない歪みや倒錯を蒙り、かつ許したのであるから、それは第一の枢軸時代に一歩劣るものと考えざるをえない。第二の枢軸時代は、現代のわれわれに直結する歴史的基盤である。われわれはこの時代の精神と、あるいは争い、あるいはきわめて密につながり、従って、第一の枢軸時代の場合のようには、冷静に距離を置いて眺めることができない。しかもことさらいえば、第二の枢軸時代は純粋にヨーロッパ的現象なのであって、すでにこれだけで、第二の枢軸時代とは称しがたい。[39]」

かなり文学的表現となっていることは要注意であるが、要するにそれは独自の根源から生成したのではないこと、また途方もない歪みと倒錯をゆるしたこと、また純粋にヨーロッパ的現象であって、地球上に大きく拡ってはいないことなどをあげて欠陥条件とするのである。

しかも西洋は「すでに精神的・霊的に退行に陥ち入り、そして又西洋が精神的・霊的にどん底にあったシナやインドにつき当たった時に」、科学や技術をかかげたヨーロッパ人の活動があったのであるから、西洋の隆起はある特定の時期の現象なのである、とする。[40]

西欧近代を殆ど絶対視する人々の立場に対しこれは頂門の一針であると思うが、歴史の相対化をこのように人類文明史の長いパースペクティブの中で、しかも人間の精神に中心をおいて論じているところがことのほか重要なのである。もち論、狭義の西洋的教養主義や人文主義にとどまってもいない点は、ヤスパースの多くの論述を読めば分ることであり、それだけ根源的な把握をしようとしているとしてよい。その故に真の人類的展望も拓けてくるのである。

これに関連してもう一つ印象的な文章を引用しておきたい。

「一九一八年には、デ・フロートのシナに関する著作（J.J.M. de Groot, *Der Universismus*, 1918. この詞は狭義にはTaoismus（道教）に対して老荘の説をさすが、広義には孔子等を含むシナ思想全体を特徴づける天の思想を意味する。今かりに天道論と訳す――訳注）中の次の命題は、何か全く目新しいものとして、私に深い印象を与えた。すなわち、《天道論的体系は、それまでシナの精神文化が到達しえた絶頂を示している。この体系をくつがえし、崩壊させうるような唯一の力は健全な科学である。科学がそこで真剣に育てられるような時代がいつか到来するとすれば、その時はまちがいなく、シナの全精神生活における完全な革命が行われるに違いない。この革命によってシナは、完全にばらばらの状態に陥ち入らなければならぬか、あるいは新生を体験することになるか、そのいずれかであろう。それ以後、シナはもはやシナではなく、シナ人はもはやシナ人ではないであろう。シナ自身は古い体系に変わる何らかの第二の体系をもたない。それゆえに、古い体系の崩壊は必然的に解体と無秩序を結果せざるをえない。要するに、もし人類が道を失えば、破壊と没落はまぬがれがたい、という自己の聖なる教えの命題をそっくりそのまま実現するであろう…。恐るべき取り壊し作業が進展し、かくして古い天道論的文化のシナの命数が数えられるという自体が、もしかりに、世界の摂理に定められているとしても、――少なくともシナの最後の日が同時に、外国の影響によって不幸に落とされた多数の民衆の破滅の日にならぬように願いたい。》」(41)

科学は中国にとって悪魔来たる、というシロモノか。近代文明が中国に迫った時、その受容は中国社会を崩壊させてしまったのか。東洋と西洋との出合いにはこのように深刻な亀裂をはらんでいるものなのであって、われわれはともすればこれを忘れてしまう。しかし他方、それは怒涛の勢いで席巻して迫ってくる。

ヤスパースは全世界がこの強い文明の波動にまき込まれ、吸い込まれ、解体していく危機感をあらわす言葉としてこれを紹介しているのであるが、われわれ東洋人の立場からしても、また新しい文明を摸索する立場からしてもわれわれの前途は容易ならざる途であることがこれから分かるのである。

それは、自由とか民主主義とか、個人とか、その権利の主張とか尊重といった、いわゆる〝普遍的価値〟の受容（西欧からみれば拡がり）といった平板なことではなく、東洋における人の生、社会の成り立ち、人々の拠って立つもの、すなわち倫理、生活、文化といった基本的価値の根本的な揺らぎとして、これを把握しなければならぬのである。

全地球に及ぶので別の救済の余地がない

さて、この亀裂を現に起こしつつ、第二の枢軸時代は可能か。

それでは「人間存在の新たな根本的変革に踏み込んでいる(42)」この転換期は、枢軸時代とはどう違うか。それは明らかに「別物の生起」である。ヤスパースの所説を整理して述べれば次の通りであろう。

●全地球に及ぶ故に絶対的に普遍的だ

「まず外的にいっても、われわれの技術時代は、枢軸時代がかの三つの相互に独立した世界に生起したように、単に相対的に普遍的なのではなく、全地球に及ぶゆえに絶対的に普遍的である。それは、枢軸時代のように意味の上だけで相互に共通するが、実際は離ればなれの生起ではなく、不断の相互的交流にある一の全体的生起である。それは今日、普遍性の意識をもって実現されている。この普遍性は、かつて行われたのとは別な決定を、人間存在にくだすにちがいない。何ゆえならば、昔のあらゆる転換期というものは局地的であり、他の事件により、別の場所で、別の世界で補いが可能であり、失敗しても別な運動により人間の救済可能の余地があった。ところが今では、生起するものは絶対的に決定的意義をもつからである。それ以外のところで、それ以上のことは起こりえない(43)。」

●充実よりも空虚が問題だ

「しかも内的にいっても、枢軸時代に問題であったものとは明らかに全く別なものが問題なのである。往時は充実が問題であったに反し、今日では空虚が問題なのである。われわれは転換期を意識するにしても、われわれが単に準備期にあるとすぎないのを知っている。現代はまだ、現実的な技術的政治的形成の時代であり、永遠の精神的創造の時代ではない。われわれは、大規模な科学的発見や技術的発展をともなう現代を目して、孔子や老子や仏陀やソクラテスの時代に比するよりも、むしろ道具や武器の発明の時代、家畜や馬の最初の利用の時代に比較したい気持ちになるのが当然といえる。[44]」

ここで引用している文言は、一九四九年刊の著述とされているが、おそらく一九三〇年代に基本的には執筆されていると思われる。それにしても今日なお、あまりにも的確な叙述に驚くばかりである。すなわち第一項目は今日の「世界化」のことであり、後者の第二項目は、産業文明の一層の発展と世界的拡散による科学技術時代の拡がり、をさしているのである。

しかし、技術時代はその本性からして、全世界的生起であり、一見普遍性の意識を生み出すが、その故に他の地域で生起したもので補いえないから、別の運動による救済はもはやかなわぬこととなり、しかもそれはまだとめどなく膨張し、外延拡大をつづけるので、精神的創造はますます遠のいていく。このようにヤスパースの時代認識はかなりペシミスティクであるといってよいであろうが、筆者には的確なものと考える。さらに重要なことは現代技術世界の内在的矛盾として、〝普遍的〟であるが故に、空虚が訪れるという指摘であり、近・現代の病はここでも容易ならざるものがあるのである。

その結果、ヤスパースでさえ、人類の未来を描くことはできず、次のように期待を述べるほか方策はなかったのである。いわく……

「しかしわれわれが、人間存在そのものをその根源から形成しなおすという、かの高遠な課題に向かって歩みを進めている事実、われわれがいかにして信仰しながら真の人間になりうるか、という運命の問題を感知している事実は、今日ますます盛んとなりつつある文化のもろもろの根源へ視線を向ける傾向に明らかである。われわれがそこから由来しているところの深い根拠、二次的な形成やきまり文句や因襲や制度等のヴェールに隠されている本来のものが、再びものをいうようにならねばならない。われわれがそこから由来しているところの根源から相互に理解し合うに際し、人類の偉大な枢軸時代という鏡が、おそらく将来いくつかは重要な保証のひとつとなるであろう。(45)」

すべては語られてしまったのではないか

確かにいくつかの条件は、枢軸時代を生み出す状況と似てきている。

それはヤスパースが「第二部第三章　未来の問題」において論じたものであるが、その内容は結局、二十世紀中葉における現実世界を叙述することとなり、他の章ほどの冴えを感じさせない。何故だろうか。

そのことをあまりしたり顔で言いたくはないが、それは人間存在の根本からくるように思われる。確かに枢軸時代が生まれる社会的条件はあった。しかしその時一度で人間そのものの生の限界、不安、生きることの意味、人としての愛や倫理、個人と社会――人と人との関係――など一切が問われつづけ、それへの回答が準備されたのではないか。すなわちその時において、人間存在の根本が殆んどすべて語りつくされたと思われる。後世においては技術とそれがつくり出した文明という大きなな差異が人類史上に生じたとはいえ、ヒトとしての人間の存在のあり様は、この枢軸時代にすべて語られてしまったのであり、それ以降、新しく付け加える、あるいは創りあげる精神的創造はなくなってしまったのではあるまいか。

6 歴史の統一性、普遍性

最後に人類の統一性、普遍性について考えてみよう。日本がとらわれた一国主義をのりこえて世界的視野に立つには、人類的基盤が要るが、それは何であるかを確認しておかないと世上の一般的な、上すべりの〝国際化論〟になってしまうのである。

おりしも八〇年代に入り、アメリカには文化相対主義が高等教育を荒廃させたとの説が強まり、再び西欧理念が普遍的価値であるとする文化絶対主義が勢いを得ているという(46)。

このように文化価値の相対化はスムースに進むものではなく、その時代背景に強く影響されること、それればかりではなくその民族や国家の存立そのものと深くからみ合って「象牙の塔」の世界のことではなく、現実的、政治的意味合いをもつものなのである。

従って、絶対的歴史主義に立って、相対主義を主張する時、それは現実の思想と政治のたたかいとなることを自覚する必要がある。

人間存在に対する開いた態度

このことを充分に踏まえつつ、日本が「とりこまれた歴史主義」を克服する必要があることはまことに切実なるものがある。

その場合に、人類の〝普遍性〟や歴史の統一性にいかなる根拠を求めるべきであるか、が最大の問題となるのである。

これについても先述したヤスパースが苦悩したことであった。

すなわち、ヤスパースほど、歴史の統一性、普遍性を問題にした人はいなかった。しかしここにおいてヤスパースのとった態度は、あくまで個別性、具体性、一回限りの現実に歴史を見、その意味で絶対的歴史主義の立場に一貫して立脚していたということである。

そうでありながら、いかにして人類の歴史的統一性、普遍性を求めたのであろうか。

ヤスパースは歴史の統一性とこれを通ずる人類の統一について、様々の角度――(a)いくつかの事実、すなわち、人間本性（生物学的特徴など）、地球上の共通の現象（宗教、社会などの類似性）、進歩の概念、空間と時間の統一（交通、通商などによる）、もろもろの文化現象の共通性や諸国家の統一性を点検し、ついで(b)意味と目標の統一（例えば文明の開花や自由といった目標に向かうこと）、さらに(c)全体観念による統一（啓蒙や理性といった観念で歴史をみる）――を検討したうえで、これらをすべて否定し[47]、結論として次のように述べる。

「どの発展経路、どの類型的形態、あるゆる事実的な統一、こういったものは歴史の内部での単純化であり、もしそれらが、歴史をその全体として見抜こうとするならば、誤謬となる。もろもろの発展経路、型態、統一を把握すること、しかもこれらを越えて横たわっているもの、すなわちその中で以上の諸現象が行なわれるものに対し、あくまで開いた態度を持することが肝要であり、そして又、人間に対し、人間存在の常在する全体に対し、あくまで開いた態度を持することが肝要なのである。人間存在の常在する全体は、どれほど大規模な現象であろうと、とにかく多くの他の現象のうちのひとつにすぎぬものを、ことごとく内に含むものである[48]。」（傍点筆者、以下同じ。）

しかし一連の否定を行っても「統一の理念の要請はあくまで消えてなくならない。われわれ、普遍史を課題として所有しているのである[49]。」

人間の諒解可能性と現在の充実

それでは歴史の統一はどこにその根拠を求めるべきであるか。ヤスパースが指摘するいくつかのポイントの中で筆者が最も重要であると思うのは次の言葉である。

「歴史の統一は本質的には、人間は普遍的に了解可能であるひとつの精神を懐く点で符合するものがある、という事実にその根拠をもつ。人間は、一の包括的な精神を懐いて存在している。誰もこの精神を見渡しえないが、しかしこの精神はすべての人を包み込んでいる。最もずばりと表現すれば、この統一は一なる神にかかわる。(50)」

ここでキリスト教がイメージされているかもしれないが、それは問わなくともよいと思う。人間存在の根幹を認識すればよいのである。

そして、歴史としての現在の生を把握することが鍵となろう。

「統一の理念は具体的には、もろもろの普遍的可能性を意識する時はっきりと眼にされる。とらわれのない考察をすれば、すべてのものが当然それだけで意義をもつという印象は深まり、単にあるものが存在するというだけで、関心が払われるものである。われわれはひとつの空間を意識して生きているが、そこでは何ものも重要ならざるものは存在しない。この空間は、われわれから最も遠く隔たったものを、われわれにかかわりのあるものとして開示し、同時に又、その時々の現在が、われわれの進路を決する重大な岐れ路であることを示すのである。きわめて古いが、決して本当の起源というにはほど遠い歴史の始まりを見はるかし、一方では、つねに未完のままの未来にまなざしを向けると、全体としては不可解な歴史には、さまざまな理解の可能性があるのが知られるのであるが、かくして全体の統一とは、なのである。(51)」

あるいは次のようにも言う。

「主題は、統一が求められた例の普遍的範疇や歴史的法則ではなく、事実的で、直感的に与えられるところの、一回限りの形態をとった歴史の統一の問題である。この形態は何ら法則ではなく、歴史的秘密そのものなのである。われわれはこの形態を歴史の構造と称する。この形態は空間的―時間的に特定の場所に限局されてはいるが、人間存在の精神的現実と解さるべきである。[52]」

そしてわれわれが歴史を何故学ぶのかということの問いに対してもその答えは、「過去を解釈する考察が、意志の動因となる。統一が人間の目標となる。過去の考察はこの目標と相関している。こうした統一の目標は例えば、窮迫からの解放と、最大限の万人の幸福のための、ひとつの法秩序による世界統一の状態にある世界平和として意識される」、としている[53]。

人類の統一が世界平和にあるということは、われわれの願いと一致する。

人間の無際限の交わりこそ

それをヤスパースは人間の無際限の交わりが統一を成立させているものであって、共通の真なる客観性ということではないこと、その故に互いの多種多様な歴史的個性の交わりを通じての統一がなされるのであり、その場合一者はあくまで隠れており、それは無限の未結着のものではあるが、無際限の交わりの意思に伴われているのだと説くのである。

「統一はいっそう高い意味で、人間が存在し創造する世界の全体に求められているものである。特にこの点に注目して、過去の歴史の統一は、あらゆる人間がかかわりをもち、あらゆる人に本質的に意義をもつものを際立たせることによって獲得される。

しかしこれが何でなければならぬかは、共存者同志の動きのうちで明らかとなりうるにすぎない。無際限の交わりの要請において、了解し合える人間の同質性が立証される。しかし統一は、知られたもの、作られたもの、達成されたものにあるものでもなく、ましてやある目標の観念にあるものでもない。人間と人間との交わりが始まって初めて、統一がそれらにおいて成立するものである。してみると、最後の問題は次のようである。

すなわち人類の統一とは、ひとつの共通の信仰、共通に真と思われ信ぜられるものの客観性、地球を覆う一箇の権威によってひとつの永遠の真理とされる組織において成立するものであろうか？

そうでないとすれば、われわれ人間にとって真実に達成しうる統一とは、思想や象徴の現象形態において同一化することなく、互いに関心を寄せ合う多種多様な歴史的根源の、交わりを通じての統一、――むしろ多様性において一者をあくまで隠れたままにしている統一、――もろもろの人間可能性が試みて、しかも決着がつけられぬ無限の課題として、無際限の交わりの意思にともなわれて、かろうじて真のままにありうるところの一者、これ以外にはないのではなかろうか？

異なった根源同志は、決して了解し合えぬものだと、絶対的疎隔を説くあらゆる主張は、疲れ切っての諦め、人間存在の最も深い要求の断念、――一時的な不可能性を絶対的不可能性と大げさな強調、やる気の喪失を表明するものにほかならない(54)。」

この理解は正当であろう。普遍的と称する思想や絶対的と称する存在に依拠するのではなく、多様性を認めて人間の無限の交わりに統一性を求めること、そしてその意思を保持しつづけること、この点においてしか人間存在の統一は求められないのである。筆者は平和主義の一つの理論的根拠をこの立論に見出したい。

なおここで人類の多種多様性の存在を前提にしている。これは個別性、特殊性を認めるとともに統一性、普遍性を認めることであり、次にみる西田幾多郎の主張と一致している。また絶対的歴史主義の立場である。

以上みてきたように、とくに最後の部分はきわめて理念的であり、その意味で抽象的であるかのように受けとられよう。しかし、そのように説くことしか人類の統一性と普遍性を獲得できないということが正しいのであり、それを信じて、それに努力することを説くことがかえって真に現実的であると筆者は思う。空疎な範疇や法則を説いたり、それに身を寄せることはかえって誤りなのである。

注

(1) カール・ヤスパース『歴史の起源と目標』(重田英世訳、理想社、一九六四年、原著は一九四九年)、二二～二三頁。
(2) 同、二三頁。
(3) 同、五二頁。
(4) 同右。
(5) 同、五三頁。
(6) 同右。
(7) 同右。
(8) 同、五四頁。
(9) 同右。
(10) 同、五四～五五頁。
(11) 同、三〇頁。
(12) 同、三一頁。
(13) 同、三三頁。
(14) 同、五三頁。
(15) 同、一二三頁。
(16) 同、一二四頁。
(17) 同、一二五頁。
(18) 同右。
(19) 同右。
(20) 同、一二六頁。
(21) 同、一二七頁。
(22) 同右。
(23) 同、一二八頁。
(24) 同右。
(25) 同右。
(26) 同、一二九頁。
(27) 同、一二九～一三〇頁。
(28) 同、一三四～一三五頁。
(29) カール・ヤスパース『仏陀と龍樹』(峰島旭雄訳、ヤスパース選集5、理想社、一九六〇年)、五一頁。

(30) 同、五二～五三頁。
(31) 同、五三頁。
(32) 同、五一頁。
(33) 同、五三～五四頁。
(34) 同、五四頁。
(35) 同、五五頁。
(36) 同、五六頁。
(37) 同右。
(38) カール・ヤスパース『歴史の起源と目標』、一四七頁。
(39) 同、一四八～一四九頁。
(40) 同右。
(41) 同、二五四頁。
(42) 同、二五六～二五七頁。
(43) 同右。
(44) 同右。
(45) 同右。
(46) 青木保「文化の否定性」(『中央公論』一九八七年十一月号)。
(47) ヤスパース『歴史の起源と目標』、四七四頁。
(48) 同、四七五頁。
(49) 同右。
(50) 同、四七六～四七七頁。
(51) 同右。
(52) 同、四七八頁。
(53) 同右。
(54) 同、四八〇頁。

第IX章　「開かれた歴史主義」の提唱

1　「歴史主義」の〝克服〟とはどういうことか

日本が世界の中で生き抜いていこうとする時、しかも歴史上始めて「発信者」として振る舞おうとする時、いままでの発展の成果に立脚しつつも、他方において様々の思想的呪縛を断ち切って日本のあり方の地平を切り開くことができるかどうか。その出発点は「歴史主義」をいかに〝克服〟できるかということである。

しかし、それは簡単なことではない。いきなり「克服できるか」という問題提起をすると、克服することが先験的に命題になっているかに受けとられる。必ずしもそうではなく、この格闘こそがここでの検討課題なのである。

そのためいままで、歴史としての捉え方（歴史哲学）、そこにおける超越者と人々の関係の捉え方（宗教と倫理）、自然の捉え方（科学技術）、人間の根本的なあり方（自由）、国家のあり方（国際政治）、世界に拡がる文明のあり方（西洋の発展）、というように探索をつづけてきたのである。もち論、ここで記した主題とカッコ内のテーマは完全に対応しているのではなく、それぞれのテーマについてはもっともっと広く深い検討が必要であるが、それでもこのような放浪を通して明らかにしようとしたことは、「西洋普遍」なるものは、どこまで正当性を主張しうるのか、ということであった。そしてそれぞれにおいて批判的検討をかさね、疑問を呈示してきたのであった。そこで最後に、本書の主視点である思想にしぼって一つの総括をおこない、普遍主義に対置する歴史主義について、その地平を切り拓きたいと思う。

歴史主義とは

まず、歴史主義とは何であるかについてであるが、第Ⅳ章冒頭部分（八九頁）を再掲したい。すなわち、

「『歴史的、人間的諸勢力の普遍化的考察を個体化的考察でおきかえること』であり、歴史主義の本質とは『歴史における個体性と発展とに対する感覚、すべての人間的な形成物の絶えざる流動と自己変動に対する感覚』であると考えるのである。このような意味合いから、歴史主義とは、歴史における発展を強調し、歴史における個体性を重視し、われわれの思考を歴史化する思想上の立場ということができよう。（中略）このような「歴史主義は一八世紀の抽象的な合理主義に対する反動として台頭したドイツ・ロマン主義を背景としてうまれ、ランケやサヴィニーを頂点とするドイツ歴史主義によってその隆盛の花をひらいた。[1]」

歴史主義の特色は、このように普遍や一般に対し個別と具体を対置し、後者の中にのみ、生の現実をみ、そして価値づけるということにある。まことにそこが抽象世界で論じられるのであれば、さして問題とならないが、このような思潮の生起が、遅れて自立化の必要性を強く迫られたドイツに芽生えたことに、特別の意味合いがあるのである。

さてドイツ・ロマン主義の創始者というべき中心人物はヘルダー（一七四四〜一八〇三）であり、[2]またその歴史観においては、ランケ（一七九五〜一八八六）がその代表である。

西田幾多郎の主張

この歴史主義の考え方は、日本で生まれた数少ない独創的な哲学者西田幾多郎にひきつがれ、西田幾多郎は、ランケの愛弟子とさえいわれている。

西田幾多郎は、かつて次のように述べた。

「世界的世界形成の原理と云うのは各国国家民族の独自性を否定することではない。正にその逆である。世界と言えば、人は今尚十八世紀的に抽象的一般世界を考えて居るのである。私の世界的世界形成と云ふのは、各国家各民族がそれぞれの歴史的地盤に於て何処までの世界的使命を果すことによって、世界が具体的に一となるのである、即ち世界的世界となるのである。世界が具体的に一となるということは各国家民族が何処までもそれぞれの歴史的生成に生きることでなければならない。(3)」

とはいえ、今日この文章の引用は微妙であり、むつかしい。この主張につづいて、万世一系の天皇を頂くという日本国体説があり、またこれをもって東亜共栄国構成の原理として展開されているからである。そのため右の部分のみを抜き出して、現在の問題を考えるよすがとすることは極めて危険なことである。しかし欧米中心ではない、これからの世界を考える時、この旧くして新しい意味をもつ指摘をやはり出発点として考えてみたいのである。

今日、西田哲学を批判しようとする人々は、第二次大戦中、西田哲学を心の支えに、戦場の露と消えた多くの若者の霊を思うからである。しかしそれ程までに、ドイツに生まれた歴史主義は日本の近代化興隆期を支える影響力をもったことは史実として認めざるをえない。すなわち、一九世紀なかば以降「列強」の開国要求の中で、民族としての独立を保持しつつ、またそのために「近代化」の途を選択した国の拠り所として、明治以来日本はドイツに極めて強い親近感をもっていた(4)。これを背景に一九三〇年代以降日本の進路が厳しくなり、追いつめられていった時期に、日本の存在の〝正当性〟を確認する理念として脚光をあびたのであった。

特殊性は劣っているのか

そのような背景をもっているのであるが、西田幾多郎の唱えた考え方それ自体は、日本の歴史を貫いている命題であって、右の言葉を、いま一度今日の日本の置かれた状況の中で、新しく意味を与えることが必要なのである。それはどういうことか。われわれがわれわれ自身の思想的な呪縛を断ち切るために、まずわれわれの心情の中にある「追いつき型」思考や価値観に常につきまとっている、とらわれた優劣順位の価値観をぬぐいさることである。しかもこれは個別性や特殊性を否定し去ることでは決してない。むしろそれは一層必要となるであろう。いままでの思考の混乱は、先進性と後進性というとらえ方により、優劣順位の思考が決定的に支配的になり、その結果いつの間にか、特殊性や個別性を劣位にあるものとしてとらえてしまったことにある。すなわち優劣順位と普遍・特殊論が混在していたのであり、しかも、この特殊性を前者の枠組みに流し込んで理解するという未熟さにあったと思われる。

しかし、この立論の仕方は大丈夫か、これで多くの人々は納得するだろうか。歴史的事実と整合的だろうか。そうは言えまい。右の筆者の主張はかなりの程度、正当だと思うが、しかし追いつき型思考にみられる劣位認識は厳然と存在し、それが歴史を動かしてきたことは事実なのである。まことに優劣順位と普遍・特殊論は混然と一体となっているのであって、これを裁然と分けよ、と主張しても、現実の有効性はどれだけあるのか、という問題はやはり残りつづけるものと思う。その課題をひきずりつつ進まなければならないと思う。

例えば歴史主義の母国ドイツの場合をみても、第二次大戦の惨禍を経験した多くの知識人はナチズムの根源にドイツ・ロマン主義を指摘し、またドイツ人自身も、マイネッケ（『ドイツの悲劇』）やトーマス・マン（『講演集』）

を読めば分かるように、そのような自己反省の念を強く抱いたのである。(5)

歴史主義克服の三つの意味

確かに、このマイネッケやマンを読むと、われわれが明治以降の歴史において、様々の生起と熱狂と挫折と悲惨を経験していたことにあらためて想い起すことが多いが、今日の段階は、このような「とらわれた歴史主義」を越えることができる条件が国内的にも対外的にも形成されてきた、ということができる。このことが「近代の超克」や「世界新秩序の原理」発表の時代と決定的に異なるのである。いま言えることはそこまでである。(6)

それでは歴史主義を克服する、ということはどういうことか。まずその意味をとらえておかなければならない。まず第一点はランケ史学の今日的評価であり、第二は自然法との交接で歴史主義（ここでは歴史法学）を考え直してみることであり、第三は、今日の現実にもう一度照らして、歴史主義を再評価してみることである（ただしこのうち第二点については、すでにⅣ章で扱ったので、以下は第一点と第三点について述べる）。

ランケを越えて

第一に、歴史主義の始祖のいうべきランケ史学の今日時点における意味づけと評価についてである。いまから一〇〇年以上も前の人とその所論を今日時点で評価すること自体おかしいといえばおかしいが、その影響の大きさを前にすると、是非とも見極めをつけておかなければならないと思う。

まとめて結論的にいえば、当り前のことであるが、今日、ランケに依存することは危険であろう。その魅力は尽きることが無いが……。(7)問題はその理由であって、ランケ歴史学の背景と条件と内容は、

(1)　フランス革命による「普遍主義」への、民族としての独自性の主張。

(2) 民族興隆期の若々しい息吹き。
(3) ここに一貫して流れる民族的ロマン主義と理想主義である。

このようなランケの歴史観と国家観の卓越さとその持つ限界については、マイネッケの指摘がある。そこでは、①プロシャ国家発展の一定の一段階について過度の価値を与えたこと。②国家に向かっていく民衆の下からの政治理念に対して過度のおそれをいだいていた。すなわち国家個体に「神の思想」をみ、それだけ空論となった。③当時のドイツ精神生活に固有の過度の精神性ゆえに、政治のもう一つの側面——権力政治という粗大と原初的側面をあまりに聖化したので、後の時代に、それが持つ理想主義を忘れ権力の粗大化のための前提をつくりだしたのだった。(8)

これは後の時代に立っての批判ではあるが、的確なポイントを指摘しているとしてよい。以上の歴史観を一度に現在の日本とひきくらべ、現在の日本の状況を考えてみると、今日、われわれはそのような条件にはないのである。

(1) いつまでも特殊、個別性のみを主張して自らを恃むだけでは、世界の内で生きていけない。
(2) 興隆期は明らかに過ぎ、高原期に入った。そして成熟期に向けて、広い視野に立った、したたかさ、自己の知恵による現実主義の態度をつくりあげねばならない。
(3) そしてキャッチアップ型の理念主義ではなく、世界にひらかれた理想主義をかかげる必要があるのである。(9)

現代において求められるもの

しかしいかなる局面の理念であるにしても、個体のもつ特殊性はその個体の歴史性そのものであり、局面が変わったからといって脱却・棄却できるものではない。そのため右のような意味で歴史主義を越えていくことは言葉はキレイだが、それほど簡単なことではない。かつての西欧が、アングロ・サクソンが、歴史主義の呪縛にしばられることなく、世界支配が可能であったトータル・システムに対置して考えれば、これは歴史上始めての挑戦課題なのである。しかも歴史主義に基づいて抬頭した国家が挑戦しては敗北を重ねてきたこと、しかしながら歴史主義を棄却できるものではないこと、これからの世界は米ソの「普遍主義」が終ってむしろ一層歴史主義をかかげる国々の抬頭となることを考えると、現代の歴史主義の意味を真正面からとりあげる必要を痛感するのである。

話を日本に戻して考えれば、われわれはランケの理想主義のみじめな粗大化の後にも、ランケがつねに抵抗した汎論理主義のヘーゲルの後にも、その内実を逆転させた唯物主義のマルクスの後にも立っているのであり、さらに「普遍主義」の行き詰りの後にも立っている。こうして世界的な新しい歴史主義の潮流の中にいま位置しているといえるのではないか。

ましてランケを想うと、この技術文明の時代、そして大衆社会において高度な精神性を保持することは容易ではない。そして権力に向き合うしたたかさをもち合わせなければならない。さらにまた日本の近代史をみても、理想に燃える段階は比較的うまく行くが、高原状態になると国民を統合する力が急速に衰えていき、方向喪失におちいる。

このように豊かさの中で、開かれた歴史主義ともいうべき理念をつりくりあげていかねばならない。それはおそらく概念的には、「文化相対主義」的であり（これはローティの否定したような意味をこめてカッコをつけているのであるが――後述参照）、新しい絶対的歴史主義の徹底的理解であり、同時にこの捉え方の世界的な共有であり、それを保持する態度としては、過度の価値づけや過度の精神性を付加しない現実主義的あるいは経験主義的アプローチの重要性ということになろう。(10)

しかしこのような内容自体がその実現において大変な困難性をはらんでいる。なぜならこのような考え方そのものが未だ未だ内外で少数意見であるからであり、それはまた単なる主張ではなく現実の意味をもっているから、それを主張することはまさに現実社会における闘いとなるからである。

このように考えてくると、あらゆる意味でランケの理念を受けつぎ、同時にこれをのりこえていくことは容易なことではないのである。

今日的なテーマ性

ここまできて、二一世紀初頭の現在に生きる人々は、ランケや西田幾多郎や「近代の超克」をもち出してきて何という時代がかった議論をしているのか、という疑問をもつであろう。また、ここで純粋に歴史哲学や社会思想を論じているので、それがどんな意味があるのかと不思議がるだろう。しかしこれはきわめて今日的テーマなのである。

まず実際の問題をあげよう。八〇年代に日本に「構造改革」を迫ったアメリカにおいて、いわゆる修正主義者がつぎのような見解を発表したことがある。(11)

「西洋の社会では、公的権威とこの世の権威を超越した原理との間に常に緊張状態が見られる。こうした原理は権威に対する挑戦の主たる拠り所となる。人々がボストン港で茶を海に投げ捨てたり、帝政ロシアの皇帝《ツアー》を倒したり、納税を拒否したり、命題《テーゼ》のリストをドアに張り出したりできるのは、すべて、当局がそれより高い、ある種の基準を満たしていないという理由があるからこそだ。しかし、そうするためには、人はまず、抽象的で超越的な原理というものを信じなければならない。日本人の生活ではこうした原理の働きが弱いため、当局への合法的な挑戦がずっと困難になる（日本の歴史においても最も有名かつ派手な反逆は、多くの場合、個人あるいは一門の忠誠の証であるか、または、個人の名誉についた汚点を消そうとする試みであった）。その結果として、日本人は世にあるものは正しいと考える傾向が強く、そして、権力の移り変わる現実に適応し易い。」

この一文にあるように、今日の日本の「改革」を迫る米側の態度に、日本は超越した原理を信ずることが弱いため、という基本認識が横たわっていることが分かる。これこそ自然法的普遍主義であり、日本はその意味では西洋と、あるいは近代社会の一員として、同一の原理に立脚していないのではないか、と考えられているわけである。学問研究の論文ではなく、一つの評論であるから、メクジラをたてる必要はないかもしれないが、この叙述は以下の三点で見すごすことができない。

第一、確かに西洋と日本には一見この違いはあるかにみえるが、それを認めたとしても、しかしこの違いの故に西洋が日本を批判して「異質な」国家と見做し、政策的に「囲い込み」を提起することは許されないことである。それは自らの在り方が正しく、普遍的であり、これを同じくしない社会や国を一方的に排斥することになりかねないのである。第二に、このような考え方の背後にあるような超越者の存在と自然法の理解の仕方が本当に正しいのか、を問うたことがないことである。そして最後に、それでは日本人は超越原理を信じていないか、というとそういうことはない。神道にしろ、仏教にしろ、儒教にしろ、それぞれ超越したものを認識し、これを教えている。ここで必要なことは、各々の文化においてその超越原理の捉え方の違い（西洋の場合のキリスト教やイスラム諸国の回教を含めて）を認識することであり、それが異なる国、異なる民族の間の理解には先ずはもって欠かせないのである。これこそ民族や文化の〝共生〟のためのスタートラインであり、根本的条件となるものである。そして今そのことが問われているのである。

この立場こそ歴史主義のそれであり、今こそ歴史主義の積極的側面を評価する時なのである。

そこで再び思想の再検討にもどろう。ここで問うているテーマは決して旧いものでも、また純粋にアカデミックなことにとどまらないことをつぎにみていきたい。それは、世界の最先端の哲学・思想の領域において、このテーマはなお最新の先鋭な議論を呼んでいることなのである。

そこで以下これを紹介し、読み解いていくことで、「開かれた歴史主義」の理論付けをおこないたい。

2　徹底した歴史主義、または「新ぼかし主義」――プラグマティスト、R・ローティの立場

さて、「自然法VS歴史主義」を軸に、近代西欧について検討を進めていくと、どうしても人間の生、人間の認識そのもの、について根底的な理解をしておく必要に迫られていく。そのことは本章の冒頭で述べた通りである。

すなわち、一八世紀の啓蒙期思想を母体とした近代自然法思想は、その形成において自然科学の発達に大きく影響を受けてきた。物理学が自然をとらえようとしたのとおなじく人間を自然＝本性に合致するものとしてとらえること、それに見合った社会を創ること、これであり、ここでは超歴史的存在として人間がとらえられている。そしてこの場合、自然科学の基本概念である「客観性」「合理性」などの概念が、そのまま人間のあらゆる認識において独占的な地位を占め、人間の生活行動や社会現象の把握にも適用されて、判断や規準となる思考方法が確立していくのである。

したがって自然法思想ととり組むに当たっても、もっと根底的に、人間の認識とは何か、という哲学――根本的な認識論理のこと――の次元にまで掘り下げて検討すべきであろう。

西洋近代哲学への衝撃的な批判

ところが、この哲学の領域において、「西洋近代の『認識論的』哲学、さらにはプラトン以来の西洋の哲学的伝

統を取り上げ、その核心的発想に対して異を唱える」論が出ているとのことである。これは**リチャード・ローティ**の『哲学と自然の鏡』（一九七九年刊）のことであり、この立場においては「西洋の哲学的伝統は、人間を『自然の鏡』のごときものとし、哲学を非歴史的・超文化真理と見、そうした真理の把握に基づいて文化全体を批判する者として、哲学者を見ようとした。だが、かかる人間観・哲学観・文化観は、歴史的文化的産物であり、その基にある認識のイメージには必然性がない、と言うのである。そして、哲学は、『認識論的転回』、『言語論的転回』に続いて、今や、『解釈学転回』・『プラグマティズム的転回』を遂行すべきではないか、と示唆するのである。[12]」（傍点は筆者、以下同じ）

この衝撃的なローティの思想の位置はどこにあるか。

その内容は次にみることにして、このようにいままでの西洋の哲学的伝統を否定すると、その拠って立つすべてが揺らいでしまう。そこで「ローティに対して、『相対主義者』という批判がなされるのを、時おり耳にする。だが、ローティの思想が決して相対主義の立場を宣揚するものでない……。彼の思想はある意味で、『徹底した歴史主義』の立場と言えるものであって、徹底した歴史主義はもはや相対主義などではない、それは、〈われわれは今自分がいる所から始めることしかできないが、その場所は常によりよいものへと変貌していく可能性を秘めている、そして、その可能性を現実のものとするのは、ほかでもない、われわれなのである〉という、ある意味では『あたりまえ』の、だがしばしば人間が忘れてきた大切なことを、自覚する立場である。[13]」

ローティ　Richard Rorty（1931-）アメリカの哲学者。ニューヨーク生まれ、シカゴ大学で学士号、イエール大学大学院で博士号を取得。プリンストン大学教授を経て、現在バージニア大学教授。プラグマティズムを現代に蘇生させ、「哲学の終焉」を唱えた。彼は、人間の心を〈実在〉を正確に表象する「自然の鏡」とみなす西洋哲学の伝統を批判し、知識を歴史主義の立場の徹底して〈社会的実践〉に、真理や客観性を〈連帯〉に還元し、形而上学や認識論に終止符をうつ。それを彼は「プラグマティズム的転回」であり、「ポストモダン・ブルジョア・リベラリズム」と呼ぶ。

訳者による右の言葉は、筆者が若かりし頃、愛読し、またいつの間にか人世観の骨格をつくっているのではないかと思う、アルベール・カミュの「ペスト」や「シジュホスの神話」を想い出させる。それだけにこの苦難の多い、アポリアに満ちた歴史的生の立脚点を確めうるのではないかという期待をいだかせるものである。

このことは一応念頭に置いておいて、この哲学の立場――「徹底した歴史主義」の立場が現代の西欧における先端的哲学者の主張として述べられていることに筆者としては大きく心を動かされる。これはかつてのクローチェの歴史哲学観と実によく符合するものがある。しかし筆者の知る限りでは、人文科学全体の共有財産とはまだまだ成り切っていないと考えられる。そのためそのもつ重要性に鑑みてローティの立場にしばらく耳を傾ける。（以下、理解を容易にするため筆者なりのテーマ設定による仕分けを行っている）。

それには『連帯と自由の哲学』所収の「連帯としての科学」が理解し易くまた現実的なテーマにも触れられているので、以下はそれを用いることにする。（傍点は筆者）。

二つの「科学」――自然科学と人文学の分裂、及び人文学は「非科学的」なのか

一般に自然科学は、合理性、客観性、真理という概念と結びつき、「自然科学が合理性の範型と見なされる」[14]。これに対し人文科学はそれに値する真理を提示しているかどうか悩んでいる。

しかし、これは「科学者が聖職者に取って代わった、世俗化した文化的特徴である」[15]。はたして二つの文化を区別することはできるだろうか。つなげて考えようという理解の仕方もいろいろなされているが、むしろ「最初からやり直すのが最善であろう」[16]。

ではどう考えたらよいか。それには「合理的」という言葉の意味を「方法的」というよりも「正気の」とか、「分別のある」とかいうように使い直すことである。「それは、一群の道徳的徳目を目指している。寛容であるこ

と、回りの人々の意見を尊重すること、人の言うことに喜んで耳を傾けること、力よりも説得を頼りとすることが、それである。（中略）このような解釈に基づく限り、合理的なものと非合理的なものの区別は、芸術と科学の区別とは特に関わりがない」。この「教養のある」態度をもっていれば、「どんな話題を論じても合理的と言えることになる。話題が、宗教的なものであろうと、文学的なものであろうと、科学的なものであろうと、合理的という点では同じなのである。／『合理性』という言葉を、こうした弱い意味で用いるなら、人文学は、間違いなく、『合理的な学問』である。通常、人文学者は、今述べたような道徳的徳目を発揮している。(17)」

弱い合理性で満足しよう

しかしこれで本当に満足できるのか。このような道徳的徳目だけでは不充分ではないのか。人々は、客観的真理といったもっと強い意味の合理性を求めているのではないか。

ことに自然科学と技術文明の真只中にあり、生活全般にわたって思考体系として「合理性」に基本的に依拠しているわれわれは、そのような「信念」と疑念を消し去ることはできない。すなわち「客観的真理、実在との対応、方法、基準といったものと結びついている合理性を強く求めるものである。(18)」

世の中の常識はそうであろう。しかしローティはいう。「われわれはこのような欲求を満たそうとしてはならない、むしろ、それを根底からなくしてしまうよう、務めなければならない。文化の世俗化についてどのような意見が持たれようと、ともかく、自然科学者を新種の聖職者——つまり、人間と人間ならざるものとを繋ぐ新たな環——としたのは間違いであった。〈ある種の真理は「客観的」だが、それ以外のものは「主観的」もしくは「相対的」なものでしかない〉という考え方——言い換えれば、〈真なる文の集合を、「本物の知識」と「単なる意見」とに、あるいは「事実的」なものと「判断的」なものとに分けよう〉という試み——も、間違っていた。〈科学者は特別な方法を手にしている。人文学者がこれを究極的価値に適用さえすれば、今技術的手段に関して持っているのと同じ自信が、道徳的目的に関して得られるであろう。〉——このような考えについても同断である。われわれ、第二の「弱い」合理性の観念で満足すべきであり、第一の「強い」合理性の観念を斥けるべきである。(19)」

「新ぼかし主義」の提唱——間主観的合意

こうしてローティは自己の立場をプラグマティズムと呼ぶのであるが、これはまた「『新ぼかし主義』とも呼ばれている」という。「なぜなら、それは、基準的合理性の考え方が育んできた、客観的なものと主観的なもの、事実と価値という区別そのものを、ぼかしてしまおうとするものだからである。われわれぼかし主義者が望んでいるのは、客観性の観念を、『強制によらない合意』の観念と取り換えるである。われわれは、文化全体を、同じ認識論的水準に置きたいとおもっている。（中略）われわれの見るところでは『真理』は単義語である。それは、法律家、人類学者、物理学者、言語学者、文芸評論家の判断に、等しく適用されるものである。そういった諸学問に異なる度合いの『客観性』や『堅さ』を帰してみても、意味をなさない。なぜなら、いずれの場でも、強制によらない合意があれば『客観的真理』であるための要件がすべて与えられたことになるからである。その要件とは、間主観的合意である。(20)」

まさに解釈学的転回であるが、それだけに多くの賛同を得ることができるだろうか。もう少し意見をきこう。

「客観性とは間主観性のことだと言えば、すぐに相対主義だという非難が返ってこよう。(21)」

これに対しては「われわれプラグマティストは、あるものが他のものに対して相対的だと主張するような、積極的な理論を奉じているわけではないからである。われわれが行っているのは、まったく消極的［この傍点のみ原文ママ］な主張である。つまり、知識と意見という伝統的な区別——〈実在との対応としての真理〉と〈うまく正当化された信念に対する褒め言葉としての真理〉との間の区別として解釈されるような――を行わない方が、うまくいく、と言っているのである。（中略）われわれプラグマティストは真理論を持っていない。相対主義的真理論など、論外である。われわれは連帯の熱烈な支持者《パルチザン》である。そのわれわれが行う、協同的探究の価値に関する説明は、ただ論理的基盤を持っているだけであって、認識論的基盤や形而上学的基盤をもっているわけではないのである。[22]」

以上にみるように、ローティの説く「転回」は、自然科学について、認識について、そして狭義には知識社会学についていわば革命的変化をもたらすものである。そのため、いままで科学者について与えられた地位を不当とし、これをひきずりおろして（こういう過激な表現は使っていないが）、人間の営みとしての通常の他のあらゆる探究と同列に置くのである。この考え方を発展させれば西洋の近代科学もまた多くの科学的認識の一つであり、それに絶対の地位を与えるのはおかしいという自然なアプローチも可能になる。さらに言えば社会科学や人文科学の自信喪失もなくなるし、逆に重要性は高まるのである。それはいまさておき、議論を先に進め〝文化〟の領域に入っていきたい。

近代自然法への批判

このような考え方を次第に、実践世界の例をとって転回していくと、「自文化中心主義」について触れなければならなくなる。それはここでいう相対主義の意味は何かといえば「真理や合理性については〈所与の社会―つまりわれわれの社会――のそれぞれの探究領域で、通常どういった正当化の手続きがとられているか〉ということしか言えないとする、自文化中心主義的見解である。[23]」この見解に立つのは、「自分達自身の光に照らして事をなす、という立場でしかない。事をなすのに使える光がほかにないから、自文化中心主義なのである。他の個人や文化が提示する様々な信念を吟味するのは、それらを、われわれがすでに持っている信念と織り合わせてみなければならない。なぜそのようなやり方で吟味できるかと言えば、おびただしい信念を共有しているものだけが、人間や文化と認められるからである（もしそうでないとしたら、それが言語を操っていることが、われわれにはまったくわからないであろう。したがって、それが信念を持っていることも、われわれには全くわからないであろう）。[24]」

こうみてくると、いきなりわれわれの当面の課題――経済や政治の摩擦の中の世界と日本、その背景にある文化摩擦、あるいは英米流の市場主義による経済社会の改革、といった切実なテーマといきなり交叉してくるのであり、抽象論議ではないことにとくに注意を喚起したい。結局のところ、何が正当化されているかはそれぞれの社会でなされていること以外にはないのであるから自文化中心主義に立脚する以外にないこと、他の文化と接した時はお互いの信念、文化をつき合わせ、織り合わせてみること、それ以外にできることはないのである。

この考え方を敷衍するため次のように述べる。

「このような考え方は、一八世紀以来よく知られている試みに、まっこうから対立するものである。それは、政治的自由主義を、人間本来の観念に基づくものと見ようとして試みである。物理科学が進めてきた《自然》への接近に続いて、今や『《自然＝本性》に合致する』社会的、政治的、経済的諸制度が確立されなければならない――ほとんどの啓蒙思想がこれを自明のことと考えていた。以来、自由主義的社会思想は、ある社会改革を中心として営まれてきた。それは、人間本性に関する客観的知識によって可能となるような――言い換えれば、ギリシア人やフランス人や中国人の在り方に関する知識によってではなく、人間性そのものに関する知識によって可能となるような――社会改革である。この伝統が夢見ているは、非局地的連帯を実現する、普遍的人間共同体である、それがなぜ非局地的連帯を実現するかと言えば、その共同体自身が、非歴史的人間本性の表現だからである。(25)」

これは極めて重要な指摘である、それはいうまでもなく自然法思想の否定であり、かつそれが近代において強い影響を受けた物理科学の認識方法とそれが社会認識に与えた影響までをも否定しようという立場である。

さて以上のような否定を行ってくると、われわれはどのような真理に依拠することができるのか。それは重要なので次に独立して述べることにする。

真理はどこにあるのか、何をもって正当とするのか――連帯によって

この西欧的伝統そのものの哲学と、プラグマティストとはどういう違いがあるか。ここがポイントなので長くなるが、引用する。

「この伝統（右の一八世紀以来の啓蒙主義）に属する哲学者は、連帯を客観性に基づけたいと願っている。その場合、彼らは、真理を、実在との対応として、解釈しなければならない。そこでは、単なる社会的正当化ではなく、自然＝本性でもあるような正当化――つまり、人間本性そのものから発し、〈自然のある部分〉と〈自然の他の部分〉を繋ぐ環によって可能となるような正当化――が必要であり、こうした正当化の入りうる認識論を、彼らは構築しなければならない。

プラグマティストの考えは、これとは対照的である。われわれプラグマティストがのぞんでいるのは、客観性を連帯に還元することである。その場合、われわれは、形而上学や認識論を必要としない。われわれには、信念と対象との『対応』関係を説明する必要がないし、人間がその関係に入りうるものであることを保証するような、人間の認識能力に関する説明も、不要である。真理と正当化のギャップは、文化を批判・称揚する手立てとなるような自然＝本性的、貫文化的合理性を抽出することによって、なくすことができる――こういった見方をわれわれは採らない。われわれの目からすれば、真理と正当化のギャップは、〈現実のよいもの〉と〈可能なよりよいもの〉のギャップでしかない。[26]」

いままでその内容を述べてきたので、右の結論的文言はこれ以上説明を要しまい。

この思想批判のインパクトと意味

この思想批判のもつインパクトは大きい。「客観的真理」を自然本性にのっとって定立しようとする西洋近代の支配的立場を全面的に否定し、その故に形而上学の不要論を説き、また人間認識能力論をもち出す必要性をも認めず、また実在認識と判断・意見の間の差も認めず、ただ、真理と正当化のギャップを現実のよいものと可能なよりよいものとのみ把え、人々の間でその認識を織り編んでいく連帯性のみに依拠しようとするのである。

このことはあらゆる領域についての認識について、学問領域について、自然科学についての流布された認識について、異文化理解の立場について、さらに研究者や人間の生き方そのものについて、根本的な核心をついた転回を迫るものである。とくに本稿の問題意識からすると、自然科学の優位性批判も重要であるし、上記の自然法思想、啓蒙思想の批判も看過しえない。

そしてこれらを通じて、近代の認識すべてを否定しようとしているのであるから、長いことその思考にふり回されてきたわれわれは一体どうすればよいのか。

そのためにはあらためて、このような思考様式が何故今日まで大きな説得性と影響力をもち得たのかを問う必要があろう。それは筆者なりに次のようにまとめておきたい。

まずその登場は歴史的にはルネッサンスと宗教改革に淵源をもち、中世社会の終末に基づいている。しかしそれだけではなく自然法ももっとふるくキリスト教の中で育まれている。問題は近代になつて、人間中心主義、人本主義《ユマニスム》が生まれ、そして何よりも自然科学の驚異的発展という実効力ある現実が形成され、これにひきずられてそのような思惟方式に準拠するようになっていったと思われる。そして人間社会についても何か超越的なものに仮託してその認識と思想を語りたい、という欲求を押さえることができなかった。そこにはあらゆるものからの人間の解放欲求があり、その実現に向けてエネルギーが爆発していったのである。また近代自然科学の発達は人間の心を片隅に追いやる認識体系を形づくり、それが学問で言えば、人文科学の弱さや軽視となっていったのではないか。また他方、科学と技術の西欧による独占とそれを用いた世界の支配と優越が思想面においても他の文化・社会の軽視、劣視、否定すなわち、多様性の存在の否定に向かっていったと思われる。そしてこれを長い間とりもどせなかった人間世界のあり方、歴史的現実、そしてこの現実にふり回された人間の思惟の限界もみる。しかしやはりそこには西洋世界の限りなく奪う世界があったのではないか。(27)

人間の探究と進歩の本当の意味

以上が、ローティの主張するプラグマティストの立場、いわば原理論（いまではこの用語もおかしく、「基本的な考え方」というべきだが）である。ローティの叙述はまだつづくが、それは以上の論旨を敷衍しているものであり（とはいっても、政治論、学問論としても貴重な示唆に富むが）、それは省略して、最後に、この立場は人間がその生に対してどういう意味づけを行うことになるか、という根本問題があると思うので、それを考えたい。

何度もいうが、この立場、こんなあやふやなものでよいのか、という不安が去らない。筆者も多くの人もそう感ずるのではないか。しかしここが「解釈学的転回」といわれるところであり、われわれが真理なるものを把握し直すこと、あるいはまた何をもって事象を正当化するか、という時、考え方の根幹をひっくりかえす必要のあるところなのである。

つまりそれは人間が探究することの意味は何であるか、という問題であるが、ローティはつづけて次のように言う。「合理性を市民的教養性《シヴィリティ》と見るプラグマティズムの見方からすれば、探究とは、個々の問題に基準を適用することではなく、むしろ、信念の網目を絶えず編み直すことである。他の信念が変化するように、基準も変化する。ある基準をあらゆる改訂から守ることのできるような試金石が、存在するわけではない。(28)」

「われわれを『相対主義者』だとする理由がもう一つある。それは、〈探究は一点に収斂する運命にある――言い換えれば、《真理》は『外に』あって人間が到着するのを待っている〉という考えを、われわれプラグマティストが捨ててしまうことにある。こうした考えは、われわれの目からすれば、宗教的観念を文化の中に持ち込もうとする、不幸な試みである。(中略)

人類が一息ついて『ついにわれわれは《真理》に到達した。もうゆっくりできるぞ』と言えるような瞬間を、想像することはできないであろう。より多様になるよりもより統一的になるものとして把えるようなメタファーに対して、ファイヤアーベントはそれを放棄するよう提案している。これは正しい提案である。(中略)

人間活動の目標は、休息ではない。むしろそれは、より豊かな、よりよい生活である。人間の進歩とは、人間の営みと人間自身とがより一層興味深いものとなるような可能性を、開くことである。予め準備された場所に向かって進んでいくことを、進歩と見誤ってはならない。(29)」

まとめ――徹底した歴史主義

まさに解釈学的転回ではないか。本著であちこち放浪し、迂回してきた甲斐もあったということである。この現代において――啓蒙主義から二〇〇年余も経ているのに――、このような見解が出されなければならないというのも、人間世界が日々回り道していることを意味して心が重い。くどくなるが、まとめをおこなっておこう。

すなわち、

(1)　人間世界のあり方については何か客観的基準はないこと。したがって、認識論としては自然科学と人文科学を分けて、前者の思考を後者にあてはめようとするのは間違っていること。さらに人文科学の優位をとりもどすこと。そして、人間の認識としては「弱い」合理性で充分であること。

この根底に人間を「自然の鏡」として把握する長い西洋哲学の伝統的考え方があるが、これが決定的に間違いであること。

(2)　何が「真」であるのか。人間の探究は客観的といわれる基準を適用することではなく、お互いが合意することで充分である。「真」を保証する形而上学的基礎というものはないからである。

(3)　こうして真理や合理性は、自文化中心で考えなければならない。なぜなら真理や合理性とは、自分たちの社会でどういう正当化の手続きがとられているか、によってしか言うことができないからである。

この立場しか依拠できないのであるから、一八世紀以来の啓蒙主義――「自然＝本性に合致する」という思想――は、認めることができない。

(4)　社会には「現実のよいもの」と「可能なよいもの」とのギャップのみが存在するのであり、時空を越えた原理をもち出し、これに依拠して改革をはかるような思考は必要ない。このような客観性をもち出すよりも、お互いの連帯、連帯による認識の共有が必要である。

(5)　真理は外にあって、人間が到着するような大団円があるという考えは捨てなければならない。人間の進歩とは信念の網目を絶えず編み直して、人間自身の可能性と切り開いていくことであり、それしか道はない。

そして、それは一つに収斂するよりも多様になることである。

以上の認識は筆者にはきわめて実存主義的にきこえるが、プラグマティストが実存主義者と同じであるとするのはおかしいのであろうか。

しかしこうしてここでレヴューしてきたようにその立場は、クローチェの歴史主義とも基本的に同じであり、さらに仏教のそれと極めて符合するものを感じる。

われわれはようやくのことにして、生の認識について共通基盤に達し、その故に知的探究の放浪のはてにある平穏の世界に到達しえたのであろうか。

3 「歴史主義」を本当に克服することが出来るのか

根の深さ

以上のような「理論的」点検はこれ位にして、現実の歴史の中で、この問題を続けて考えてみよう。

結論を先取りしていえば、過去の歴史においてそうであったごとく、普遍と特殊あるいは普遍主義と歴史主義は、今日においてもなお現実の生々しいテーマである、と思う。それは先述したところでもあるが、そのため今日、本当に歴史主義を克服することが可能なのかをあらためて考えなければならない。

まず、その根は深いということである。歴史主義の祖国、プロシア＝ドイツにみられるごとく、フランス革命によって誕生した「近代市民社会」の「普遍的」性格、その周辺地域への物理的影響力の増大を受けて、それに何とか追いつきつつ、独立性、独自性を保とうとしたのが一八世紀以降の国民国家の成立の歴史なのである。

この強大な圧力に抗して民族国家をつくりあげていく過程は各民族固有の事情があり、一律ではない。分裂した諸州を統一することも難事業であったし、ここで封建遺制をひきずったり、ロシアのようにツアー専政によって、といった形態の発展があったのである。

この圧力に抗しながら民族の独立を図っていくプロセスの中で様々な経済的、社会的変動を蒙り、その下でナショナリズムをまた様々に燃えあがり、時には変形したり、突出したりしたのが、二十世紀前半の諸国家の歴史であり、それがまた世界史だったのである。

ボルシェビズム（超急進的社会主義）も考えてみれば西欧列強の中で他国よりもさらに遅れて近代化をせざるをえなかった国の方策なのであり、実体なのであった。そしてその基層にロシヤ的なものが厳存している。

つまり、ここには西欧の圧迫に抗する民族主義の興起が一本の強大な軸となって貫いており、それと「近代化」路線の複合あるいは歪みとして、ボルシェビズムやファシズムの形成があることを知る。

そしてまた思想的にもボルシェビズムもファシズムも同様に西洋の思想的営為として生まれていること、とくに前者についてはヘーゲル流の「理性の支配」という歴史認識に根を深くもっていること、後者についてはナチドイツのユダヤ人政策に関してはキリスト教、とくにプロテスタンティズムの影響が無視できないことを知らなければならない(30)。またボルシェビズムについては、フルシチョフのスターリン批判、ソルジェニーツィン『収容所列島』の刊行、近時はクメール・ルージュの大虐殺をみて、そこにフランス革命時における恐怖政治の出現と根を同じくするのではないか、という見方がかなり早くから芽生えて、これを通じて西欧知性の告発が鋭く行われたのであった(31)。

以上のことから、われわれが不動の心理であるかのように受けとっている自然法思想といえども、一つの歴史性があり、それを受けつぐ国民や時代によって様々に変化していく。そのためそれのみを普遍・絶対とするような把え方をここで拭色したいと思う。それはその時代ごとに様々の衣裳をまとったように、それ自体が永久不変でもなく、絶対固有の不動でもないのである。この把え方は、冒頭に示したトレルチの見解——キリスト教について普遍性を否定したのと同様である。

「普遍主義」と大砲

さて西欧文化圏に属する「周辺国」も右のような紆余曲折をたどったのであるが、もう一つ重要な点は、非西欧の立場からみた現代史の理解である。

それは、自由や民主主義や個人主義やヒューマニズムはそれ自体として広まったのではなく、ある時はユニオン・ジャックはためく、次は星条旗はためく軍艦や大量の兵隊とともにやってきたのである。

このことは忘れてはならない。それが歴史の現実というものである。

ここで何故そういうことを言っているか、というと歴史主義の〝歴史的〟前提条件を明らかにしておく必要があるからである。

ここにおいては、民族主義の興隆、民族国家の形成、それを通ずる発展の選択、ということをまず大きな枠組みとして認識せざるをえないのである。

西欧の近代思想体系は、人間それ自体、人間の本性に基礎を置く。この考え方自体もいまは吟味しなければならないが、一応いまそれを正しいとしよう。その意味で普遍的であるとしよう。しかし、非西欧についてその普遍論理はどう映ったのか。ここが問題なのであって、西欧との接触によって民族の存亡の危機にさらされた時、まず国家や民族が先にあって、その下での人間、という構図が自ずと設定されてしまうのではないか。つまりここでは優先されるべきものの逆転が起こるのであり、その意味で、個人に基礎を置く契約国家論も空を切ってしまうのである。

確かに「後発国」の〝目覚めたる人々〟の中に自己と自己の属する社会のあり方からの脱却を求めて、その信条と行動の軸として人間の解放された姿を説くものとして、自然法思想に強く憧れる気持ちが燃えあがる。この価値観に一度とりつかれると、自らが生活する社会体制、生活条件そのものがすべて悪のように映る。このことから強烈な反体制思想行動が生まれる。非西欧社会でマルクス主義が強い影響力を持ったのはこのためである。

しかしそれに向かって進む時、それは直ちに実現するものではない。ここに歴史的構造や環境としての外的要素がきわめて重大な条件となってかかわってくる。人々が現に生きている社会というものはそういうものであり、自然法の描く抽象的人間像が実現しているのではない。ここに決定的な無理が生ずる原因がある。しかしこれが一国の発展の歴史であってみればそれをそれ自体として認識する、歴史主義はなお厳然と生きつづけているのである。

西欧における個人と社会、自由と民主主義の発展、そして日本における受容や定着、そして「限界」を一貫して追求し、これを分り易く述べてある田中浩『国家と個人』（岩波書店、一九九〇年）や、樋口陽一『自由と国家』（岩波書店、一九八九年）をみると、とくに前者は戦後民主主義の洗礼を受けた筆者と同一世代であり、その真摯な姿勢は胸打たれるものであるが、しかしなお、日本という社会をとらえようとする時、立ち止まってしまうところがあるのである。

例えば西欧においてはイギリスにおいて民主主義は花を開いたとされる。しかし、近代国家論――近代民主主義国家論の基礎をつくったとされるホッブスの出現に至るまで、四世紀に及ぶ「法による支配」にむけての長い民主主義構築の歴史があったとされている。このように各国はそれぞれの歩み方や時間も異なる、同じ時間がかかるからそれまで待って下さい、というわけにはいかないのである。これはヤユやヒヤカシで言っているのではない。歴史の現実をもう一度見つめ直したいのである。ここでのとりあえずの結論を先取りしていえば、それはまさに一国の置かれた様々の条件に規定されたものであって、絶対的といえる規準的、単一的把握が為しうるものではないこと、その故に人権や制度の選択は、あらゆる要素を評量しつつ、その中で望ましい選択をして、上記の価値を実現していく以外にはない、という単純なしかし重い事実に目覚めることである。

このため、自然法思想の発現といった、われわれのいまの立場からみれば抽象化された概念で一面的に断裁する立論の仕方では、われわれの近代はどうしてもとらえることができない、ということである。

例えばわれわれが持っている人間性についての理解をみよう。人間を自然の一部を見、また人と人の関係において、文字通り人間を捉えるといったように、ヒト個人の本性を自然がそのようにあるように、といったようには認識せず、従ってこれを人間の生得の権利であると認識しなかったことであり、つねに自然と人間と歴史との一体的理解を求めたことである。

また、自由や民主主義や人権の「普遍」原理を説くのは易しいが、人間の生活、社会はあまりに複雑なのであって、まして国と国との間の開きを考えれば、それが一律に実現すると考えるほど易しいこととは思えない。この意味で理念主義は、いやむしろこのような意味での理想主義こそ、その薄っぺらさを思い知ったのが、われわれ世代の特徴なのかもしれない。

例えば、樋口教授の著述の最後には次のような指摘がある。

「まさに西欧立憲主義の普遍性を擁護することの深刻な困難さが、いま非西欧の世界を苦しませている。（中略）非西欧世界での西欧立憲主義の将来に関して〝四つの'89年〟についての考察からひき出される課題は、きわめてむずかしい。実際、それは深刻で厳しい。というのは、私たちは、つぎの苦しい問いを提出しなければならないのである。――自分自身のナショナル・アイデンティティーを放棄することなしに、非西欧世界に西欧立憲主義を確立できるのか？

ここで私は、最近の天安門事件の憲法上の意味にふれないで終わることはできない。鮟小平政権のあのむきだしの反応は、私の見るところ、資本主義に抗する社会主義の反撃というより、西欧主義の核心というべき政治的自由主義の拒否、であった。一九世紀半ばに、マルクスが、コミュニズムという名の妖怪とともにヨーロッパを徘徊した。二〇世紀末のいま、世界に、人権＝立憲主義の妖怪があらわれている。鄧小平政権が『ブルジョア自由主義』と弾劾しているものこそ、西欧立憲主義の精神であり、その本質は、諸個人の尊厳にほかならない。（中略）

憲法研究者＝立憲主義者（constitutionalist）は、おそるべき、しかし高貴な任務を課されている。その名に値しようとする立憲学者＝立憲主義者は、立憲主義――その起源は西欧にあるが、しかし、くり返すが、その価値は普遍的である。――を擁護するためには、彼の、あるいは彼女のナショナル・アイデンティティーから自分自身を切り離すだけの、勇気とヴィジョンを持たなければならない。[32]」

これは重い指摘である。しかし筆者はここでは立ち止まってしまうのである。一九八八年遅く、中国旅行中に現地の空気に触れ若い世代の話を聞くなかで、「中国に動乱の兆しあり」というリポートを書いた者として、六ヶ月後に起こった天安門事件はことのほか忘れ難い。それは共産党政権を攻撃したというよりも、支配統治権力の腐食を告発したものであった。その意味での民主化運動ではあったが、全面的に政治的自由主義の確立を求めたものとするのは言い過ぎである。また、強権による弾圧はまことに悲しむべきことであったが、それは権力保持の本性からくるものであった。

このように、西洋普遍性一般で論ずるのではなく、そしてつねにその適用の限定性をつねに念頭に入れて事態をみなければならぬと思う。われわれが歩んだ歴史を知れば、この視点にたって「普遍的」なるものの価値の具体的現実の中での発現形態を認識すること、それが真実の意味であること、を確認し、その現実の中で少しでも前に進むことを考える以外にないのである。それを求めなければ、われわれが眼前の苦境を打破る本当の思想は生まれないのではないか。

われわれが本当に問題にしなければならないのは、樋口教授が右の文中でいみじくもいわれる「ナショナル・アイデンティティーを放棄することなしに」という一言である。それは出来るか、出来るとすればいかにしてか。ここに本当の思想があると思う。この問いかけを突き詰めれば、最後の文言――「ナショナル・アイデンティティーから自分自身を切りはなす」ことはできるのか、「切り離す」とはどういうことか。離脱することか、脱国することか、亡命することか。中国を旅すると、窓外に自転車を走らせるあの民衆のひとりひとりが国を出ることなのか。それが筆者が立ち止まって、さらに考え直したいと思った理由である。

「普遍的価値」なるものの現実のあらわれ方についての深刻な問題提起

ここで一貫して問いただしているのは、普遍的価値に称されるものの、現実のあらわれ方についての根本的な理解の仕方である。

そんなことは、当り前のことで、このために社会科学があるのだ、といわれるだろうが、われわれが学んでいる社会科学は果たしてこの問いに答えているであろうか。いまだに他を、この場合多くは欧米をモデルにして、それを尺度にして遅れている、歪んでいる、従って直さなければならないと言っているだけではないのか。そしてそこで持ち出されるのが「西洋普遍性」である。しかしいまこそ一つの国において、一つの国の社会において、自由や民主主義といった普遍的といわれる価値のあり様――その具体的存在形態について考えなければならないと思われる。

まことにこれらの問題は重い。しかし学問の世界に逃避するわけではないが、社会科学の認識としては、

(1)　二〇〇年以上の前の政治社会構造体制を基準に置き、常にそれと比較対照しつつ、今日の事態を後進的とみ

なす論法自体がおかしいと問われなければならないこと。(33)

(2)　遅れて工業化を通ずる近代化によって独立を図ろうとする時は集権的体制がどうしても必要であり、それは官僚専制であろうと軍部支配であろうと、基本的構造は変らない事実をどうみるか。

(3)　これは別の観点からみれば、社会的自由と個人の自由のあり方がどのようなものであるか、という問いである。

われわれがこのように絶対的歴史主義というべき立場を確認すれば、われわれの思想的立場は外に普遍的と称するモデルがあってそれに近づいていくのだといった単線的な理念主義をまず乗り越えることから始めたいのである。ここで言っていることは、即、通説的な近代のあり方への批判なのであるが、ついでに平和についても言及しておきたい。二十世紀が科学技術の急進展による繁栄の世紀でもあったが、同時に「革命と戦争の流血の世紀」でもあったのである。それは、自由や民主主義が本当に恒常的に平和をもたらすのか、という根本的な疑念をも生み出すのである。歴史を総体として把握することにより、平和についてもここでもう一度根本的に考え直すことが必要であろう。

近代自然法思想への五つの批判

それでは歴史主義を〝克服〟することの真の意味を明らかにしていこう。

現実に西洋の世紀がつづき、地球の隅々まで近代技術の成果が及んでいる時、その西洋の世紀を生みだし、それを理念的に支えたものをたぐっていけばそれは自然法思想であるとされる。

そしてそれが生み出したものがこのように隆盛をきわめているのだから、自然法思想は正当性を獲得し、これに反発して生まれた歴史主義は終極的には克服されていくし、また克服されねばならぬとされる。

そのため、日本が色濃くもっている歴史主義も払拭されるべきであると考えられている。このような考え方は明示的にはいわれることは少ないが、世界の中で日本が生きていくためには、日本の社会を開放し、日本の〝遅れた〟ところを改革していかなければならないとされ、そのような改革の方向を展望する時、暗黙に前提とされていると思われる。

果たしてそうだろうか、このような主張——明示的であれ、暗黙的としてであれ——は正しいのであろうか。以下いくつかの観点から批判してみたい。(なお、以下の論述はすでに第Ⅳ章—3でおこなっているが、これを分かり易くし、また追補した。)

(1) 内在的論理としてのおかしさ

自然法思想の本質は、自然の法則と人間と社会のあり様が共通の根源に還元されるということにある。しかしこのような自然本性論は物質についての自然科学の認識が絶対的に正しいのだということに最大の基礎に置いているのではないか。ところが、自然について科学的に認識しえたとされた西欧近代科学も実在について多くの部分を切り捨て、ある因果関係を抽出し、それを説明したもので、実在についての全面的解明はできていないし、その理論説明も多くの解釈可能な説明の中の一つの解釈にすぎないということがはっきりした(前述第Ⅴ章—2参照)。

従って今日、それに依拠することは絶対に正しいということは言えなくなったのである。

このようにして最初の前提が崩されたのである。

(2) 第二に、人間についての把握のおかしさである。

人間の存在を自然の本性に従って、人間それ自体として絶対的にとらえる把握の仕方そのものがいまや疑問が提示されるのである。

これは中世の呪縛から脱れるためのイデオロギーとして意味があったが、人間は時間と空間の中で様々な関係をもちつつ生きているのであり、また人間の倫理は社会的に形成され、受けつがれた経験と知識の上に形成されるものである。

このような人と人との関係、あるいは社会の中にひきもどした人間把握が必要なのであり、人間を自然の中に溶かし込んではいけないのである。易しくいえば自然現象と人間社会の現象を同じとみてはいけないのである。

人間それ自体という人間に対する把握は、ひとりの人間の誕生、成長、社会生活への参加という歩みを思い浮かべれば直ぐ分るように人間をある一面でしか把握しないものである。人間は様々の、血縁、地縁、家族、生活の中で成長していき、そして社会として意図的に形成された伝統、形式、制度の中で存在しているものであり、そのすべては人と人との時間的、空間的つながりの中でしかつまり複層的、多重的関係の中でしか存在しえないのものである。

(3)　つぎに社会の中で人間のいだく価値の観点から考えてみよう。それは自由への欲求と救済へのねがいである。すなわち人間の自由への欲求に対応するのが自然法であり、それは確実に人間のある側面を把えている。そのため、ここで近代自然法思想そのものを全的に否定しようというのではない。
しかし他方、人間はまた救済への願いをもっているのであって、この側面が人と人との関係の重視、伝統の中での落ち着き、風土と社会の中での自己確認、そして宇宙万物の中への調和的な誘いとなっていくのである。
このように人間存在の全的なあり様に照らして、人間を把えなければならない。

(4)　つぎに歴史的変容の観点から再考したい。
すなわち何度も指摘したが、自然法思想の歴史的変容に注目したい。

ルソーがすでに二面性をもっていたごとく、始めからそれは多様な顔の〝持主〟なのであった。また、そうなければ人間社会のあり様は解が出ないのであった。確かにバーカーのいうように個別と普遍、歴史性と自然性は統一的に理解しえた時に意味をもち、有効性を発揮すると思われる。しかしそれもまた特定の歴史的条件の中での特定の〝有効〟なのである。この〝成功〟（個別）を過度に普遍化すればそれは一元的形而上学に道をひらくのである。ヘーゲルがそれであったとしてよい。

個別の中に普遍を、特殊の中に普遍を、はいかにも立派にきこえる。しかし現実の世界においてはこれは論理的には矛盾する。なぜなら、このようにして統一的に把握された時のみというのは、自然法の勝利ではなくて、実は歴史主義そのものなのである。

(5)　自然法のはらむ危険性について

以上の見方にたつと西洋の自然法思想はしばしば大きな誤りをおかす危険性をもっているといえる。

それは、人間それ自体という非歴史的、非局地的把握であるが、その把え方も西欧の宗教的・文化的背景の中で育くまれ、また時代とともに変容しつつ受けつがれたものである。それだけに歴史的、局地的なものである。これをそのような現実をもたない他の国に適用すること、かつ他の国にもそのようにあるべきだ、とすることは大きな誤りをおかしているといえよう。

こうして、それが時代や社会の中で彫琢されず一方的な「政治宗教」に変容してしまう危険性をはらんでいることである。

なぜなら、人々は別の人間観、宇宙観をもっているし、それを根本的に誤りだとは人間はいえないこと、また誤りがある場合は、それに気づいたその人々の独自の選択行為としてその修正に努めることでなければならないのである。

人間それ自体に込められている、強い自我、理性的な自我、自律する個我、というものを否定しているのではない。それは人間の欲求として自然なものであるし、また人間のある一面を明らかに形づくっている。しかしその人間も今みたような連関の内で生を営んでいるのだということを忘れてはならないし、またそのような生のあり方こそ、人間を人間たらしめているものなのである。近代の個人主義は、このことを軽視してきたのである。

「囚われた」歴史主義から「開かれた」歴史主義へ

したがって次の問題は、人間のこのような不条理ともいえる欲求が、社会の置かれた状況の中でいかに顕現していくか、ということであり、そこにすべての社会上の問題が存在するのであり、また個々にその様相が異なるものである。

かくして、啓蒙主義ないし近代合理主張はあくまで特定の時代の、特定の思想であり、それを時空を越えた永久不変の原則と考える思想様式の誤りを指摘することができた。

しかも〝普遍的〟とされる自然法思想が歴史的環境にさらされるならば、容易に全体主義へ転化していく、あるいは全体主義を生み出すような極端な一元的形而上学となって変質していく、そのような脆さを内在的にはらんでいることも指摘した。

さらにいえば、この脆さを救うのは、人間の通常の経験と知識の二つである。そしてこの経験と知識は伝統の中から、一元的思考にふり回されないで生まれてくる歴史的知見ではないだろうか。それこそ歴史主義そのものではないのか。

今日、アングロサクソンにみられる民主主義の成功がある。しかしそれも当初からイギリスに固有の歴史的条件の中で育くまれてき、また練り上げられてきたもので、このような歴史性・固有性を抜きにはしては語れない。

そのため、われわれは広い視野で比較研究をすべきであって、今日の時点ではむしろそれが他の国々に根づかなかったのは何故であるのかこそが問われねばならない。

またさらにイギリス政治の一層発展したものとしてアメリカ社会とその文明の誕生があるが、自由を金科玉条とするこの普遍的性格は建国の歴史における他国にみられない人工性によって支えられていることがはっきりした。(第Ⅶ章—1参照)

この人工性による類い稀な発展も盛期を過ぎ、今日はアメリカの普遍主義は、その普遍主義の故に歴史主義としての洗礼を受けつつあるといえるのである。

かくして現代において必要なことは、歴史主義を再考することである。しかしそれは閉ざされた歴史主義ではない。人々が、世界が共通の理解に立ち得る、そのための歴史主義である。

これを「開かれた歴史主義」と言おう。この立場に立ってこそ、人間は国境を越えて相互理解を進め、共存の道を歩むことができるのである。

そのためには、西洋は、特定の時代的背景で生まれた「普遍主義」を世界に押しつけることを止めなければならない。他方、世界はその政治宗教を排しつつ、その誤りについても説得的に修正を迫らなければならない。

日本についてはどうか。それは再び本章の冒頭の西田幾多郎博士の言葉にもどることになる。すなわち、まことに各民族の歴史的生成にもどり、それを基盤として世界の中で生きていくことである。それ以外にはありえない。そして歴史主義の徹底の中でしか、日本の前途もありえない。もち論、あまりにも狭隘な、唯我独尊的な、自らのみを正しいとする閉鎖的な思考や制度はあらためなければならないであろう。これを「とらわれた歴史主義」といえば、それは脱ぎすてられなければならないであろう。しかしその脱ぎすてる時に、他国の論理にふりまわされて自らの立脚点を忘れてはならない。自らの進む方向は自らの努力と英知で築いていかねばならない。

注

(1) 平凡社『哲学事典』、歴史主義の項による。
(2) ヘルダーについて、『ヘルダー／ゲーテ』(世界の名著38、中央公論社、一九七九年)によってとりあえず知ることができる。いうまでもなく、和辻哲郎はヘルダーより大きな影響を受け、『風土』が生まれた。なおヘルダーの主著「人間性の歴史の哲学の構想」は戦後すぐ翻訳されたとのことであるが残念なことに入手できなかったので筆者は読んでいない。
　紹介研究としては大村晴雄『ヘルダーとカント』(高文堂出版社、一九八六年)がある。
(3) 西田幾多郎「世界新秩序の原理」(岩波書店、全集第十二巻)、四三〇頁。
(4) なお、ドイツの屈折した思想の展開を知るためには、成瀬治『伝統と啓蒙――近世ドイツの思想と宗教』(法政大学出版局、一九八八年)がある。この書にフリードリヒ＝フォン＝ゲンツについての思想遍歴の研究があるが、それは日本としては北一輝を想い起こさせるものがある。これらは両国の歩んだ転変の途でもあったのである。
　話は脇道にそれるが、動揺の悩みは中国にもある筈である。ところが譚嗣同『仁学』(西順蔵ほか訳、岩波文庫、一九八九年)や最近の李沢厚『中国の文化心理構造』(坂元ひろ子ほか訳、平凡社、一九八九年)を読むと、その指摘は鋭いが、文調がきわめて〝乾いている〟。まるで幾何学を説くようにその論説が展開され、屈折や陰影や、その故の苦渋がない。これはどうしたことだろう。風土の違いからくる、ある種の大陸的明析さであるだろうが、それでよいのか、という疑問が湧いてくるのである。方励之の著述でも同様の感想をもつ。
(5) マイネッケ『ドイツの悲劇』(矢田俊隆訳、中央文庫、一九七二年、原著出版は一九四六年)。
　トーマス・マン『講演集、ドイツとドイツ人他五編』(青木順三訳、岩波文庫、一九九〇年、原著出版は一九五七年)。ただし、二著のトーンはかなり違う。同じ歴史的背景を語るにしても前著は精神を理詰めに語り、後著は感性に重きを置き、かなり自虐的でさえある。両者の専門領域の違いのほか、その執筆や講演の場所の違いを思わざるをえない。前著はドイツの片田舎で、後著はアメリカである。

(6) 本稿校正中に三島憲一『戦後西ドイツ』(岩波新書、一九九一年)を読んだ。ここにあるすさまじい思想世界の格闘はドイツ的ではあるが、やはり日本と内容的には同じ苦悩をひきずっていることが分かる。同様に一九八〇年代以降のドイツ社会の成熟や統一ドイツがどのような「近代」社会をつくっていくのかに日本と重ね合わせつつ関心がもたれる。しかし、それはやはり〝歴史的〟なもの以外にはありえないと思われる。

(7) 知的興奮をさそう書を挙げよと問われれば、文句なしにランケ『世界史概観』とヘーゲル『歴史哲学』である。

(8) E・マイネッケ『歴史的感覚と歴史の意味』(中山治一訳、創文社、一九七二年)、三四〜三九頁。

(9) ここで理念と理想を分けて使っている。英語では **idea** で同じだが、理念はよりイデオロギーを意味し、理想は真に求められるべきあり方を意味しているからである。

(10) なお、相対主義のおち入る陥穽を流麗達意の文章力を駆使して皮肉たっぷりに描いたものに、アラン・フィンケルクロート『思考の敗北あるいは文化のパラドクス』(西谷修訳、河出書房新社、一九八八年)がある。ここに描かれているように相対主義は世界の変化を反映したものである(西欧による文明の独占の終えん)と同時に、根を失った思考として不安定な面をさらけ出す。それ故にまさに新しい思考の挑戦課題であるといえよう。

(11) ジェームズ・ファローズ「日本封じ込め」(『中央公論』一九八九年七月)。

(12) リチャード・ローティ『連帯と自由の哲学』(富田恭彦訳、一九八八年、岩波書店)の訳者あとがきに拠る。二八五〜二八七頁。

(13) 同右。

(14) 同上書、「連帯としての科学」、一頁。

(15) 同、二頁。

(16) 同、四頁。

(17) 同、六〜八頁。

(18) 同右。

(19) 同右。

(20) 同、九〜一〇頁。

(21) 同右。

(22) 同、一一頁。

(23) 同、一〇頁。

(24) 同、一二頁

(25) 同、一二〜一三頁。

(26) 同、一三〜一四頁。

(27) P・J・マーシャル+G・ウイリアムズ『野蛮の博物誌』(大久保桂子訳、平凡社、一九八九年)。そこではヨーロッパ自身の発展によって、それまで願望・称賛をしていたアジア（中国）についての評価が下がっていったことが明らかにされている。とくに二六四～二六五頁と二六六～二六八頁を参照されたい。そして「一八世紀にヨーロッパ自身のアジア観が変わったのに合わせて、アジアを『作り』、作りかえた、というほうが、真実に近いのではないだろうか。」と述べているが（二六五頁）、この通りであろう。

(28) ローティ「連帯としての科学」、一四頁。

(29) 同、一五～一七頁。一部改行した。

(30) 「聖書とガス室」（竹山道雄著作集5、福武書店、一九八三年、所収）。ただし本論文の執筆は一九六三年（！）。

なお同書には「ベルリンにて」、「剣と十字架」があり、すでに徹底してソ連支配下の東ドイツ社会の抑圧が淡々と告発されている。昭和三十二年と三十六～三十七年の執筆である。何ものにもとらわれない、透徹した思索の大切さをあらためて知る。

(31) 例えばアンドレ・グリュックスマン『思想の首領たち』（西永良成訳、中央公論社、一九八〇年）がある。

(32) 樋口陽一『自由と国家』（岩波新書、一九八九年）、二一四～二一五頁。

(33) いままでの日本近代史が、ことに出発点の明治維新についての分析が、いかに西欧――ことにイギリスをモデルにして、それによって測るという固定観念に左右されているかを批判したものに、望田幸男『比較近代史の論理』（ミネルヴァ書房、一九七〇年）がある。この視角はその後放置されたままであるかにみえ、是非とも再興される必要がある。

終章

はじめに――メシの食える文明論がほしい

ここまでの叙述をふり返ると、本当に長い回り道をしたものだと率直に思う。ここで明らかにしてきた諸分野の問題性の理解の仕方については、おそらく人文科学研究の入口にあたって、あるいは様々の分野の現実社会のなかに入っていく時、解決しておかなければならないことであろう。しかし、また、現実社会のなかで生き抜くなかで、それぞれの意味合いが分かってくるということもあり、入口時点の思考訓練だけで咀嚼できるものではない。そういうことが次第に分かってきたので、遠い回り道を覚悟して、ここまでのような作業をおこなってきたのである。

そこで終章では、本来ならば全体を要約し、筆者の意見を述べるべきであろうが、それは各章の末尾においてすでにおこなってきたので、重複は避け、基本的テーマとして「普遍」的思想をめぐる批判の立脚点を明らかにしておきたい。つぎに、書き残してきたことのいくつかの点を補遺として述べつつ、本著の思想的立場をより明確にしていきたい。そして最後に本著であつかった範囲において、そこで明らかにできた視点にたって、現在の内外のいくつかの諸問題をどのように評価するか、それをつうじて眼前に出現する諸問題にたいし、本著の考察がどのような意味をもっているか、をまとめて終章としたい。そのため思想固有の領域（思想史や宗教など）の問題については取りあげず、現実問題との接点や取り組みに重心を移して考察することにする。また、本著で意図したことは、あくまで思想のあり様に焦点をしぼって近代西洋の特質を明らかにし、それをふまえて日本の位置を知る道筋をえようとしたものである。そのため社会経済や政治体制という実体社会の側面についてはここで取りあげていない。それはまた別個の検討が必要であるからであるが、他方、思想そのものを取りあげた方がその特質に迫ることができる、と思うからである。

しかし、思想の考察は研究室におけるペダンティックな遊びではない。それは、われわれはどこにいるのか、世界のなかでどのように振舞うべきであるか、また何が可能か、を問うものである。さらに人間はいかに生きるべきか、真や善や美をどのように実現するのか、はたまた社会において何が価値あるもので、それはどのように把握し、それにどのようにして近づくことができるのか、などを問うものである。つまり、それはメシの食える方途を探し求めるものである。いわゆる文明論も同様であろう。それが社会からも求められていると思う。

1　近現代における「普遍」的思想とそれへの批判

われわれの前にあらわれた西洋の思想的特質

われわれにとって、近代西洋とはなんであったか。それは非西洋にあるわれわれにとっては、なによりもその拡張主義による勢力膨張とまず対峙しなければならぬ相手としてあらわれた。

それは拡張主義あるいは凸型文明(1)という特質をもっているから、対外的発展を目ざすときは自己行動の正当化が必要である。そこで西洋の優位思想と影響力を正当化する思想がもちいられたのである。それが人類は、一つの理想にむかって、あらかじめ定められた到達点にむかって進んでいく、という歴史哲学であり、自分たちはそれを知っており、それを広める使命がある、とするものである。

その思想の特色として、背景に一神教であるキリスト教があることも明らかにした。また、この思想は、近代における科学技術の西洋における独占的な発展によって強く裏付けをえている、といってよい。他方、近代西洋における科学技術の独占的な発展の領有は、まず思想の面では「合理性」という概念が圧倒的な重要度を獲得することになり、合理性の追求が進歩の代名詞ともなり、それによる知識の加速度的な拡大によって人類は進歩していくもの、という認識が、新しく啓示的な意味をもって語られ、信じられるまでになった。

それは社会についていては、近代の工業を発展させて産業社会を形成していけば、自由な市場経済モデルにそって社会は発展し、それによって民主主義の基盤をつくり、平和で安定的な社会が出現するのだから、あらゆる社会は在来の伝統的な特性は捨てさってその路線にそって進むべきであり、またそのようになるのが社会の進歩である、とされたのである。それは政治的には、自由や民主主義があらゆる社会の歩みのなかで貫徹して実現していくことである。したがってそれを先発して到達した西洋、とくに英米の諸国は世界の他の諸国・民族のモデルになるものであり、他の諸国・民族はそのようなモデルにむかって収斂していくことが歴史なのである、という認識を生んだのである。

そして思考様式においても、科学技術の進歩を目の当たりにして、人々はその成果を科学技術以外の分野にも適用すること、すなわちその認識方法に準拠することが他の分野の発展や問題解決にも役立つのだと主張されることになった。こうして社会発展の動態を自然科学が自然について成功したように把握すること、またそれを法則のようにつくりあげることによって、社会の改良の道筋を知り、それに沿って進むことが進歩である、という認識をつくりあげることになった。とくにこの思想は、今回、本著では本格的に取りあげなかったのであるが、サン・シモン、フーリエ、コンドルセ、コントなどがその始祖とされ、それは一口に実証主義思想と称されている。この実証主義を経てマルクスにいたったのであるが、マルクスはヘーゲルの精神を物質に代えて歴史変動の一元的な説明要因としたのである。

さらにそのような優れた業績を所有しない民族にたいしては、野蛮という蔑視の認識が強く共有されることになった。ここでは、単に科学技術の分野だけにとどまらず、ひろく文明全体にたいする優越意識になっていることに注目しておくべきだろう。

一元主義対多元主義

しかし本著で明らかにしたことは、この立場とは反対である。それは要約すればつぎのようになろう。まずランケやクローチェによるヘーゲル歴史哲学への批判、すなわち歴史における必然的な決定論への批判、あるいは歴史をつくる人間の自由の主張、ヘルダーの独自の文化が多様に存在するという主張、またそれぞれの民族は固有かつ独自の歴史認識をもっているとする川勝教授の論証、科学が西洋の独占物ではないというニーダムの見解、科学認識には限界があり、心を排してそれは発展したのだというバートの主張、さらに現代ではプラグマティズムを包括的・体系的に発展させたローティの、近代自然法への批判、真理の把握における「新ぼかし主義」の提唱などに依拠して、普遍主義思考の歴史解釈を批判したのである。

それと同時に、超越者の存在を認めつつも、それを認識することの人としての限界を説き、神に譲歩を求めるまでの強い人間のあり方に疑念を呈し、さらに人のあり方として孤立的個人主義ではなく、人と人の関係においてのみ存在するのだということを強調したのである。

また自由について、バーリンにそくし広範に検討をかさね、そのなかから権威主義的政治が誕生する経緯も明らかにした。さらに西洋が対外的膨張をおこなうにさいし、国際政治においてはその拡張を理性的に制御できるかを問い、現実的に国益を守ることが真に道徳的な立場などだとするモーゲンソーの主張などを考察した。

こうして到達したのが「開かれた歴史主義」、「一歩手前主義」、「連帯による弱い合理性」、の立場である。

この対立軸は、普遍主義対歴史主義であるが、べつに一元主義対多元主義、とも言うことができる。あるいは啓蒙主義対経験主義、と言いかえることもできる。啓蒙主義は、普遍性、客観性、合理性に依拠し、それを追及していくことにより問題の最終的解決を知っている、それを提示できるとする。そのゆえに、人々に強い訴求力をもつ。しかし、啓蒙主義の拠ってたつ根拠は疑わしく、一つひとつは証明されていないのである。これに対し、経験論は、認識や知識の根拠を経験に求める哲学的立場であり、その根拠を理性に跡づける理性主義や合理主義と対立するものである。それはとくに知識が経験的にえられることを重視するから、先天主義あるいは先験主義と対立するものである。

多元主義はどうか。多元論あるいは多元主義は、一元論に対立する見地で、存在するものはすべて唯一の原理に帰着させられることはできず、多数の互いに独立した実体から成りたっているとするものとする。プラグマティズムや実存主義はこの多元論に近い。社会についても歴史についてもその発展を規定する基本原理を認めず、あまたの要因によってこれを説明するものである。

多元主義による解決は可能か

それでは多元主義は相対主義とどう異なるのか。それは、あらゆる価値はそれぞれの独自の価値をもつこと、そしてそれを承認するという意味での相対主義ではないことである。そうではなくて、価値が異なることは認めるが、それを実現しようとする場合かならず相互に衝突することがあるということ、その衝突を解決するにあたり絶対的な、唯一の道や方法があるのではないこと、を認めることである。

たとえば、自由であろうとすれば人々のあいだで平等を圧迫すること、産業社会のもとで発展した大組織と個人の人権や自由のあり方、自立的個人（自分のことは自分でやる）と官僚制支配の対立、中央政府による統治と自治の確立のあいだでの確執、参加民主主義と少数派の対立、平和であろうとすればこの世の暴力圧政も見てみぬふりをするのか、いや別の暴力を必要とするのか、などである。

普遍主義あるいは啓蒙主義は、これら対立があっても、知識が増大して人々が目覚めることができれば、その力をかりて最終的な解決にいたることができる、としたのである。(2) しかし、それは大きな犠牲を払うことになり、現実はその希望とは全く反対の方向が出現したのである。それでも、なお自らは正しいとしたから、そこに恐るべき人間無視の世界が現出することになった。近代の病である。

それではこの道を選択しないとすれば、どのような打開の道があるのであろうか。それは、

●相互に衝突することが普通であるとしてその不安定な状況をうけいれる、

●そのなかである種の均衡をつくりだす、

●けっして絶対的解決は求めない、それが存在するとは考えない、

●最大限の共感をもって理解を促進すること、

である。(3) しかし、この立場はなんという退屈な主張であろうか。しかし本当にそうなのである。それはけっして華々しいものでも、格好のよいものではない。思想を一途に信じ、その理念の実現にむけ自己犠牲をかえりみない英雄的行為のほうが人々の心をうつ。しかし、それが行きすぎると自己あるいは自分たちのみが真の解決策を知っており、他者はこれに従うのが当り前のことであるとして、理想の前には他の人々にどのような犠牲も強いることになっていくのである。正義の名のもとに。

そこでこの〝退屈な〟主張の真の価値ある内容をよく吟味し、体得しなければならない。絶対的解決を求めないで、ある種の均衡をつくりだすとはどういうことか。先にあげた対立概念などにより具体例で考えてみよう。

まず自由と平等について。人々の自由な経済活動によって所得の不均衡が生ずれば、それは社会不安の原因とな

る。そのため自由な経済活動と所得がより平等に分配されているという、一見相対立する方向を解決することが求められ、企業の分配政策や税制、その他政策の改革が必要となる。それは一見自由を制約するかにみえるが、それによって社会の安定というより高い目標に到達することができるのである。またこれらにより、国内市場が拡大するのであるから、経済活動の成果も確保されるのである。

組織においても同様である。組織の規模が大きければ大きいほどより中央集権が必要となる。しかしそれが字義通りに機械的に強化されれば、組織構成員は窒息し、組織内の活力は衰えてしまう。より分権化が必要な所以である。こうして分権化により人々の創意工夫、問題対処力を高めていくことにより組織も活性化される。こうして中央集権は単純な権限集中ではなくて、組織構成員の参画によって、集中・分権のダイナミックな緊張関係をもつ有機的組織に変わるのである。

中央政府の権限集中と地方分権のあり方についても同様である。地域・地方が権限をもつこと、その基礎に地域住民の参画があること、これによって中央では発想し得ないような企画が生まれ、中央お仕着せ計画を乗り越えられる。また、地域はそれだけ自己責任が求められるから、コスト意識も高くなり余計な支出を抑制するようになろう。そして中央政府は外交や防衛、国土保全のような国家全体のあり方を専心扱うことになり、その水準向上も期待できるのである。

このように考えれば多元主義的発想にたつことは決して「足して二で割る」こと、そのような妥協の道でないことを知る。実は身近な産業の場でもそれは追及されている。「日本のように品質の高い、省エネのクルマをアメリカ進出工場で作ることができますか。」「いやそれは宇宙開発のように、カネをかければ保証できますが…。」――これは筆者が立ち会ったあるプロジェクト（自動車企業の対米進出のあり方）での日本側責任者とアメリカの有力経営コンサルタントとの会話である。この中にはアメリカン・ジョークも含まれているが、日本はコストを上げず、しかし消費者満足度の高い、また社会的要請もあるクルマをいかに作るか、という矛盾する課題を現場作業者の仕事能力の向上、ロボットの導入、そして技術陣の技術開発によって解決してきているのである。そしてここでは産業の発展に欠かせないイノベーションをも生み出している。

社会や組織のあり方については、問題はもっと複雑ではある。そのために様々の社会思想や制度や仕組みが試みられてきたのである。しかし、求める価値の間に対立するものがあることを認識したうえで討議を積み重ねることによって、より高い次元における解決を図ること、またそれは可能であること、これを確認することが必要である。こうしてつねに問題を平板二項対立でしか捉えず、一元論的解決をせっかちに求めるといった乏しい発想を脱け出さねばならない。

それでもなお現実社会には解決し得ない難問がある。平和のために武器が必要か、戦争も必要か。支配のために暴力は必要か。不当な支配に抗するために暴力は必要か。それはイエスであり、ノーである。このように解き難い難問もわれわれの前にはある。

それでも、この難問に一つの解決の光明を示した例もある。ガンディーの非暴力思想である。周知のように、支配者であるイギリスがその統治の意思を貫くにあたって、暴力を行使するとき、これに抵抗するために被支配者であるインド人民にとって絶対不可欠とみなされた暴力の行使を否定したのである。ガンディーはそれを人民に求め、人民はこれに従った。この非暴力思想は二重の意味で重い。自らを暴力にさらすことによって、相手の暴力と自らの暴力を二つとも否定したのである。人類は一つの高みに達したのである。

しかしこの崇高な行為が可能であったのは民族の独立という目標がかかげられていたからであった。このように人々を統合するより高い目標があることによって、支配者の醜い統治の実態を暴いただけではなく、人類をより高い次元に引き上げたものと言えるのである(4)。

衝突する意見の統合

ガンディーのこの思想は、自らの祖国インドの数千年におよぶ哲学・思想から汲み取ったものであり、ここに思想の強い生命力をみるのであるが、今すこし現実の世界にもどって、単純な二項対立をどのように乗り越えられるかを少しプラグマティックに考えてみよう。

● 意見の真贋を見分けること。

それがいかに正当であるかにみえても、そこに何らかの思惑があるかもしれず、実は隠された意図があるかもしれないこと、これを見抜く目が必要である。

しかもそれはしばしば発言者の人間的性格からくる場合が多く、そこで人間としての心性を見抜く必要がある。重要ポストに信の置ける人物を配するのはそのための必須条件となる。

● 事実に基づいて思考すること。

事実についての認識のみがその意見を真実ならしめるのである。事実から発想しないものは、ひからびた教科書の丸写しであったり、あるいは固有の捉われた想念であったり、借物のイデオロギーに基づくものである。

これらは権威の名に頼ったり、人々の心情に訴えることがあるのは人間社会のつねにみられる特性で避け難いことであるが、これに対抗するに、別の想念やイデオロギーをもってきても、結局、お互いに相容れざる価値観の衝突のみがつづくことになり、合意に達することはできず、最後は暴力による解決しか残されていないのである。

● 目利き、裁定者そしてリーダーの存在。

相異なる意見のどちらかを採用するかに当っては、そこに目利きが居なければならない。この目利きがどのようにして生まれるかは難しい問題であるが、その人は争論者よりもより高い時限の情報と価値にも通暁していること、その人の判断には従わざるをえないような人格的魅力を備えていること、つまりその意味でのリーダーである。

このようにいくつかの基本的条件が明らかになったとしても、それで問題が解決するものでもない。高度に複雑化した現代社会ではこのような役割を誰が果たすのであろうか。誰かに期待してよいのか。これは各国が悩んでいる問題である。ジョージ・ケナンは、現在のアメリカ議会は各種利害団体の代弁者に過ぎなくなったから、議会の上に全国の各界の有識者による国家評議会のような最高意思審議機関の設立をも提案している(5)。民主政が堕落するのを防ぎ、国家が間違った道に踏みこまないため、このような制度改革まで待望されているのである。

とはいえ、この点についてわれわれは悲観も楽観もしていない。なぜなら人間は「昨日の失敗から今日の生きる知恵」を学んでいるのであり、明日の失敗も成功も人間の予見しうることではないからである。明日のことは誰にも分からないのであるから、明日はこのような正しい道があるとは何人も示すことはできない。したがって、われわれの前途にあるのはただ眼前の問題を昨日に学んだ失敗から少しは賢明に、少しは正しく対処し、解決していく以外にないのである。

思想の運命、そして「開かれた歴史主義」による〝攻勢〟へ

ひるがえって考えてみると、歴史主義の立場は、日本においても、世界いずれの国においても、またどの時代においても、その発想は防衛的であり、保守的であり、消極的なものである。それはその出自からしてフランス啓蒙に対するアンチテーゼとして生まれたことが、そのことを物語っている。

また西田幾多郎の先に引用した歴史主義の立場は、開戦後二年も経ってから、この戦争に大義を求めた軍の強い依頼によって執筆されたものであった。したがって西田は必ずしも全幅的に本意であったとはいえないが、それでも西田哲学による日本の立場・位置を理論づけようとしたものである。しかしそこまでである。そこまでであるというのは、基本的には消極的姿勢であり、積極的に世界のなかで日本を位置づけようとするところまで踏み込んでいないからである。追い詰められつつあった日本「大国」路線の自己弁護の域を出なかったのである。

このように「開かれた歴史主義」的な発想、あるいは多元主義のもとでの問題の解決方法の探究という視点は、世界のなかでもずっと少数派であったというのは言い過ぎであるが、積極的に歴史をつくる主導役を果たしてきたか、となると疑わしい。この事実は厳然と残る。本著でそれを西洋近代の成果のなかを渉猟し、探し出してきたのであるが、それが現実社会で主導的であったのかという疑念は去らない。そのなかでもその思想を確立しようとしてきたのは、おそらくイギリスであり、その経験主義の流れであろう。しかし振りかえってみるならば、イギリスの優位性は実は他の諸国・民族より先行していた点にあるのではないか。E・バーク（イギリスの思想家・政治家）がフランス大革命に際し、民衆の王および王妃そしてその幼児達への無暴きわまる振る舞いにたいし、痛恨の思いをぶちまけ、これを批判した文章が残っており(6)、それがイギリス流保守主義を代表するものとされているが、そのイギリスでさえ、一六四九年に国王チャールズ一世を処刑しているのである（いわゆる清教徒革命）。あるいは一八世紀に世界に先がけて産業革命を興したが、初期の産業革命論が、それが生み出した労働と生活の惨苦を描くことにあったごとく、最初に近代の「負」を目の当りに経験したのである。

このことが思想の面では、人間は欠陥の多い動物であること、その人間が物事について真理であると認識するには限界があること、人間と社会について絶対的に間違いをおかさないとすることに懐疑すること、こういった思想を先駆的に生み出したのではないだろうか。その際、範型は世界のなかにはなかったからである。

これに対し、イギリスを除くその他諸国はすべて後発国である。後発国は先発国の道行きを理解するときにどうしても範型のように捉えようとする。すなわち、そこに先発国の足跡がみえるから、そこから学びとり、研究して、それを理解しようとする。理解するということは、断片的に事実を書きつらねることではなく、体系化することによってであるから、ここに抽象化が進行する。しかし、この抽象化が一定の限度をともなっておればよいが、行過ぎると法則定立的になる。これに、自己の立場の解釈という想念がくわわると、想念の産物としての哲学・思想が生まれるのではないか、と思われる。一つの傾向が抽出されたとしても、それはあくまで一つの仮説にとどまるのであり、決して時空を越えて妥当する法則といったものではない。社会科学的認識の限界をよく弁えておくべきことである。

ところで本題に戻って、今日、歴史主義は大きな責務を負っていると思う。前にも述べたように「革命と流血」の二十世紀を見るに当り、その清算のためにも、歴史主義はより攻勢的に、革新的に、そして積極的にその立場を押し出すべきなのである。

まことに真の思想の生命とは何だろうか。その時代に例え少数意見として斥けられても、それが人間と社会の本質の洞察に基づいており、一時の熱狂や興奮あるいは特定の利害――それらの故に部分的で歪んだ認識に基づいている――に捉われておらず、正しい利益の追求をめざしているものであれば、何時かは人々は正気にもどり、物事の真実を見極め、その思想を認知するようになる。そのときに真の思想は生きかえるのである。

ことに近現代において圧倒的な西洋の影響力のもとに置かれ、その積極的な受容をすすめた日本は、今まで明らかにしてきた西洋における二つの思想の相克を的確に認識し、それを識別して受容したであろうか。バーリンはこの二つの思想を「一つは、万人に有効な永遠の価値を信じる人々の意見」であり、もう一つは「人間の気質・才能・ものの見方・願望は永遠に人間の間の差違を生むであろうと断言する人々」であり、このような人々は前者の

「意見を受け容れない」と簡潔にまとめている。(7)

そしてこういう言い方もしている。「しかし（独断的に言うなら）一九世紀の政治理論全体が、フランス革命のどこが間違っていたかを説明しようとする試み」（傍点筆者）であると。(8) このような発言を前にして、日本の多くの思想家や政治や歴史の研究者は、その意味を問い詰めていったことがあるのだろうか。筆者はこの言葉が出てくること自体、ある種の衝撃のように受けとるが、それは勉学の足りない素人の感想にすぎないのだろうか。

日本の近現代にふりかえっても、「講座派」や民主近代派や、九〇年代の各種の市場主義による改革論に共通することは、万人に有効な永遠の価値を信じ、そしてそれに向けて最終的解決方法があるとする思考がその背景にあるのである。そしてこのような表層的な、先験的な、外在的な改革論が横行することになったが、それらは現実の実態の進行の前に急速に色あせたのである。

しかもこれらの立場は外国をモデルにしてそれによって日本の現実を測ろうとしていることが共通しているが、それがまた間違いのもとである。例えば、九〇年代の日本の改革の中心はアングロサクソン流の経済社会の市場主義による変革にあるのではない。成熟時代における教育のあり方、多発する犯罪への対処、自然災害を軽減するための様々の施策、少子・高齢化時代における年金・医療・介護など社会保障全般の再構築、中央・地方政府機構の改編、豊かさを保証する自然環境の保全や創造的な街づくり、あるいは日本の安全保障のあり方——これらは第三の変革期とされる今日の日本における最優先課題であるが、いずれも非市場分野の課題であり、また市場主義によっては解決することができないテーマなのである。

このように基本的な問題がありながら、それを真先きにとりあげず、民間経済界における市場主義変革を唱導したのは、まことにピント脱れであったというしかない。足元の現実から発想しないから、こういう次第となるのである。

戦前における言説についても触れておくべきことがある。ここで詳述は避けるが、戦前の石橋湛山の小日本主義といい満蒙放棄論といい、あるいは「五・一五」、「二・二六」の各事件にたいする河合栄治郎のプロテストといい、それらの主張が実現しておれば昭和史は全く変わったであろう。注目すべきことはこの二人は、プラグマティズムやイギリスの国家あるいは経済政策、そして社会思想を学んだ人々であることだ。

先のバーリンの思想の二分類にしたがえば後者に属するのである。日本にもその鉱脈はあったのである。また昭和五年の金解禁論争において為替レートをいかに決めるかについては、高橋亀吉などによる「新平価解禁論」は、当時の経済実態に基づく為替レート水準の採用を提案したもので、テクストの理屈どうりではないことである。それが採用されれば、あれ程の深刻な不況に突入することはなかったであろう。

このような経験的・内在的な発想が重視されず、高踏的・先験的であるばかりか、教条主義イデオロギーに染めあげられた言論に振り回されたのである。

この経験から、真のリベラリストの責任は重い。また、リベラリズムに立つ保守主義者の責任も同様に重い。すなわち、普遍主義や個人理性に依拠する思考を否定し、歴史や伝統を尊重し、そこに自由の基盤を求めるリベラリストあるいは保守的リベラリズムこそ、外在的・先験的な改革論に反対論を唱えるだけでなく時代の転換に当り真に改革のリーダーシップをとることとである。

これはまことに言葉の矛盾のようであるが、最も良く現実を知っており、その改革論の「大団円」論や収斂論の虚妄をあばき、その国、その時代に最も適合した改革の道を示すことができるのは、またその発想の仕方において間違いがないのは、経験主義による真当な改革論なのである。

二十世紀の惨苦のあとに、あるいは昭和史の失敗のあとに、われわれがようやくにして、「開かれた歴史主義」を共有することができるところにきたと自信をもって言える日は何時訪れるのであろうか。

そこでこのような反論をさらに明確にするために、以下、主要な論点について書きのこしたことを述べていきたい。

2　主要な論点への批判——補遺をかねて

歴史認識について

またぞろの歴史決定論　反論の第一は、歴史認識についてである。それは歴史決定論への批判であるが、社会や歴史について、一元的な解釈は跡を絶たない。

最近話題となった、フランシス・フクヤマによる「歴史の終焉」説がその一例である（『歴史の終わり』渡部昇一訳、三笠書房、一九九二年）。それは、冷戦の終焉によって、地球上から共産主義が消滅した以上、自由な民主主義を地球上に広めるという目的は基本的に達成されたという認識である。この思考には、それは一つの原理のもとに歴史がつくられるべき、その原理のもとで社会は改造できる、との近代西洋に形成された独自の価値観に共通するものがあることに気付く。その意味では、近代啓蒙思想のなかの一部である、と理解すべきであろう。これこそ、かつてのヘーゲル歴史哲学の現代版であり、それはとうの昔に批判され消滅していたと思ったが、この古典的思想が復活したこと自体おどろきである。懸念されるのは、現在のアメリカもまた、この歴史感覚に捉われていることである。したがって、この問題はけっして過ぎ去った問題ではないのである。そしてここでそれは内容的に批判して終わることではなく、このような見解のもつ独善的思考が問題であろう。これこそ人々の歴史にたいする、きわめておこがましい見解ではないか。

Ⅱ章で縷々述べたように、民族や国家は、その人々は、それぞれ独自の歴史を紡ぎだしてその生を終えるのであって、〝普遍的〟とされる一つか二つの機軸といったものが自己実現していくような、しかもそれが先験的に与えられていてその道を歩んでいくような単純なものではない。すべては、具体的な、それゆえに歴史的な個体として存在しているのであって、われわれはそのような複雑体のなかで、望ましいと思われる方向に少しでも進歩のための選択をしていくのである。

しかも非西洋に対する西洋五〇〇年の支配のあとに、ようやくアジアを先頭に非西洋の隆起がみられるようになったこの時点において、このような西洋中心主義というべき歴史観が出てくるとなると、非西洋は一体どのように世界史をきざむことができるのか。少し乱暴な言い方をすれば、「歴史の終わり」ではなくて、「西洋近代の終わり」ではないのか。この意味でも、今までの歴史決定論がいかに偏向しているかを知るのである。

歴史に〝イフ〟あり　Ⅱ章でとりあげたランケの『世界史概観』を読んでいて、筆者が先（第Ⅱ章）の記述よりも深く関心をひかれたのは、バヴァリア国王マクシミリアン二世との質疑応答である。これはランケの講義に対して王がその度に質問し、ランケが答えるもので、この対談記録がよくも残ったものである（なおこのベルヒテスガーデンで三週間起臥をともにした生活の想い出の文章はまことに麗しく精神の高みに遊ぶ日々を語って感動的である――同書序章参照）。

たとえばフランス革命にかんし、ルイ十六世は主としてどういう点で誤ったのであろうかと問う王に対し、彼は権利を国民にあたえように思っていたが、彼が①高等法院を再建したこと、②アメリカ戦争に飛び込んだこと、③王妃に非常に大きな権限を与えたこと、④第三身分の代議士を倍加させるという極端なことをやったこと、彼らが手に負えないと恐れなして敵視したこと、そしてむしろ早急に改革を実施しようとしたことが間違いである。また、第三身分は倍加したのだから、これをもっと利用すべきだった、などをあげて答えとしている(10)。

これは注目すべきQ&Aである。ルイ十六世は民衆に完全に敵対していたわけではなく、また別の行動をとっておればあれほどの大変動にいたらず、大革命の歴史は変わっていたかもしれないのである。その他講義ごとにこのような応答がなされている。

「歴史に〝イフ〟はない」というのは、誰が、何時頃から言い出したことなのだろうか。おそらく歴史必然論の影響なのではないか。この〝神話的〟教訓はその後の歴史叙述と歴史理解に決定的な影響を与えたと思われる。

そんなことはないのである。人々――この場合、意思決定者を想定する――はその時々において先行き不確実な世界のなかで多くの可能な選択肢を前にして「何らかの」理由で一つを選んで行動する。その選択の結果、またつぎの不確実な世界が拡がっていく。その連鎖が歴史なのである。「何らかの」理由とは、どういうものか。人々の声、集団の結集力、スタッフの力量、為政者の性格・知力・体力、意思決定者の属する組織の大小、リーダーの政治的〝術策〟能力、外国情勢、情報収集力、経済情勢ｅｔｃ。これら数えきれない諸要因が作用している筈である。そのなかで、神でない人間が判断を下していった結果が歴史となっている。

したがって、われわれが歴史をみる場合、つねにこのような事前的態度（事後的なしたり顔の解釈ではなく）、そこでの多くの可能性の率直な（偏見にとらわれない）認識、そして不確実な世界のなかでの行動者の意思決定、について特段の留意と配慮をしておかねばならないのである。われわれは、必然性なるものに呪縛された人形が歴史という舞台で踊っているように歴史をみてはならないのである。人間の自由のためにも、歴史認識においてこのことは忘れてはならない。

日本近代史で具体的な一例をあげるなら、もし原敬首相が暗殺されなかったならば「大正デモクラシー」の継続的発展は十分に期待しえただろう。また例え、その死があっても原を継承できる政治的識見と力量の持主が政友会にあれば、その後の歴史は大いに変ったであろう。原の後、十年後に登場した浜口雄幸首相についてもそれはかなりの程度言えることであり、この二つの首相の死がなければ、昭和の路線踏み脱しは避けられた可能性は残るのである。またそれらの政治の継承は全く偶然的といえる諸要因によって決まるし、政党は後継者育成機関でもないから、前任者の政治が継承される制度・仕組みに期待することはできず、そこに何の保証もないのである。このように様々な偶然や不安定な要素によって歴史はつくられていくのであるから様々の可能性を認識しつつも、その限界もよくわきまえる歴史観が必要である。今までの歴史叙述はこれらの出来事をひとつの法則のもとで色づけて終り、という域を出なかったのである。

基底としての人間把握

つぎに人間の把握について。すべての人文科学においては、その出発点として人間をどのように捉えるかが問われている。そこでさきに和辻倫理学に依拠して人間を関係においてとらえること、それが近代個人主義への根本的批判であると強調したが、この考え方は重要であるのでこれを経済学の領域に敷衍してさらに発展させてみよう。

経済学を中心にその出発点を個人的利益の追求による「合理的選択」に置くという考え方がある。これは経済学の論理的体系の一貫性を保つための抽象的原理なのであるが、自由な市場経済の正当性を説明するために、現実にはかなりの影響力をもっている。そのためこれを批判しておくことが必要だろう。

それは人間をこのように狭い範囲の合理性に限定してとらえてしまうと、人間の本来持っている倫理や正義についてこれらを排除してしまうのではないか、ということである。

その理由の第一は、論理的に考えても自己利益そのものが独立した存在であるのではなく——人間のあり方からそのようなことはありえない——、他者に関する何らかの関心をつねに含んでいる可能性があり、それは他者に関する共感をともなっているのではないか。日々のビジネスの取引きを考えても、何げなく使用しているマネーについても、それは他人との間で、あるいは社会全体として相互信頼（信用）によって成りたっているのであり、とくに問題がなければそれは空気のようなものとなって、いちいち確認やチェックをしながら運行されるものではないのである。すなわち、暗黙に他者に対する関心を含んでいるのである。

第二に、このように利益を広くとらえたうえで、人間はそれを越えて、この利益とは別に社会正義、地域福祉、ナショナリズムなどの価値を認め、しばしばそれらのために犠牲（自己利益の否定）を払うことを辞さないのである。

こうして、人間は、同情・共感をもち、そして献身に基づく行動をとるのである。しかも興味深いことに共感することと――例えば他者の貧困をみて自己が苦痛を感じこれを助けようとすること――は、自己本人を幸福にする――すなわち自己利益につながるのではないか。また献身はたしかに自己犠牲をともなうが、しかしここでも自己の理性を否定しておらず、自己にとって満足感をもたらすのである。

賢明な読者であれば、これがアダム・スミスがその『道徳感情論』で述べたところであり、またこれに現代において光をあて直した、アマルティア・センの強調するところだと知っているであろう。センは述べている。

「アダム・スミスは共感と献身という両方の種類の自己利益的行動からの離脱の必要性を論じた。『もっとも人道に適った行動は自己否定、自制、礼儀正しさの発揮を要求しない』と彼は主張した。「しかしそうでなければ、それは寛大さによる」。したがって、ある人物に自己利益を抑制させ、『公正な観察者を（その人物自信の行動原則に登場させる』には、正義のような幅広い価値をもってするのである。それはまた、『公共精神のより多くの行使』を要求するかもしれない。

『人間性と正義の妥当』に関するスミスの見解にとって決定的に重要なことは、『能動者の気持ちと観察者の気持ちとが合致すること』であった。スミスの合理的人間像は、その人物がしっかりと他者との交わりの中にいること――その人が所属する社会の直中にいることである。その人の評価も行動も他者の存在を呼び起こすのであり、個人は『公衆』から切り離されていないのである。[11]」

後述の文章はまるで和辻倫理学の叙述と用語からして同一ではないか（一方は倫理学であり、他方は経済学という違いはあるが）。今こそ経済学の出発点において合理的選択をおこなうという抽象的な人間像を設定するのではなく、人間の本性に根ざした生きた、具体的な人間像を置くことにより、その再生を図らなければならない。

自由、民主政と資本主義

このように市場原理についての検討につづいて、自由や民主政と資本主義の関係についても再考する必要がある。資本主義的産業化が進展すれば、自由や民主政が必然的に進展していくとされるが果たしてそうか。

もともと、自由や民主政と資本主義市場経済との関係は、一義的に理解すべきではない。まず民主政の起源はギリシヤの都市国家にあり、それは前五世紀ペリクレス時代にアテネで完成されたとされる。ところがその後、それは継承されず、イギリスの数度の革命（清教徒革命一六四二～四九年、名誉革命一六八八年）によってようやくその政治的基礎がつくられたこと、そして一八世紀後半のアメリカ独立とフランス革命によって近代民主主義の基礎がつくられた、とされる。しかしよく考えてみるとすぐ分かることであるが、なぜ前五世紀から一七世紀なかばまで、継承発展されなかったのか。それが本当に人々の欲するものであれば、もっと早くから継承されて生命力を保っていてよいのではないか。また近代民主政の形成はいずれも産業革命を出発点とする資本主義の本格的開花以前のことであり、別に資本主義的市場経済の発展を必須条件とするものではないのである。アメリカは建国時は農業国であり、フランス革命期も同様であった。しかもフランス革命は成功したとはいえず、国内の混乱はナポレオンの登場によってようやく収拾されたのである。

また所得水準のきわめて低いインドにおいては政治的には民主主義が根づいているといわれる。このように政治社会の発展は経済的発展とは独立して進行するものなのである。

確かに産業化の進行により、中産階級が社会のなかに層厚く形成され、それが民主政を支える基盤となることは事実である。しかしそれはあくまで事態の一面を説明するだけで、一人当り所得が増加してもその途中でファシズムが誕生したり、軍国主義が支配的になるなど、政治社会の変動は避けられないのである。

このようにみてくると民主政自体がきわめて脆弱なものであり、確固不動の原理として人々に待望され、受容されてきたものではないのである。現代においても民主政は拡まっているかのようにみえるが、その内容は各国の発展段階や民族的、歴史的な特性によって、バラバラであることを認識せざるをえない。とくに後発国の場合、日本を含めて民主政を選択しているにみえるが、その目的は民族や国家の独立にあり、その手段としてこれを採用しているのであり、また、資本主義的産業化についても同様である。資本主義的産業化も民主政も従属変数であり、さらに産業化が進展しても民主政が充実するという保証はないのである。

また、百歩譲って、自由や民主主義を重視しよう。その形成には、人々のそれをめざす努力も必要であるが、人々がそのような努力をおこないうる制度の構築がまず不可欠である。そのなかには、人々の基本的な生活の充足もあるし、教育の普及など社会的な仕組みつくりがある。そのためには、まず国家は独立しており、そこで民族の統合が実現しており、それを軸にして各種の制度や仕組みが形成され、また人々がその能力を発揮し、社会が発展していくのである。一八〜一九世紀の西欧において「国民国家」の建設が相次いだのはそのためである。その反対に植民地化された国々のように外国の支配や従属のもとではそれを期待することはできないのである。したがってこのような決定的といえる条件形成を飛び越して、ただ人権や自由の尊重を主張し民主政の達成を説いても、それは絵にかいた餅である。

さらに資本主義が発展すれば民主政が確実に保証されるかと言えば、むしろ反対の懸念さえある。社会における所得不平等の進行、政府に集まった少数エリートによる権力の占有、経済的資源を支配する階級が政治的発言力まで大きな影響を及ぼすこと、さらに人々の政治的無関心の拡がりなどであり、これらは成熟社会固有の〝腐食〟が避け難いのである。そして今のところこれに対する有効な処方箋は出されていない[12]。

また、自由な市場経済が唯一の解決策だとして、これを世界に拡めることは、一九九七年のアジア金融経済危機のごとく、いっきょに国民所得を半分あるいはそれ以上に減少させる。それは四十年間、積み重ねた実績をいっきょに崩壊させるものである。かくして自由化は何と民主政構築の基盤を崩してしまうのである。

そのため、ここでは資本主義的産業化にまつわる楽観論に限界のあることや、自由な市場経済を選択することがそのまま一義的に民主政に貢献することだ、という正当化論に誤りのあることを指摘しておきたい。

社会は収斂するか

この点についてすでに述べたところでもあるが、歴史的事実がそれを否定している。たとえば、資本主義的発展を例にとっても、英米型と大陸型が明らかに違う。大陸型でも、ドイツとフランスはまた違う。二〇〇〇年余の発展を経過しても、このように収斂しないのである。一九八〇年代に、日本はアメリカの一部の言論で異質と評されたが、これはまことに誤解きわまる皮相な見解であり、日本は日本らしい特色をもった資本主義国であった。このように、各国はそれぞれ異質なのであって、異質であることによって発展してきたのであるし、またそれによって存在しているのである。そもそも社会がひとつのタイプに同化することは画一化することであり、それは自由を求めることと矛盾するのであるから、収斂論は論理的にも破綻しているのである。

さらに、ひろく近代化といっても、それは西洋化と同じではない。日本は在来の社会のあり方や人間関係をあまり変えずに、西洋の制度・仕組を導入し、それを融合させて「近代化」を達成した。地球上をながめても、今後は、中国型の資本主義あるいは近代化、ブラジルのそれ、インドのそれ、という把握をしなければならないであろう。そのため今日では、「近代化」を認めるにしても、「諸近代の近代」というように複数形で表現すべきで、一つの近代はないことが明らかになった。

産業革命以前においてであるが、ヨーロッパではもともと産業化そのものが、各国によってその態様がちがうのである。すでに、ネフによって、大量生産型の資本主義と、質重視の資本主義、という把握が提出されており、後者は一六世紀末から一七世紀初めにイタリア、スイス、オランダ、フランスで活気を呈していた(13)。この重要な見解はあまり注目されず、その後のイギリス型大量生産が主流となった。さらにそれが一九世紀から二〇世紀にいたりアメリカ大陸においてさらに大規模に発展したので、そのような発展パターンをたどらないと資本主義的産業化ではないかのような認識が流布してしまった。それは事実にあわないのである。その端的な例が今日でもつづくイタリアの各種ファッション産業の隆盛であり、それは典型的な中小規模企業を中心に、かつ労働集約的生産を基盤にして、イタリアにおいても、世界においても重要な地位を確保しているのである。その産業集積のあり方と企業形態は、地域発展と中小企業のあり方として世界から注目をあびているが、それはネフの指摘した南ヨーロッパにおける質重視の産業発展パターンを連綿と引き継いでいるといってよい。

また、経済社会の実態条件や制度仕組みの成熟や人々の意識などを無視して、自由な市場経済をそのまま採り入れることは、逆に社会に混乱とをもたらす。このことは、社会主義国の市場経済への転換過程において今日でもつづいていることであるし、また一九九七年七月からアジアをおそった金融・経済危機においてもいやというほど経験させられた。

しかし考えてみればこれらは至極単純な経験的事実である。どうしてこのような単純な事実をそのまま認め、これに基づいて物事を捉えようとしていないのか。いかに〝普遍〟思考が人々を捉えるか、とくに知識人がそれにいかに弱いか、ということである。知識人の責任はまことに大きいものがあり、ここで常識と正気をとりもどしたいのである。

科学は問題を解決しうるか

つぎに普遍思想の拡がりにおいて科学技術のめざましい発展とそれによる思想への影響を指摘したが、今後もつづく科学技術のめざましい発展にわれわれの明るい未来を託すことができるか。

筆者も参加したあるシンポジュームで、アメリカの社会学者ダニエル・ベルは、科学技術は人類の進歩において「第二のアクシス」である、と述べたが、西洋における思想の限界を知った感じがした。(14) このように、科学技術にかんする、ある種のドグマが西洋思想には内在していることである。それは科学技術が人類の進歩をもたらす最大の貢献だとするものである。

しかし科学技術それ自体は、平和にも戦争にもつかわれ、また民主政治においても、独裁政権下でもつかわれ、また発展する。それが、平和や民主主義を推進するエンジンになりうるなどとはだれも保証のかぎりではない。むしろ戦争によってそれは飛躍的の発展をしてきたという特性をみていると、また戦争下での先端武器による殺害などを経験してみると、それは賛美よりも呪いの対象としたいくらいである。

それでは近年著しい進展をみせる情報技術は人類にとって今までの科学技術の発展とは別の意味をもつだろうか。そうは思えない。一体、情報化とは何か。一言でいえば、それはあくまで手段にとどまるのである。人間の全活動には初めから情報がその手段として随伴している、いや随伴しているといった媒介的役割ではなく、情報が一本のタテ糸として通っている、その意味で不可欠なものである。これが情報処理技術の発展によって飛躍的に重要性を増すという時代に入ったが、しかしそれは人類にとって追及すべき目的および価値について新しく付け加わったのだということではないのである。それはあくまでもある目的のための手段にとどまるのである。すなわち情報化の実態がよくしめすように、いままで不可能だった領域への効率性、効果性、便宜性を飛躍的に高めるものである。

もち論、今日の情報化技術の飛躍的発展は、直接的に、あるいは間接効果として何らかの質的展開をし、それが社会や生活にインパクトを与え、いわば量的発展が質的突破を果たす可能性はないか、という問題は残る。科学技術の研究におけるコンピュータ解析技術の発展なくして今日の殆どの分野の研究は不可能となっていることはそれを指している。その意味で今日の革新は「インナー・イノヴェーション」と称してもよい。それは科学技術の探究領域が人間の内なるもの、内なる方向の探究やその利用―頭脳活動や生命のあり方―に向かっている意味で、このように言うことができる。いままでの産業革命が石炭の利用や機械の発明、あるいは石油の利用や化学工業の発展や原子力の利用など、いずれも人間の腕や足の能力を飛躍的に拡大すること、人間の物理的活動能力を増大させることに貢献したから「アウトワード・イノヴェーション」であったと言えるが、これに対比して大きな特徴をもつことは事実である。しかしこの場合もあくまで手段技術の発展であってわれわれの生活がそれによって飛躍的に高まることができても、それが人間生活のあり様を根本的に別の所へもっていく、あるいは別のものに変えてしまう、というブレークスルー的な役割はもたない。

ここに情報文明の絶対的限界があり、この意味からすると、今まで科学技術の延長線上にあるものであり、それのより一層、完熟した段階ということができよう。

そして情報技術を用いることによって、宇宙の神秘や人間生命の神秘が少しは解き明かされたとしよう。しかしそれは人間の在る状態が明らかになるということにすぎないのであって、人間は何のために在るのか、どのように生きるのか、について解を示すものではないのである。

先に生命科学の将来を論じたように、やはり基本的には自然科学研究の深化発展が進むのであり、自然科学が発展を停止して、次にこれに代って精神文明や宗教が次の文明となるのではない。また、そもそも何時の時代でも精神や宗教は存在していたのであり、例えば都市文明や科学技術文明の時代にはそれが無かったから、次にその時代が来るというのは論理的にもおかしいのである。

そろそろ人間（近代人）思考をおおう科学技術信仰から脱却しようではないか。

そしてまた、科学技術の加速度的な発展は、けっして人類の直面する問題をすこしも解決しないこともますますはっきりしてきた。自然の圧倒的支配による地球環境の破壊、戦争におけるその最高水準の成果活用と、大量かつ無差別の殺害、そしてそれへの不感症の繰り返し、さらに神の領域にまで迫るその膨張である。これは科学技術をある意味で神の位置にまで押上げるもので、かくて科学技術は第二のアクシスである、とする見解まで現われたのであろう。

しかしよく考えてみよう。人々の幸福は人間を月に送ることによって増すであろうか。幼児の静かに寝る姿、家族の落ち着いた団欒、スポーツで勝利した若者の汗と顔、永年求めつづけた仕事を達成した時の満足感、そよ風にゆらぐ野の花とひそやかに流れる小川のせせらぎ、一斉に芽吹き出した樹々の小枝、ｅｔｃ。これらを見聞し接した時のほんの小さい感動の積み重ねが人間の幸福というものである。確かに科学技術の成果によって幼児死亡率は激減し、人々は避けがたいとされる病と死から解放され、平均寿命は伸びた。その成果はめざましいものがあり、さらに生命の誕生の根源やその神秘も解き明かされるかもしれない。しかし人間が人間として生きる苦悩や恐れ、そして日々の喜びや悲しみはいくら「心」の仕組みが白日のもとに明らかにされたとしても、それを説明もしなければ、まして克服もしてくれないのである。

ヤスパースの指摘した人類の「アクシス（軸）」は、現在のように科学技術の加速度的な発展を経過し、それを通過することによって生まれたものではない、ということは想起する必要がある。すなわち、合理性の認識のみでは生まれてこなかったのである。この歴史的事実を想起すれば、「第二のアクシス」はむしろ、合理性追求のはてに、それが問題を解決しないことを知ったときに、生まれてくるものであると言えよう。人間は地球上で奢ってはならず、つねに謙虚でなければならないのである。

3　思想の真実・現実の思想

反論が支配的にならなかった理由

以上、普遍思想に対して歴史の必然性の当否、人間把握の歪み、自由・民主政と資本主義を一義的に結びつける無理、社会収斂説の単純さ、科学技術信仰の限界、といった観点から再度批判してきた。このように根源的に反省をしても、現実のあり様はそのような思考が顕現していったわけではない。むしろ逆であった。思想が論理的に正しいとしてもそれが社会に受け容れられるわけではないことは先に自然法批判について述べたところであるが（第Ⅳ章）、この点は重要なのでつぎにここで再考しておこう。

まず、歴史主義の主張は普遍主義が世界に広まっていくという主張を否定していたはずである。しかし現実は普遍主義の立場のほうが世界の支配的見解となった、といえる。それが思想における現実の姿である。それでは、なぜこのような思想が支配的になったのであろうか。反対に、啓蒙主義を批判し、これを克服する思想が支配的にならなかったのか。

その理由は、以下のように考えられる(15)。

反啓蒙主義者として、最初の啓蒙主義批判を展開した人に、イタリア人で一七世紀から一八世紀前半期に生きたジャンバティスタ・ヴィーコがいる。しかし、かれはイタリア人であったため、その書いた文書はおおくのヨーロッパ人の目に触れることがなかったことがあげられる。

つぎに歴史主義はその主張の正しさにもかかわらず、狭い歴史主義、あるいは主情主義に自己を閉じ込めてしまった、ということである。それは一九世紀ドイツにおけるロマン主義に代表的にみられることであるが、数字や自然科学にもとづく合理主義や科学主義にたいして、直接的な想像力や自然的感情を熱烈に希求したこと、文明の発達によって、人間が本来の姿が歪められたのであり、もっと素朴で自然な人間社会が理想なのであるとした。そして社会が進歩したようにみえるが、実はそれは人間から尊厳と自由を奪い、屈辱や追従を増大せしめたと批判したのである。

その中心人物は、ヘルダーであって、文化の多様性を正しく認識し、主張したのであるが、この反啓蒙主義を唱える盛んな主張は、民族自身こそ歌や叙事詩や神話や習俗、その衣裳、その言語の作者であるとし、その思潮は主として文化論の領域で隆盛となった。同時にまたそれはナショナリズムの萌芽を形成した。他方、社会生活の有機的形態の価値を擁護し、その立場からフランス革命原理にたいする猛烈な攻撃をした、エドマンド・バークのような主張にもつながっていった。その方向は正しいものであったが、それはすぐれて芸術や文化の領域において強烈な輝きをしめしたが、それをより広く人文科学的認識まで発展することが少なかった、と思われる。こうして有力な萌芽があったにもかかわらず、それを一層豊かにして啓蒙主義の強い姿勢を止めることが期待されたが、それはできなかったのである。

それができなかった理由――第三の理由になるが――は、社会というものが登場したからである。一八世紀になって産業化がはじまると、伝統的封建制度が崩壊し、身分を基礎とする社会が個人という抽象的な人間像にとって代わられた。またその個人を動かす動因として効用が強調され、個人は功利をもとめて行動し、社会的にもそれが合理的であり、善であるとされるようになった。こうして合理性が社会的価値をはかる尺度になった。しかし社会には道徳や倫理にもとづく統合が必要である。しかし登場した新しい社会はすでに教会や宗教を否定したので、それに代わって国家が道徳的源泉となった。

こうして、均質社会がうまれ、そのなかで国家以外に属すべき領域はなくなった。これは自由にとって大きな挑戦であった。そこまでは、社会と個人の自由のあいだに乖離や分裂が意識されることはなかった。しかし新しい社会的調和に服従することが求められるにいたり、ここに自由が切り裂かれることになった。

個人と社会との関係をどのように調和するか、という問題に直面した解が、ルソーの「一般意思」である。そこでは、民衆は天賦の人権を有するが、それが満足されるためには、万人の一致するものとして、かつ先験的に団体の意思の存在、すなわち「一般意思」が本来の人間意志に内在する、とされたのである。

一方、社会の発展により経済的矛盾が増大した。それは人々にあいだにおいて所得と財産の格差が増大したことであり、それをどのように解決するかという問題に直面して、社会的な救済を求める教義が誕生した。それはおりからの科学の発展に刺激されて、人間と社会を理性（合理性）によってとらえ、理性による解決をめざすものとなった。啓蒙主義の開花である。ところが、この啓蒙の主張は実は失敗の連続であった。それはフランス革命がよく証明している。この失敗をつうじ、またその後の何度かの騒乱を経て、一九世紀において社会的調和の確立のためには階級の概念や階級による矛盾の解決という理念が強力に提唱されるにいたった。

かくて全体的な民主主義の教義がうまれたが、それは〝科学的〟裏付けと救済の理念をいままでの教義のすべてを越えてもっていたので、人々の心をとらえた。しかしその教義は内に矛盾を有するものであったので、フランス革命においても、後の社会主義革命においても、最終的には失敗に帰するのである。

もちろん、これにたいする反論は提出された。その代表的なものが自由放任論であり、自由な市場経済に任せておけばいずれ社会の矛盾を解決していくと説いたが、それは足元の課題を解決するには程遠いものであり、社会的経済の教義の前に弱い思想にとどまり、その強力な修正は一九三〇年代まで待たなければならなかったのである。

こうして、経験主義は片隅に追いやられてしまったのである。

第四は、近現代にみられることであるが、啓蒙主義への批判は、回りくどく、すぐには分からない、ということである。その表現は直裁的ではないのである。文化や価値は多様でありそれを相互に理解すること、自然科学の認識と社会についての認識は決定的に異なること、どこでも、いつでも通用し、適用されるべき真理あるいは間断なき進歩という概念を否定すること、それでも反対意見をいう自由があり、それを認めることが一層大切であり寛容がそこに必要なこと、などなど…。これらは静かに反芻しながら納得していくものであるが、このようないくつかの回路を回るような論理が多くの人々の心に納得させにいくことはむずかしいのである。それは第V章で、バーリンの自由論を読みとくときもはっきりしたことだが、その真意を理解することがなかなか容易ではない。大衆社会になって、また情報時代になって、このような現象はますます激しくなっていると思われる。

そこで、正か邪か、善か悪か、美か醜か、という二項対立のほうが多くの人々にとってよほど理解しやすいのである。(16)

第五は、第三点において示されたことであるが、思想は、それが正しいがゆえに、人々によって、あるいは社会によって支持されるのではない。それは、真実であるから支持されるのでなくて、人々によって、その時、その場所で、とにかく待望されている何ものかを与えるかにみえるからである。

また、思想はその時、その場所によって、さまざまに解釈される要素をもっており、支持者とエリートはそのような解釈を付けて、人々に訴えるのである。例えば同じ自由や平等といっても、それを厳密に規定することは無理であり、それによって解釈は相異する。また民主政の国も独裁政の国も同じように共和国と名乗ることに現れているように、大幅な解釈の余地を残している。

このように、現実と思想の乖離が、厳然と存在する。すなわち、現実は多様であり、一筋縄ではいかない、しかし思想はその成りたちから一貫した正しさをもとめる。そこで現実と思想の間に乖離が生ずる。思想の現実の様相が異なっていくのである。(17)

第六は、近代啓蒙主義はヨーロッパを離れて、新大陸アメリカに渡ったことで、それは〝理想的〟に開花し、実現し、成功した、ということであるしたがって現代になっても、それは大きく挫折することなく、むしろ勢いを増したのである。この点は重要なので次に述べたい。

第七は、きわめて理性的な多元主義や開かれた歴史主義の立場は、一国社会のなかではまだ反対派を説得する力をもっているが、一度び国境を出ると、その声は聞こえなくなる。こうして反啓蒙主義が「一国限定版」であることは否定できないのではないか。これが「開かれた歴史主義」にとっての最大の試練であろう。

こうして「開かれた歴史主義」を主導的な思想態度として定着させるためには、まだまだ相当の努力が必要である。

アメリカの登場

上記の市場原理やその貫徹が自由や民主主義を発展させるという思想をもちつづけこれを世界に拡めようとしているのが、現在のアメリカである。したがって現代は「アメリカの世紀」と称しても差し支えない。そのため、本著でもアメリカの対外政策をとりあげたのである(第Ⅶ章)。アメリカはその有する物理的パワーもさることながら、何よりもその特質はその思想的あり方にある。

すでに指摘したように、アメリカは、①自然法的な啓蒙主義に依拠し、②その理念と達成した成果を国境をこえて広めるという「偉大な使命」をもった選民であり、③こうしてそれ自体一つの宗教国家であり、④さらに、つねに「ナンバーワン国家」である、という自負をもちつづける。

それでも建国の父たちは、よき意味で保守主義に徹していたという。しかし、一九世紀末の対スペイン戦争から太平洋への進出、すなわち海外進出がはじまった。この時、アメリカは欧州諸国との違いを強調して領土獲得と植民地化は避けたが、対外発展については従来の欧州諸国と同様の戦略を追及することになった。

しかし、その立場はかつての欧州諸国よりも強力である。それはきわだって道徳主義的であることであり、欧州諸国がバランス・オブ・パワーの原理によって行動することと著しい対比をなしている。そして現在、アメリカは一方において経済的自由主義をかかげて自由な市場経済メカニズムこそ世界に広まるべきだ、という原則は冷戦終焉後の世界経済の指導原理になり、グローバリゼーションを押しすすめた。他方、政治的には民主主義を同様に世界に広げるという使命をもっている、と自らを規定している。そして今日、それは敵対する国家がないゆえに、軍事的にも一極主義となって、アメリカの立場をささえている。

これを極端に正当化したのが新保守主義であり、それは一九八〇年代の保守主義「革命」によってアメリカ政治の主流になっている。この立場は、実は根が深いものと思う。それは過去一〇〇年、実は一貫した世界戦略になっていたが、冷戦という時期によって隠れていたというべきである。それが全面に出てきたといってよい。そして現在、自由や民主主義を広げるために、圧倒的な軍事力の行使さえ正当化される論拠となっている。しかも、民主主義を中東に定着させるという、レトリックが見事に使われているのである。

これは思想的にみると、啓蒙主義の強化・再編である。啓蒙主義の限界が認識されてきた歴史に反して、それが世界の前面に出てきたことの意味は大きい。それは自由や民主主義を体現しているがゆえに許されるという態度にでている。これこそ悪しき啓蒙主義の現代版である(18)。根が深い、としたのは、アメリカは、封建制を経験していないゆえに「人口実験国家」であったのであり、現在もそうである。そしてまた、今日まで西欧におけるような決定的な挫折を経験していない、という歴史をもつ。

こうしてアメリカも原理主義に陥ることによって、タルモンが懸念したような国柄が全面にでてきたのである[19]。もしその通りに進めば、近代西洋の「負い」は清算されていないことになる。もっとも現実のアメリカは理念主義がいわば〝生得的〟なものであり、今は「九・一一」の衝撃によって原理主義が勢いを得たが、実際の対外政策は理念主義と現実主義の間をつねに振れ動いてきたのである。そのため、内部的に国論は二分し、その収捨に苦しみ、その結果、ますます宗教国家の様相を呈してくる。〇四年秋の大統領選挙において、「モラル・イッシュー」が投票の決め手になったといわれるが、それはイラク戦争も、その他の問題（婚外婚、同姓婚、中絶など）もすべて含んだものであった。

これからの対外姿勢は徐々に修正されていくであろう。またされざるをえないであろう。その一つは、アメリカ自身が、そのアイロニーに目覚めること、二つは実際問題として財政赤字に示されているようなその経済力の制約に直面するからである。アメリカのアイロニーとは、その強大な影響力ゆえに、ほかに反発を受け、これを考慮せざるをえないこと、つまりその力を自己制御せざるをえないこと、そのことに目覚めることであり[20]、軍事費支出増による財政負担はその国力の限界を越えていることを示すものだからである。こうして国益認識が対外姿勢の修正を迫るものと思われる。モーゲンソーの説く現実主義への回帰である。アメリカの世紀は、当分つづくであろうが、アメリカがその信条を絶対視し、それをもって世界に臨むとすれば、それは形をかえた普遍主義であり、アメリカ自体を困難に落としこめるであろう。それが最後の生き残りにならなければ幸いである。

さて以上で西洋における二つの思想の相克をみてきたのであるが、思想についての考察は一応これでピリオドをうち、つぎに近代をめぐるいくつかの重要な問題について検討していくことにしたい。その視点はわれわれのなかにある近代をプラス・イメージで捉えることに対するアンチテーゼを提出することにある。

4　非西洋にたいする態度とナショナリズムの重要性

形成された優劣意識

近代西洋においては、支配的であった普遍思想に反対する歴史主義、あるいは多元主義が明らかに存在した。しかしそれはあくまで一国社会のなかで存在意義をもつためではないだろうか、ということを最後に指摘した。この視点は非西洋の立場にたって近代西欧を観る時、その様相が明らかになってくるものである。すなわち、その自己中心的なイデオロギーとなった西洋が、非西洋と接触したとき、そこに起こったことは支配と被支配の関係、支配と従属の関係であった。それは実体の側面はここで触れず、思想の面でこれをつぎにまとめることができよう。

これについては、いちいち説明する必要ないだろう。人間がいかに自らの達成した状態にもとづいて一方的に価値判断をする利己的な性状をもっているか、をあらためて知る。しかしそれが机上の想念にとどまっておればまだしも、この思想によって他者を支配し従属させる、その正当化に使われるからその影響力は絶大になるのである。そこで支配された地域、民族において激しいナショナリズムが興る。そこでつぎにナショナリズムに移ろう。

ナショナリズムの把握の重要性

現代の展開軸としてのナショナリズム　すでに上記の一部で指摘したことであるが、現代世界は、民主主義や自由が支配的原理となって展開しているのではなくて、ナショナリズムを軸に展開している、とさえいうことができる。

ヨーロッパの進歩性と非ヨーロッパの後進性という
認識から生まれた19世紀思想にみる両者の対比

中心の特性	周辺の特性
創造性	模倣性
合理性、知性	非合理性、感情、本能
抽象的思考	具体的思考
理論的論証	経験的、実際的論証
心	身体、物質
規律	ありのまま
成人	児童性
思慮分別	愚行
科学	魔法、魔術
進歩	停滞

資料：J. M. Blaut, *The Colonizer's Model of The World*. Guilford Press, 1993. p.17.

二十世紀初頭に後発国のなかで社会主義への願望が高まり、ついにロシアにおいて社会主義体制を選択したのも、また九〇年代以降、社会主義諸国が資本主義的産業化を取り入れるのも、それは「国民国家」建設のためであったのであり、資本主義対社会主義という対立軸だけではなかったのである。

したがって、今日必要なことは、近現代において、ナショナリズムを軸に歴史を書きかえることであろう。

このような議論をしていけば、自然に近代におけるナショナリズムについて、そのことの認識の重要度をもっと引き上げることが必要である。

バーリンの自由論を読み解いたところで指摘したように、西洋思想において近現代のナショナリズムについて目配りし、それを正当に位置づけることはきわめて薄いように思われる。すなわち、自由や民主主義について論ずることが主流となっており、わが国についてもその観点から近現代史を評価することが主流になっていて、ナショナリズムは脇役におかれるのである。それは現実の歴史をみる場合に正当であるとはいえない。もっとも、さすがにバーリンは後に書いた二つの論稿でナショナリズムの重要性について独立に論じている。しかも、その一つの論稿の副題は、「過去における無視と現在の強さ」となっていて象徴的である。(21)

近代を論ずる場合、ナショナリズムをとりあげ、それが民族の国家形成においてもつ意味の重要性、すなわちその基本動力としての重要性を真正面からとりあげること、そしてそれが自由や民主主義の実現とどのような関係にあるのか、を検討するがもっと重視されるべきである。ここに普遍主義的に自由や民主主義をとりあげることの限界を指摘したいのである。

まことに、ナショナリズムを中心に置くことは、後発国の近代化過程に共通したことである。すなわち日本の近現代の経験がしめすように、民族と国家の独立が優先した主導原理となり、そのため自由や民主主義の実現よりもそれは優先したのである。また資本主義的産業化もそのために採用されたのであって、それが目的ではなかったのである。今日アジア諸国の産業化をつうずる「近代化」も、中国の社会主義市場経済も、このままでは国家存立の基盤が揺らぐという危機感から舵をとりなおした選択であって、市場主義を採用すること、自由や民主主義の道を歩むこと、それが最終の目的ではない。この事実をよく認識しておくべきである。

ナショナリズム軽視の理由　西洋の近代化論において、なぜナショナリズムが脇役に置かれたかを問えば、それは「国民国家」の形成過程においては、いちいちスポットライトを当てなくとも自ら当然なことであるとしていたのであろう。丁度、台風の目のなかにいると、強い風も、大量の雨も知らないという状況に似ている。啓蒙主義による改革であった「フランス大革命」とその後のナポレオンの登場と欧州支配の勢いこそ、フランス・ナショナリズムの最大の興隆であり、また近代国民国家形成におけるナショナリズムの具現なのであった。啓蒙思想はナショナリズムと表裏一体の関係にあったのである。

ところが、国民国家形成が終ると、何時の間にかナショナリズムへの関心が弱まり、またナショナリズムが生成しても、それは局地的なことであり、いずれその勢いは弱くなると理解されてるようになったと思われる。そして現代史においては、ナショナリズムが民族間の紛争、さらに戦争の原因になった、として否定的要素としてみられ評価が低まったと思われる。

しかし、非西洋の目からみれば、西洋の隆起は世界を支配した植民地体制と表裏一体の関係にあったのであり、このことをもっと端的に指摘できるのは、非西洋の民族や国家なのである。こうして、西洋の支配を脱却したい、とする願望が強くなったが、その根幹はナショナリズムなのである。

そしてナショナリズムは単に非西洋、後発国の特性だけではない。一九世紀末から二十世紀初頭においていわゆる帝国主義間の競合が激しくなっていったが、その際、攻める側も守る側も、いずれも国家威信をかけたものであったのであり、植民地の資源支配や金融独占体制間の支配力の角遂といった経済的要因だけで説明することはできないと思う。

現在のアメリカについても、「九・一一」という衝撃は彼の国の威信を著しく傷つけ、そのナショナリズムを発起させた。それがアフガニスタン攻撃となったのであり、この意味でアメリカも「普通の国」であったのである。それがさらにすすんでイラク侵攻にいたったのは、アメリカの奢りであった。しかし注意すべきことは、アメリカはその国家特性からして裸のナショナリズムを全面に出すことはできない。そこで中東に民主主義を拡めようという大義がもち出されたのである。「普遍国家のナショナリズム」というべきであろう。

ナショナリズムの二面性　しかし、ナショナリズムは、それは一方において国民国家形成の動力となり、その下で人々の生活は安定し、また国民経済の発展を通して人々の生活水準は向上し、さらに豊かな文化・芸術・学芸が花開く。このような進取的・開明的側面がある反面で、自民族中心主義は他民族との確執を生むもととなり、国家間の関係を緊張させ、最終的には戦争の火種になる。さらにナショナリズムは発展した国民国家の間だけでなく、これら国民国家が他国に拡張していくことから、植民地支配が始まる。これは被支配民族を抑圧するから、ここに被圧迫民族のナショナリズムが激しく燃えあがる。これを平和裡に収拾することは殆ど絶望的である。

かくて近現代の世界は、ナショナリズムの制御に失敗してきた歴史でもある。そのため国際間においては、国際法が国内法と同じように成立していない状況下で、「力の論理」がなお生きつづける原因にもなっている。こうして紛争や戦乱が止まらないどころかますます拡大したのはそのためであり、これは近代の大きな負となったのである。

5　歴史認識の「転回」

このように考えてみると、近現代、そしてその変動について、どのように把握したらよいのか、の歴史認識は、従来の支配的見解で果たして十分か、という疑問が生じてくる。

従来の支配的見解は、まず資本主義が重商主義→産業主義→帝国主義という発展段階を経過して今日は帝国主義段階であり、その後期であるとする。しかし、このような経済主義的な把握では、つぎつぎに起こった帝国の台頭と隆替や、国家内部でおこった政治変動——独立や革命といった大きな社会変動——が把握できない。このことは今日的な意味をもつものであって、例えば先に指摘した「諸近代の近代」といった、近代化を複数で捉える視点が入り込む余地がない。このような多様性こそ歴史の実体であるからだ。またアメリカが対外的に「帝国主義」的な行動をとるとき、それはかつてスペイン、ポルトガル、イギリス、フランス、といった覇権国ないし西洋大国の行動とつねに対比して理解されなければならない歴史を視るとき、一つの直線上を進展してきたのではなくて、それぞれの時代を「輪切り」してみたほうがよいのである。

つぎに、二〇世紀は資本主義対社会主義という対立軸で把握したほうがよいとする見解がある。さらに歴史は自由や民主主義の実現が貫徹していくといった把握もされている。

これらについてはどう考えるか。その評価をするまえに、ここでの結論として、近現代は、普遍主義的な啓蒙主義ないし一元論と、その限界を認識した「開かれた歴史主義」ないし経験主義、あるいは多元主義との対立という軸で理解したほうがより実態により近いのではないか、と思う。そしてこの二つのあいだのミッシング・リンクとして国家、とくに一九世紀になってつくられた「国民国家」とその原動力としてのナショナリズムを置くことによって、政治的動態と世界の変動が説明できると思う。この場合、ナショナリズムの広がりとして後進国の独立をも当然視野に入れている。そうでないと、近現代世界の多様な、重層的な展開を理解できないのである。

ナショナリズムについてはすでに述べたところであるが、前者の軸についていえば、それはタルモンの見解にそって、「経験主義的で自由主義的な民主主義と救世主義的で全体主義的な民主主義の正面衝突」(22)という把握を第一におく。これは本著で一貫して明らかにしてきた立場を現実の歴史理解にも適用しようとするものである。

この視点を据えることによって、一九世紀以来の資本主義に対抗し、これを克服しようとする社会主義(各国や時代によってその態様はかなり違ったが)の台頭も、単に富の分配闘争という経済領域の問題に限定しないで、より広く思想・社会体制についての把握を基軸とする全社会的変動として理解することができる。

そして社会主義は窮極の姿としてソ連共産主義体制に行きついたが、これによって全体的民主主義と自由・民主主義との対立軸が明確となった。そしてそれは国際間の大きな対立にまで発展した。それが第二次大戦後の間もなく始まった冷戦であり、世界を二分したのである。

しかし、対立・抗争が激しくなればなるほど、より〝普遍〟的理念に依拠するようになる。こうして冷戦は、国際間における〝普遍〟理念の衝突となったのである。すなわち、冷戦は、自由と民主主義をかかげるという意味での〝普遍〟理念をかかげる国家群と共産主義国家というもう一つの普遍理念をもった陣営が激しく対立したもの、ということができる。そして一方が強大な国家権力を支配していること、他方がきわめて道徳主義的対外政策をとる国であること、この二つが対峙したために、その対立構図はお互いが相手に与える脅威の実態よりも増幅したのではないか。

そして一方の極がその矛盾のゆえに崩壊すると（冷戦終焉）、他方はその〝勝利〟を自己賞賛し、ここに一極主義が前面に出ることになったのである。

おりから、アメリカ内部には、国内においては民主主義を進めたリベラルな行き方に反発し、対外的にはより理念的で強硬態度をとる共和党右派の勢力が台頭してきた。それを理論的に支えたのが新保守主義である。イラク侵攻はその路線が単にイデオロギーにとどまらず、具体的な外交・軍事政策にまで具体化していることを示したが、この路線が行き過ぎると、現在のアメリカは形をかえた権威主義的な偏向におちいる危険性をもっているのである。そこまで進まないが、この偏向の危険性を蔵していることを知れば、タルモン流の現代把握は有効であると思う。とくに「民主主義」国が戦争を開始したという事実は様々の意味で、従来の体制認識にかんし再吟味を迫るものである。

さて時代の針を戻そう。それはここで示した歴史解釈の文脈の下で、近現代における大きな影響を与えた日本やドイツの国家行動はどのように理解できるだろうか、という問題である。それはより上記の三つの環のなかでナショナリズムにより重心を移したもの、としたらよいであろう。すなわち、第二次大戦の直接的契機となったナチス・ドイツの東方進出は、人口増を養う農地や石油資源獲得をめざしたものであった。さらに大戦を終結にみちびく最大の契機はソ連邦の厳しい反撃であったが、それは社会主義イデオロギーに拠るよりもロシア民族主義の高揚であった。その際、「大連合」と称されたソ連邦と西側陣営との結合も、社会主義対資本主義の枠内では理解できない。日本の対外拡張と戦争もこの路線で理解できると思われる。

しかし、ナチズムに代表される国家社会主義は、もう一つの重要な性格をもっている。それは、西洋普遍思想の極端なかたちであるマルクス主義への強烈なアンチテーゼという性格をもち、それ故に近代への決定的な批判と反逆となっていることである。このように反近代主義と国家主義が結合することによって、もうひとつの普遍を主張することになった。タルモンの言う全体的民主主義への偏りをもった国家主義なのである。こういう独得の勢力が誕生したことは、近現代を資本主義対社会主義という二項対立で捉えられないことを示しているといえよう。

以上のようにみてくると、歴史は自由や民主主義が実現していくプロセスなのだという理解もあまりにも単純すぎて、近現代の理解に程遠いことが分かる。近代内部における「反逆」、デモクラシーよりも強い動因となるナショナリズム、さらに自由や民主主義の先頭に立っているとみなされている国々が自国の誇りをかけて戦端を開くこと、これらをみれば自由や民主主義の理念貫徹以外の要因の方が圧倒的に大きいことを知るのである。

このようなタルモンの視点を拡張的に生かすことは、西洋内部における対立をもっと正当に見直してみる必要性を痛感させる。それは本著の視点で言えば、「普遍主義」に対する反逆である。それは「普遍主義」のもつ偏向に対するもう一つの「普遍主義」の反逆である。なぜ大戦にいたるような、ないし大戦直前のような事態になるのか、あるいは現在で言えば激しいテロが頻発するのか、ということである。これは一本の線上を歩むとするような進歩史観では説明ができない。近現代にかぎってみれば、それは国の内部において、そして近代の対外伝播において、必ず「反逆」を生みだす構造になっていると理解すべきではないだろうか。つぎにこの点について考えてみよう。

そしてまたこの視点は、わが国が西洋文明を受容するとき、歴史的にみるとわれわれのなかに「近代」が決定的にプラス・イメージとして捉えられていることへの再吟味としても意味がある。われわれは近代西洋をその全体像を正しく捉えてきたとは言えないのである。

そこでつぎに近代西洋内部の「反逆」をみておこう。

6　近代西洋における「反逆」

西洋近代の把握において実に不思議なことは、西洋近代の発展と成果が世界を席捲するほど大きかったがゆえに、いつのまにかその強い光源にあてられて、その発展をあたかも矛盾もなく、衝突もなく、一直線にすすんでいったかのように、理解してしまうことである。とくに日本において、この傾向が強い。そして西洋内部の対立を資本主義対社会主義という視点からのみ捉えようとするのである。そうではなくて西洋内部における対立をその近代化の路線上に起った必然的な動きとして把握すべきなのである。

現実の西洋の歴史においても、そんなことはなかった。近代化の過程で大小さまざまの反乱、葛藤、相克を経験しているのである。この視点が薄いために、西洋内部におこった全体主義も、それはあたかも西洋とは別世界の出来事であるかのように扱っていることである。ナチズムにたいしても同様である。もっと、内在的で、多様な認識をすべきであろう。

近代英国に働く二つの力

その例示として、最初に産業化した英国で、それはどのように受けとられ、どのような思想形成がなされたか、をみておこう。

それには、ルイ・カザミアンの『近代英国——その展開』が参考になる。カザミアンによると、近代英国には二つの力が働いているという。その一つは「理知的適応」であるが、それは民主主義と合理主義思想である。すなわち、産業化を成功させ、田園から都市への人口集中、貴族・郷紳を押さえる製造業・貿易業の発展、新しい学説の登場、選挙改革、行政・法制度の改善、保守的旧習慣にたいする中産階級の強い反対、などであり、これは理知的・知性の努力という傾向をしめす。他方、こうした傾向に真正面から対抗してできたのが、「本能の復讐」である。それは、道徳感覚、家族愛、人間関係の連帯性、などで、これは国民組織のなかに源をもつ、豊かだが、盲目的な生命力である。乾いた合理指摘思考一辺倒にたいして、近代英国の霊的な活動が強力に反抗したのだ。体系や概念にたいして、英国の実際精神が反抗するにいたったのである。そしてこれを「本能的適応」と称している。[23]

世界で最初の産業化を経験した国で、一九世紀前半期にこのような反抗が生まれたことは興味深い。それは、合理主義のさらに先をいくものではなく、合理主義にたいしてはむしろ情緒的・心情的・本能的な反発がおこるというのは興味ふかい。またそれは伝統帰りであり、また先祖帰りともいえる。「産業化」への反抗がいわば「右」から、つまり保守派からでてきたことであったが、それが政治的には国家のなんらかの干渉を求めるものになり、のちに英国流の社会改良主義を生みだすもとになっていく、というのである。この流れの把握も興味ふかい。

「合理主義」にたいする反抗は、日本ならさしずめ時代錯誤、封建的などと批判されそうだが、実際はそうではない。「理知的」世界の形成にたいして、失われていく人間的なものをとりもどし、かつ社会統合の再編成、という命題が強調されたのである。こうして、英国にはのちに社会主義が次第に広がっていったが、産業化最先進国であるにもかかわらず、マルクス主義は定着しなかった。なぜか。カザミアンによれば、

・その外来思想の公式の厳格さと抽象性、
・非常に中央集権的であること、
・部分的で即時的な実現を犠牲にした、全般的で遠大な目標への追及、

といったマルクス主義の思想は、すべてイギリス精神のなかにある、具体的行動と必要な妥協と個人的創意とへの感覚に反するからである、としている。[24]

それにしても、このように、むしろ〝昔帰り〟ともいうべき反対が、合理主義にたいして出現してきたことは興味深い。一般的にいって、合理主義があまりにいきすぎると、このような復古ともいうべき反応がでて、振り子をもとにもどす作用をするのであろう。日本でも、幕末の国家的危機にあたり、復古が叫ばれた。一九三〇年代の「昭和維新」や、ファシズムにおいても同様な思想の展開がみられた。もちろんそれらは、その強度と性質においてまったく違うとはいえ、思想現象として注目してよいことである。

近現代における「大反逆」

上記のイギリスの例は、近代における、その内部における最初の反逆であった。つぎに、共産主義やファシズムが、同じ西洋のなかで、その思想の自己展開のなかから生まれてきた、という実態に注目してみよう。

本著では「ソヴィエト全体主義」について考察したが、そこで説明したように、そのルーツはフランス革命のなかの一分派のなかに見い出せること、またソ連をつくった革命思想は歴史は大団円へ向かって連続的に進んでゆく、という歴史認識をもっていることである。マルクス主義がそれである。マルクス主義は、ヘーゲル哲学を逆転させた唯物論であり、世界は労働者階級の最終的救済にむかって国家支配をも必要としない社会に究極的に収斂するのだ、という。社会主義あるいは共産主義は、この啓蒙主義の有力な見解――歴史は一つの大団円にむかって進んでいるという思考――に根ざしているが、それは現実には遅れて発展をめざす国家において急いで産業化を達成しようとした方策として有効とみなされた。これこそ近代における産業化をつうずる「近代化」の一変種であったのである。

こうした救世主義的な社会変革の一つの形態が勢いをえたのは、先述したように資本主義陣営のほうは自由な市場経済に任せておけばそこで生じた問題も解決できるものとするだけで、それ以上の有効な対策を提示できず、その解決策は一九三〇年代まで待たなければならなかったことにある。

ナチズムについてはどう考えたらよいか。ナチズムは先述したように、反議会、反政党、反自由主義・民主主義という意味で、西洋近代のなかから生れ、それに反逆している。それは自由な資本主義が事態の収拾に失敗したとする一方で、同じ刃を同時に共産主義にもむけている。それはまたマルクス主義の〝失敗〟を踏み越えるものとしても登場したのである。こうして、いずれも西洋近代のなかでその産物にたいし強烈な否定の理念を提出したわけであるが、その根に強烈な民族主義がある。それは、近代の普遍主義、それがもつ国際主義に異議を申したてたものといえる。「万国の労働者よ団結せよ」という主張よりも、ナショナリズムのほうが強かったのである。(25) しかも他方において、自己民族の優秀さを誇示して、最終的には人種改良までもちだし、世界の最優良人種による支配によってこの世界の矛盾を解決するという〝ユートピア〟にむかって突進していった。こうして、それは形を変えた普遍主義であったのである。

とはいえ、ファシズムが決定的に資本主義を打倒したわけではない。このことから一般的に示唆されるもう一つ重要な点は、資本主義と自由や民主主義の関係についてである。この二つは有機的で、離れがたく結びついているということは言えないのである。資本主義的産業化は、独裁体制のもとでも、政府主導でもなしうることで、それが絶対に自由や民主主義でなければならないということはない。それゆえに、さらにしたがって、社会主義対資本主義の対立軸で世界史の現代をみることは適当ではないのである。

アル・カイーダの反逆

このような西洋内部における近代への反逆が国際版となった現代の事件が、アル・カイーダによるテロである。彼らは、イスラム教を信じているがゆえに反発しているのではない。もし、キリスト教対イスラム教であれば、アジアに生きる四億人のイスラム人はアメリカに戦いを挑むことになる。そんな起こっていないし、こんごも起こりそうもない。それはすぐれて中東地域における政治的・社会的な要因によるものである。すなわち、世界を覆う西洋近代化の大きな流れがまずあり、それをこの地域においてもどのように国内で吸収・定着させるか、という努力がなされる。しかし、現実にはそれはなかなか進展しないし、その進展ぶりも不充分である。その不満が直接に自国の支配者にむけられるが、その成果はかぎられたものであり、また支配層はおおくの場合、腐敗してただ富を独占し、改革に真剣に取り組もうとしない。こうして、この国内の不満は、このような国にしてしまったのは、その大元である西洋である、とくにアメリカである、としてアメリカにむけられるのである。

このように、きわめて屈折しているが、すぐれて政治社会的現象としては把握されるべきで、宗教対立でも、文明対立でもない[26]。宗教や文明対立のように一見みえるのは、人々が自己の住む国にたいして不満をもつとき、なにか超世俗的な根拠を求めるのがいつの時代、どこの国においても生ずるためなのである。それが彼らにとってイスラム教であるということである。こうして、アル・カイーダも、近代化の過程におこったもの、その内部におこった反逆として理解すべきであろう。

この解釈は、実は日本の経験から推理することによってでてくる。

日本は戦力・国力から圧倒的な格差があることを知りながら、なぜ対米開戦に踏み切ったのか。これは、アメリカの執拗な太平洋を越えて押し寄せてくる影響力、支配力に反発したのである。この心理的といえる要素が重要なのである。すなわち、非常に奇妙なことに、日米の間で一寸の土地を奪い合ったり、兵士の一人でも殺傷したり、一ドルの資産を押収したりしたことはなかったのである。日本の大陸進出やその先にあった南進は、直接的にはイギリス（さらにフランス、オランダ）の経済的収益を侵食するものであっても、アメリカとの間では将来におこるであろう潜在的ライバル関係にとどまっていたのである。しかしアメリカはその理念主義にのっとり、日本の大陸進出を原則として認めず、長い日米交渉の果てに、結局はこの原則に立ち戻ったのであるから、日本ももう後には退けなくなってしまったのである。

こうして日本人の感じたことは、大陸にまで覆うように伸びてくる長い太い腕であり、日本は必死になってこれを払いのけようともがいた結果が開戦の決断であった。その当時の多くの国民が、眼前がパッアーと開けたような、暗雲がすっと遠のいたような、ある種の解放感を味わったことは、いくつかの記録に残る通りである。

日本の軍事的大陸進出は明らかに失敗であった。しかし他方、アメリカの外交姿勢を貫くその原則的な姿勢——道徳主義的理念外交を当時の日本の為政者はよく知っていたのであろうか。思想や理念の特質が歴史を動かすことが日本は歴史的経験から学ぶべきなのであるが、今回のアル・カイーダの反撃をもたらしている原因は、性質的に実によく似ているというべきであろう。

もち論、われわれ先進国にとってテロ攻撃は非難さるべきことである。またアル・カイーダがもし中東で政権をとれば、その政権批判勢力の存在を許しはしないだろう。一方、アメリカは〝暴走〟しても、国内の反対勢力は自由にその声をあげることができる。この違いは厳然と存在するのであるが、しかし覇権国の大きな影響力に反撥する気運が生ずるという事実は否定しうべきでないのである。近代のもつこの側面を軽視してはならない。

7　ナショナリズムと「力の論理」を越えて

このように国際間の衝突は繰り返されて止むことがない。これがまた近代の病である。しかしこの事実から目をそむけることもできない。近代はまことに光輝ある達成を誇るかにみえるが、実は暴力（や抑圧による戦争）の飛躍的な増大の年月であったのである。

近代と暴力（戦争と圧政）

それは一体、どれだけの血が流されたのであろうか。二〇世紀にしぼっても、その惨劇の跡を正確に知ることはなかなか難しいのである。そこで断片的な情報やいくつかの調査研究に基づいて、Z・ブレジンスキーが記述したものがある。これを一表に書き出したのが別表である。これによれば、二〇世紀の大量死者数は、一億六七〇〇万人――おそらく一億七五〇〇万人を越えるだろう、とみる。(27) これは一九九〇年の世界人口の一〇人あたり一人以上に相当するという。

注目すべきことは、戦争による犠牲がおよそその半分、政治的・社会的な犠牲がその半分にのぼるということである。後者がまさに「一つの大団円にいたる解決がある」とする普遍主義に立脚した暴力による犠牲である。前者もまた、このような思想とナショナリズムが混然一体となった結果、振る舞われた力の行使によるものである。

わが国自体もふりかえってみよう。明治以降、昭和二十年の敗戦まで、戦争に明け暮れしたといっても過言ではないが、いまその遂行のための軍事予算の計上年月を合算してみると、この間の年月の五一％を占めるのである。これが徳川二百五十年余の平和の後にきた時代のことであるから、近代というものがことのほか戦争に近接することを知るのである。その過去をもつがゆえに、敗戦後六十年間、日本は戦争をしていないこと自体、奇跡に近いといえよう。この絶対的平和主義が、アメリカの一国占領のもとで達成されたという現実もまたそれは歴史の皮肉としかいいようがないが、しかし、それはまた、国民の強く求めるものであったのである。日本が世界に示しうる、真に普遍的な理想は、この平和理念しかないのではないか、とさえ思える。

しかし戦争によるこの悲劇はいうまでもなく国際間では、それを律する法が確立されていないためであり、このことはモーゲンソーを引用したときに指摘したところである（第Ⅶ章）。そのため国際間ではなお厳然と「力の論

20世紀に起こった大量死・一つのまとめ

【三つの大きな原因】

● 二つの大戦
● 局地的戦争と内戦…少なくとも 30 に達する（死者が数万人以上のもの）
● 強制的なユートピアという全体主義的試み

［1］ 戦争による犠牲者

1. 二つの大戦
   - それぞれ 850 万人と 1900 万人の兵士の死
2. 上記以外の戦争
   - 600 万人の戦闘員が犠牲に
3. 民間人の犠牲者（戦闘行為の犠牲、意図的な大量殺人を含まず）
   - 第 1 次大戦…1300 万人、第 2 次大戦…2000 万人（女性、子供、老人に集中）
4. 日中戦争
   - 中国の民間人…およそ 1500 万人が殺害されたとする推計あり

（以上、20 世紀の戦争犠牲者のうち 3300 万人は 18〜30 歳の若い男性）

5. その他の紛争による民間人の犠牲（600 万人を下らない）
   - 主な紛争… ・今世紀初頭のメキシコをめぐる一連の戦争
     ・1928〜35 年のパラグアイ—ボリビア戦争
     ・1936〜39 年のスペイン市民戦争
     ・1936 年のイタリアによるエチオピア侵略
     ・1947 年のインド—パキスタン分割にともなう二つの戦争
     ・1950〜53 年の朝鮮戦争
     ・1967 年のナイジェリア内戦
     ・1961〜74 年のヴェトナム戦争
     ・1980〜87 年のイラン—イラク戦争
6. まとめ
   ◎ 20 世紀中の戦争の犠牲者（死者）…約 8700 万人
   - 負傷・障害を負った人の数は推定できない
   - 民間人も戦闘員と同じように犠牲に。しかも戦闘員によって民間人を平気で殺させる風潮が広まった

［2］意図的・計画的に死に追いやられた人々の数

1. ヒットラーによる殺人（合計 1700 万人）
   - ユダヤ人のみで少なくとも 510 万人以上（うち約 200 万人は子供）
   - ジプシー 80 万人（ほぼ全滅させられた）
   - ポーランド人…200 万人
   - ソヴィエトの戦争捕虜と民間人…600 万人（ほとんどがロシア人とウクライナ人、

殺害されたり餓死させられた）

- ヨーロッパのその他国…200～300万人（うちユーゴスラビアはその半数を占める）

2. レーニン、スターリンの下で

◎両体制下の大量死

・農民社会の確立による犠牲者…700万人
・強制収容所における死者…1200万人
・第二次大戦中と大戦後の死者（強制移住などによる）…100万人
（以上）合計…2000万人

- レーニンの下で…600～800万人（内戦とその後の大量粛清、強制労働収容所での非人道的迫害、そしてその体制下での飢饉）
- スターリンの下で

・1937～38年における粛清…100万人が銃殺、200万人が強制収容所で死亡
・1920年代後半の半年間…100万人殺害
・1920年代初頭…集団農場づくりによる飢饉で数百万人が餓死

◎戦争捕虜の犠牲

・第2次大戦と戦後のドイツ人捕虜のうち35.7万人死亡
・日本、ルーマニア、ハンガリー、フィンランド、イタリアの数万人が犠牲に
・その他を加え、100万人近くの捕虜が死亡か

3. 中国共産主義の下で

・1950年代…「人民の敵」として処刑多数
…集団農場化により2700万人の農民が犠牲に
・1960年代後半～70年代初め…文化大革命により100万人以上が犠牲に

4. 共産主義の下で

・東欧・北朝鮮、ヴェトナム、カンボジア、キューバにおける犠牲…300万人（うちポル・ポト政権下のカンボジアで3分の1を占める）

（まとめ・共産主義の実験で…6000万人）

5. 宗教や人種紛争によって

・第1次大戦中のトルコ…アルメニア人大量虐殺
・インド分離抗争…ヒンズーとイスラム両教徒間の殺戮
（以上）合計…300～400万人

以上のまとめ…イデオロギーや宗教上の理由で奪われた生命…8000万人を超える

出所：ズビグニュー・ブレジンスキー『アウト・オブ・コントロール』（鈴木主税訳、草思社、1994年）、第1章の記述に基づき著者作成。

明治以降の戦費と一般会計歳出

（単位：千円）

	戦費総額	戦費の対歳出出比率	戦争継続期間（%）	備考
日清戦争	233,400	373.9	10ヵ月	
北清事変	43,603	44.7	4 〃	
日露戦争	1,826,290	415.0	19 〃	左期間計 / 20年〜昭和20年間 ＝346/684（ヵ月）＝50.6%
欧州戦争・シベリア出兵	1,553,706	12.7	127 〃	
山東出兵	66,363	2.5	18 〃	
満州事変	1,905,072	14.1	70 〃	
日華事変・太平洋戦争	755,888,739	961.0	98 〃	

出所：大蔵省昭和史編集室『昭和財政史　Ⅳ』に拠る。備考欄は筆者算出。
注：⑴戦費の対歳出比率は戦費と一般会計歳出を１ヶ月平均に直して割算したもの。
⑵戦争継続期間とは戦費を計上・支出した期間のことである。

戦前の代表的戦争期の戦費の対ＧＮＰ比率

日清戦争	8.56%
日露戦争	14.10%
欧州戦争	6.22%
太平洋戦争	35%

出所：一橋大学経済研究所「長期経済統計」のなかの、「国民所得」および「財政支出」に基づいて筆者算出。

理」が支配しているのであり、これについては少しの幻想をもってはならない。最近でも新進気鋭のアメリカの国際政治学者であるチャールズ・カプチャンは、F・フクヤマ、S・ハンチントン、M・フリードマンなどの二一世紀世界ビジョンに反対して、「世界システムの中での決定的要素が、民主主義でも、文化でも、グローバリゼーションでも、あるいはほかの何ものでもなく、パワーの配分である」としている。[28] これは国際政治についての古典的見解であるが、やはり正しいのである。

しかし「パワーの配分」という厳然たる事実を認めざるをえないということは、それが安定した構造をもっているという保障は全くないということでもある。それを崩す動因がつねに働いているということである。その動因としては、ナショナリズムと「力の配分」を不当とする新しいパワーの登場であるが、国際間の平和のためにはこれらどのように制御できるかにかかっている。しかし、この問題はなお未解決なのである。それはまことに厄介なテーマである。

ところで、この「力の配分」の論理あるいは力の配分をめぐる闘争、ということは、本著の検討から引き出そうとしてきた相互融和と共生を求める論理と真向から対立するものである。すなわち、歴史主義の立場は、本来、民族の文化・文明はそれ独自の価値をもつことを承認すること、すなわち文化・文明の多様性を尊重することにあり、その思考をさらに押し拡げていけば諸民族の相互理解と融合の道を開くものであった筈である。

しかし現実は全く逆の歴史をたどった。そのため、まず思想的には理想的な経験主義的思想、あるいは本著で強調した「開かれた歴史主義」の立場は、いわば〝国内版〟思想であり、対外関係の場では通用もせず、そこに大きな限界のあることを示唆したが、それはやはりその通りであったのである。

今日では古くなって使われなくなったが、よく「国家は力と倫理である」といわれた。(29) これは何故使われなくなったかというとナチズムの理論武装として使われたためであったからであるが、しかしそのことのもつ真実はやはり消えていないのであり、また近代西洋のもった圧倒的影響力がそのパワーを抜きにしては語れないからである。こうして当り前のことであるが、現実の歴史は思想によってのみでは規定されず、「力の配分」をめぐって展開してきたことを冷厳に見詰めなければならない。上記の言葉で言えば「倫理」については本著でも語ってきたが、それは一面的なのである。

こうして、わが国では近代を評価する際、それをプラス・イメージで捉えることの方が多いが、この種の近代信仰を徹底的に吟味し直すことがあらためて絶対に必要なことである。

にもかかわらず、われわれは現代において、この相互融和と共生の思想を再生させる必要がある。二〇世紀の「流血と革命」の世紀を乗り越える二一世紀の人類の智恵は、真に求められる方法は、ハンチントンのような「文明の衝突」論ではなく、その反対であるところの論理でなければならない。そのような主張がでてくることは、西洋のなお変わらぬ奢った姿勢、その立場が如実にでているというべきか。

それを乗りこえるために、Ⅷ章でヤスパースに光を当て直したのである。ここで強調したように、「無際限な交わりの促進」、すなわち民族や異なる文明の相互理解と融和こそ、新世紀をむかえて真剣にとりあげるべき最大の課題である。それは国際的関係を律する「力の論理」を超えることなのである。

しかしこれは「言うは易く行くは難し。」まず、モーゲンソーの国益を基礎においた現実主義は、大国や強国と目ざす国々の「力の論理」を否定する、きわめて現実的な打開策である（第Ⅶ章）。したがって、それを採用することを強調することはまず当面は解決策になろう。つまりそれは自らの力の限界を知ることによって、無謀な力の行使、すなわち自己資源の域を超える力の行使を抑制することによって、真の国益を守り追求しようとするものである。

しかし、そんなことにおかまいなく大国に挑戦してくる国が登場してきたときどうするか。これに対する方策は生まれているとは言えない。

しかしながら、人類は少しは暴力の荒れるがままの世界から抜け出ようとしているのではないだろうか。その一つが日本が蒙った惨禍のなかから芽生えているものである。

ヒロシマ・ナガサキによる平和

「ドポ・ヒロシマ」という言葉があるそうだ。「ドポ」というのはイタリア語で「後」に当る。そして一九八八年と書く代わりに「ドポ・ヒロシマ四十八」と書く。

これはイタリア人画家、ブルノー・エリゼイ氏が唱えているもので、その考え方は、「人類は新しい時代に突入した。人類はいまや、その死を手中にした。つまり生存か否かを自ら決める立場に立たされたのだ」という、原爆投下直後のカミュの言に立脚して、ヒロシマ・ナガサキの一九四五年の悲劇を新世界歴元年にするという発想である（「朝日新聞」一九八七年八月六日夕刊による）。

この考え方はすでにアーサー・ケストラーの『ヤヌス』（日本では『ホロン革命』というタイトルで有名となった）の冒頭書き出しに述べられている通りである。

「有史、先史を通じ、人類にとっても重大な日はいつかと問われれば、わたしは躊躇なく一九四五年八月六日と答える。理由は簡単だ。意識の夜明けからその日まで、人間は『個としての死』を予感しながら生きてきた。しかし、人類史上初の原子爆弾が広島上空で太陽をしのぐ閃光を放って以来、人類は『種としての絶滅』を予感しながら生きていかねばならなくなった。」(30)

このように、最初の原爆投下は新しい人類史の開始として広く西欧知識人を捉えているものである。

ところでわれわれ日本人のヒロシマ・ナガサキの捉え方を示したものに「安らかに眠って下さい。過ちは繰返しませんから」という広島平和記念公園の墓碑銘がある。

これは、一体〝誰に対して誰が〟語りかけている言葉なのか全く分からない文言である、としばしば言われる。しかし果たしてそうであろうか。そうでなくてあの悲惨を体験した人々の苦悩の果ての自然に生まれた祈りの言葉として受けとるとその真の意味が分かってくる。すなわち、誤ちを犯す、暴力に頼ってしまう人間と社会の業を凝視しながら、それを超越しようとする想いを吐露することによって人類普遍のあり様をそれは示そうとしているのである。

上山春平教授は、これを「山上の垂訓」に匹敵する、とされている[31]。賛成である。ここには、何人も非難し、告発していない。このような惨状をもたらす人間の業に目をあてて、そらしていない。そこから、人類共通のこれからの救済の道をもとめている。

これこそ、個別的惨苦をとおしてまさに人類の普遍性として理解されるに値するものなのである。

もちろん、祈りだけで平和がくるものではない。ヒロシマ・ナガサキの後につくられた熱核爆弾は、それを一個として比較しても、その総量を比較しても、まさに隔絶したスケールになっている。人間の業は止むどころか加速度的に増大して今日にいたっている。しかしわれわれが近代の最後に到達した悲劇からえたことは正しいのであって、問題はそれを実現するにはどうしたらよいのか、を具体的に築いていないことにある。人類を破滅に追いこむかもしれない熱核爆弾の開発に注いだエネルギーに匹敵し、これを凌駕するだけのエネルギー（知力もカネも）を平和構築のために注いでいないのである。

このことは、世界政治や国際関係のあり方について、原理的「転回」が必要であることを意味する。従来の論理をそのままにして、そのなかで彌縫的な補正をおこなっても、それは実現しない。

それゆえに現実はまことに厳しい。民族が融和し、相互理解に徹し、そこから共存と平和の秩序をつくりあげていくことは、まことに夢想のようである。とはいえ、ほんの僅かではあるが、少しの進歩はあるのである。原爆がヒロシマ・ナガサキ以降は現実に一度も使用されていないこと、欧州では「国民国家」をこえる国家会統合をおこなっていること、などにその歩みをみることができる。

原理的「転回」を言いつづけること、それを強調して止まないことは、現実に宗教的祈りに似た期待、希望以上をでないかもしれない。しかしこれこそ、紀元前一世紀の間に集中的に出現した「枢軸時代」につぐ「第二の枢軸（アクシス）」なのである。

人類はヤスパースの指摘した枢軸（アクシス）時代につぐ、「第二のアクシス」を打ちたてることにおいて希望を、理想を失ってはならない。

8　おわりに——近代思想の受容をめぐって

以上、二つの近代思想をめぐる評価と、近現代の理解の仕方について検討してきた。そして最後にわが国における西洋近代思想の受容をめぐる問題点を指摘しておわりにしたい。

近代日本は西洋近代を姿勢としてほぼ全面的に受容せざるをえなかったのであるが、そこで三つの問題が生じたと思う。

一つはなる程、西洋では（でも、というべきか）先に明らかにしたように（第X章—1）、二つの思想は格闘してきた。しかしそれを非西洋の立場に立ってみると、その二つは裁然と区別されず、ほぼ一体となって入ってきたのであり、またそれを他の文物とともに一緒に受容せざるをえない状況であったのである。

そしてこの受容に当って、今までの章で指摘したようにつねに西洋を範型として捉え、実はその二つは全く別物なのであるが、受容側の認識は薄弱のままそれを目指すのが当然のこととされた。二つの思想はそれぞれ充分に吟味されずに導入されたと思う。

第三点は、第二点から出てくることであるが、近代西洋をモデルとして捉える態度が強烈であったため、近代西洋自体の認識が薄弱のまま推移し、その反作用として日本自体についての認識が歪んでしまったことである。

われわれはこれを反省し、克服しなければならない。

それではどうしてこのような歪みが生じてしまったのか。それは思想の移植をめぐる特質と、それに基づく歪みからくるものである。

この点について、かつて津田左右吉は、わが国は古来――中国からの文明の摂取についても、全体としての文明を摂取したものではないこと、文明のなかから取り出された文物を学んだのであることを指摘した(32)。この態度・方策は西洋文明の移植についても初期の段階では同じことが言えるが、中国文明の摂取との違いは次第に西洋文明そのものを日本に移植し、日本人が西洋世界に入りこんでいくことになった、と指摘したことがある。

この文明を摂取したのではなくて、文物を学んだという指摘はきわめて重要である。そして西洋文明の移植は確かに中国文明摂取とは異なるとはいえ、思想の移植はその形態に相当に近いと言えるのではないか。

すなわち、この移植は自然科学の分野では積極的におこなわれた。それは科学技術の〝普遍〟的性格のゆえに可能であり、また日本に一定の発展の土壌があったこともあり、日本の科学技術や産業は急速に西洋水準に近づくことができた。しかし社会生活ではどうか。あるいは本著が問題にしている思想の領域ではどうか。あるいは政治や社会の制度・仕組みについてはどうか。いずれも自然科学の領域のようにはいかないのである。人々は外から入ってくる思想と自己の生活や信条の間につねにある溝のあることを認識しているし、制度・仕組みについても形態は外国と類似しているが、その実際の運用は違っているのが普通である（この点についてはすでに第Ⅰ章―4でも触れた）。

なぜだろうか。それは津田も述べているように(33)、思想は社会と生活全般のあり様から生まれ、また同時に社会と生活に入りこんで、それを規定しているものであるからだ。このため制度・仕組みもこのような特定社会の特質によってその運営が規定されているのである。したがってその文明全体を移植しなければ思想もそのまま移植できない筈である。またある思想も、それがどのような社会、どのような時代背景のなかで生まれ、形成されてきたのかを知らなければ、その本性は分からないこと、それを抜きにしてつくられた思想のみを移入してきても、別の社会にはそのまま移植することはできないのである。

この思想にまつわる特質を今まで充分に理解してきたとは言えない。さらに加えて、知識人はこの外国の思想——この場合西洋思想を学ぶことを職業とする人達である。それを学習するにとどめておけばよいが、いつの間にかそれが正しい、真実のものと受取り、現実にもその通りに実現しているかに認識し、これらをもって自国のあり方を断裁し、それに到達していない、実現していない、そのゆえに後進の国、歪んだ国と視てしまうのである。これについてはすでに批判した通りである（第X章—1）。さらに日本の特色であるが、新規の思想につぎつぎにとびつくという風潮が重なり、思想が真に根付くことはつねに先送りされていくのである。

何故最後にこのようなことを言っているのか、というと、それは思想移植の上記の特質によって、今日まで本当に明きらかにされるべき多くの課題が未解決のまま残されていると思うからである。本著がとりあげたのはその一端であるが、例えば、いくつかの身近な関心事をあげても、第二次大戦後の日本は今での資本主義先進国のなかでも稀な成果として経済的平等を実現した（九〇年代不況後、事態は変ってきているが）。この事実と自由の獲得の程度や性格の問題、平等と自由の関係づけ、民主政の展開との関連や意味について納得できるような論証はなされてきたとは思えないのである。論者によって批判はあるが、経済的成功を支えた要因であり、また成果として、工場現場における参加型労働と協力の果たした役割りはきわめて大きい。これはかつて先進資本主義諸国が望んで果たせなかった「産業民主主義」の実現ではなかったのだろうか。そこでは現場作業者が意欲と創意を発揮したことは平等の実現とともに自由もあったし、獲得しえたことを示すのではないか。こういう点について政治社会学的評価を是非とも知りたいところである。

これは先に（第Ⅵ章）、バーリンの自由論について解読したことから反芻しているテーマである。確かに日本では明治以来、自由について本格的に、体系的に思索が積み重ねられてきたとは到底言えない。このことが日本において自由が無かったとは言えないが、少なくとも社会思想の主要関心事がなかったことは事実である。それは何を意味するのか、についても充分に説得的に解明されていないが[34]、また各国において、自由のあり方の特質がそれぞれに存在するのではないか、という問題でもある。

評価が分かれるのはフランス革命についてであろう。日本の今までの主流的見解はそれを近代社会の扉を開いたものとして高く評価するものであった。しかし先に述べたごとく、欧米では反対意見は根強いものがある[35]。激しい暴動、略奪の数々、計画的虐殺、王および王妃の公開による処刑、暗殺などなど、身の毛のよだつ暴力の嵐が吹きまくったが、それらが一見民主的手続きをとってなされるから、益々無気味なのである。さらに理性宗教を打ち樹てることにより在来宗教を弾圧し、司教に忠誠を強い、これを肯んじない司教たちを殺害するにいたっては、この革命が単に貴族の追放や王政打倒による政権交代劇にとどまらず、別種の宗教変革運動でさえあったことを示しており、プレ・ロシア革命の性格をはらんでいたのである。さらに革命によってインフレが昇進して国民生活は苦境におち入り、国庫は軍備などの乱脈支出によって正（金）貨は流出し、経済的にはフランス経済は破綻するにいたっていたのである。このような実相をどうして見抜けなかったのか。

これに関連して重要なことは欧米における民主主義にかんする論説をふりかえれば、それはむしろいかにして民主主義を〝押えるか〟、すなわち、デモスの圧倒的な支配力のもたらす野蛮をいかにして回避することができるか、について強調しているのであり、デモクラシーを金科玉条とする戦後日本人にとってはまことに意外の感すらあるが、それが最も真当な議論なのである。

これらを一般化して言えば、西洋近代もそのあり方について内部に自己反省的な論理を多く生み出していることにづいてわれわれがあまりにも知ることが少ないのではないか、ということが一つ。二つ目は、移植されてくる外来思想と日本の現実のズレは充分に納得的に埋められないままに今日まで来たのではないだろうか、ということである。日本が世界に対して「日本はこういう文明の国です。貴方がたとはこの点が違い、この点が同じです。そしてそれらの融合した状態はこのように説明できます。」と自信をもって語ることができていないのはこのためなのである。(36)

したがって、この弊におち入らないためには、これもすでに指摘したところであるが（第Ｘ章──1）、事実の客観的な把握、現実にそくしての内在的な認識を徹底的に押しすすめる以外にはない。

また西洋思想とわれわれの思想の有効な接点を探り、われわれの思想を生かしつつ、西洋思想を採り入れていく工夫も必要であろう。そこにおいてもつねに現実的に思考し、進めていくことである。したがって問題は西洋思想の方にあるのではない。受容における歪みは、当然のことながら実はわれわれの方にあるのである。自立性が欠けているのである。そのための方法的態度として「開かれた歴史主義」を本著で提示したところである。

本当に今まで先験的な認識に振り回されてきたと思う。しかし事実に迫れば、それは消えていく筈である。自己を知り、世界の大勢を知り、かつそのなかで自己を失わない知恵を蓄積しなければならない。反対にそれが失われたとき、自己喪失により漂流し、またも外在的論理・思考が横行するのである。しかしながら多くの人々はそこに何かマヤカシ、違和感を感じてしまう、この溝が大きくなると、ますます閉塞感にとらわれてしまう。この危険な流れを追放するためにも、近代理解と自己立脚点の確立は実は切実な課題なのである。本著で狙いとしたところはまさにこの点である。

注

（1）凸型文明の呼称は、岡本幸治『凸型文明の死角』（柏樹社、一九八六年）に拠る。

（2）I・バーリン「西洋におけるユートピア思想の衰退」（バーリン選集3、岩波書店、一九八四年所収）、四〇頁。ただし、その整理は十分ではない。ユートピア思想にたいする反対の立場として、ドイツロマン主義までとりあげるのにとどまり、二十一世紀思想まで視野にいれていないためであろう。

（3）同、四一頁。

（4）古瀬恒介『マハトマ・ガンディーの思想』（創文社、一九七七年）、とくに第四章。

（5）ジョージ・ケナン『二十一世紀を生きて』（関元訳、同文書院インターナショナル、一九九四年）、第一一章。

（6）エドマンド・バーク『フランス革命の省察』（半澤孝麿訳、みすず書房、一九七八年）、とくに九一頁〜九五頁。

（7）バーリン、前掲論文、三八〜三九頁。

（8）I・バーリン／R・ジャンベグロー『ある思想史家の回想——アイザイア・バーリンとの対話』（河合秀和訳、みすず書房、一九九三年）、二二二頁。

（9）詳しくは、拙稿「日本の第二次大戦回避の可能性とその限界をめぐる一つの検討」（『敬愛大学国際研究』第10号、二〇〇二年十一月）を参照されたい。

（10）ランケ、前掲『世界史概観』、二七九〜二八〇頁。

（11）アマルティア・セン『自由と経済開発』（石塚雅彦訳、日本経済新聞社、二〇〇〇年）、三一〇〜三一一頁。

（12）ロバート・A・ダール『デモクラシーとは何か』（中村孝文訳、岩波書店、二〇〇一年）、二三三〜二三六頁。

なお、資本主義と民主主義の関係については、多くの議論があるが、経済実態と政治社会のあり方とを区分して把握すべきであろう。一般の理解は、あまりに経済主義的であり実態にあわない。

（13）J・ネフ『工業文明と現代世界』（宮本又次訳、未来社、一九六三年）、六三〜六六頁。

（14）ダニエル・ベル、山崎正和『二一世紀の資本主義論』（新人物往来社、一九九二年）、二一〜二二頁にみるダニエル・ベルの発言参照。

（15）以下の叙述は、J・A・タルモン『フランス革命と左翼全体主義の源流』（市川泰治郎訳、拓殖大学海外事情研究所、一九六四年）の四～七頁を参照しつつ、筆者の解釈を加えた。
(16) 二〇〇四年秋のアメリカ大統領選挙において、ケリー候補の演説はよく分からなかった、という声が聞かれたと言う。インテリのもつその持って回った言い方は一般の人々には直裁に響かなかったのである。
(17) H・J・モーゲンソー『世界政治と国家理性』（鈴木成高・湯川宏訳、創元社、一九五四年）、二一三～二一四頁。
(18) ジョン・グレイ『グローバリズムという幻想』（石塚雅彦訳、日本経済新聞社、一九九九年）、二四頁、とくに第5章。
　なお、イギリスの知性はこのように現代アメリカを批判するが、歴史の針を戻して、懐疑主義や経験主義を生み出したイギリスがかつて世界を支配したことと如何なる関係にあるのか、それはどのように整合的に説明できるのか、という興味深いテーマがあるが、今は筆者には説明できる力はない。
(19) タルモン、前掲書、二八六～二八九頁。
(20) アメリカのもつアイロニーについては、ラインホールド・ニーバー『アメリカ史のアイロニー』（大木英夫・深井智郎訳、聖学院大学出版会、二〇〇二年）において指摘されているところである。
(21) バーリンのナショナリズムについての論稿は、「曲げられた小枝――ナショナリズムの勃興について」一九七二年（バーリン選集4、岩波書店、一九九二年）と、「ナショナリズム――過去における無視と現在の強さ」一九七八年（同選集1、一九八三年）である。
　ナショナリズムについては、別途本格的に論ずべきだが、さしあたり、ハンス・コーン『ナショナリズムの世紀』（佐々木俊郎・浦野起央訳、外交時報社、一九六八年、原著は一九六二年）、E・H・カー『ナショナリズムの発展』（大窪愿二訳、みすず書房、一九五二年、原著は一九五四年）が参考になる。
(22) タルモン、前掲書、一頁。
(23) ルイ・カザミアン『近代英国――その展開』（手塚りり子・石塚京子共訳、創文社、一九七三年）、とくに一二一～一三〇頁。一九世紀中葉における、この運動の中心人物はラスキンやカーライルであった。
(24) 同右、一八四頁。
(25) 拙稿「ファシズムをどう理解するか」（『敬愛大学国際研究』第十三号、二〇〇四年六月）。
(26) ファリード・ザカリア『民主主義の未来』（中谷和男訳、阪急コミュニケーションズ、二〇〇四年）、第四章。
(27) Z・ブレジンスキー『アウト・オブ・コントロール』（鈴木主税訳、草思社、一九九四年）、二八頁。
　当初、このようなデータは年鑑類をみれば簡単に利用できると思っていたが、さにあらず。体系的・包括的に整理した情報がないのである。これも二十世紀を送るに当っての一つの〝悲劇〟ではないのか。

ついで言うと、欧米諸国の植民地化にたいし、過去五〇〇年の間、現地人・国において大小さまざまの抵抗や反乱があったとみられるが、それらを包括的に知ることのできる記録集成は見当らないのである。歴史研究は偏っていないのだろうか。

(28) チャールズ・カプチャン『アメリカ時代の終わり(上)』(坪内淳訳、日本放送出版協会、二〇〇三年)、七六頁。

(29) 鈴木成高「国家理由──力と正義の問題」(『世界史における現代』創文社、一九九〇年、所収)。

(30) A・ケストラー『ホロン革命』(田中三彦・吉岡佳子訳、工作舎、一九八三年)、一六頁。

(31) 上山春平『大東亜戦争の遺産』(中公叢書、一九七二年)、一三三～一三四頁。

(32) 津田左右吉「近代日本における西洋の思想の移植」(津田左右吉全集第八巻、岩波書店、一九六四年、所収)、四七四～四七五頁。

(33) 同右「日本思想形成の過程」(同右全集二十一巻、一九六五年)、一六一頁。

なおこれら二論文の発表は、前者が昭和二七年、後者が昭和三二年である。もっと早く気付くべきであった。

この注を書いていてふと思い出したのであるが、筆者がたしか学部二年次のとき、故小松雅雄教授の「経済政策概論」の講義において、津田左右吉『必然・偶然・自由』(角川書店、一九五〇年)を読みその読後感を記せ、というのが中間テストとして出題された。小松教授は経済政策とは関係ないが、公刊されたばかりのその歴史観を学生に伝えたかったものと思われる。筆者の回答は歴史必然論に魅力のあったこともあり、どっちつかずの内容であったと記憶している。

それにしても当時、マルクス主義〝全盛〟の時代にこの真に的を射た歴史観はどのように評価されたのだろうか。なお津田博士の筆鋒はマルクス主義に向かっているが、その論理と趣旨は「民主近代派」にも向けられてもよいものである。西洋史に通じていないことで遠慮があったのか、それとも別の理由があったのか、関心がもたれるところである。

(34) 日本人の書いた独自の自由論にどういうものがあるのか。筆者の管見のかぎりでは、河合栄治郎『自由主義の歴史と理論──東大に於ける特別講義』(社会思想研究会出版部、一九四八年)がある。とくにこの中の「ミルの『自由論』を読む」は圧巻である。しかし日本の社会における自由論にまでは展開されていないのは残念である。

(35) まことにフランス革命についての評価は、近代理解の〃踏み絵〃であろう。公刊されたものが多いが、その中で一冊のみをあげたい。それはルノートル/カストロ『物語フランス革命史、全三巻』(山本有幸編訳、白水社、一九八三年)であり、編訳者によれば、その内容は〃エピソードで綴ったフランス革命史〃と言えるもので、その方法はプティット・イストワール(逸話・裏面史)というジャンルに入るとされる。しかしここに記述される生々しい情況こそ真の歴史であろう。「神は細部に宿り給う」である。

(36) このため本来は近現代の日本思想史が参照される必要がある。しかし既刊の多くは教条主義的であり、ほとんど〃日本の近代未だし〃の告発スタイルになっているので啓発するところが少ない。このなかで注目されるべき業績として、高坂正顕『明治思想史』(燈影舎、一九九九年、原著初刊は一九五五年)がある。その客観的で公正な叙述が続いて大正・昭和について引き継がれてなされるべきであろう。また政治思想史や経済思想史についても同じ目線で取り扱われるべきであろう。

あとがき

本文はかなり硬い文章になっているので、ここで〝シンクタンク〟(この言葉は好きではないが)にいた経験から、シンクタンクでよく書く〝戦略〟ガイドブック風に、あとがきを記しておきたい。

本著でとりあげた思想の問題を、思想〝戦略〟風にあらわすと、その第一点は、われわれに圧倒的優位でせまる近代西洋を、思想の側面から、その〝普遍主義〟を批判することによって、その高み、優位性を押し下げることにあった。そしてこれに代ってアジアの思想、あるいは日本の思想的立場あるいは価値を引き上げることにあった。

前者については、ある程度成功したかと思うが、後者については、筆者が日本思想史の蓄積がなく、残念ながらいくつかの芽を引き出すことにとどまった、というしかない。

第二に、潜在的にもっていたスタンスは、思想の受容において、圧倒的に西洋に依拠する日本の知的風土、それによって日本の歪みや後進性を声高に指弾することのみに終始する知的風土を、批判したいということであった。それは、間違っているだけでなく、日本の知的世界を貧寒なものにしたと思うからである。人はパンのみによって生きるにあらず、思想によっても生きるのであるから、われわれの生活を内実からもっと豊かにしなければならぬと思う。そのため、日本の思想立脚点をもとめて、歴史主義を再興し、さらにこれを発展させて「開かれた歴史主義」を提唱したのである。

これははしなくも、R・ローティによるプラグマティズム再興の動きと一致したことによって強く裏打ちをえたところであるが、それを具体的に日本の現実に適用して検証し、展開していく仕事は、これも残されたテーマである。しかし、現実の方が進んでいるのではないか。その一つが「日本型経営」の評価であるが、このような特質が世界のなかで特殊性ではなく、一つの普遍的事例として位置づけられるに至っている。したがって経済活動の分野のみではなく、政治や社会や文化についても、より体系的に評価し直され整序される必要があろう。その道筋は敷きたいと思ったのである。

第三点は、といっても、日本における思想のあり方は、やはり独特のものがあろう、ということである。それは「近代」が単に時代区分を意味するものにすぎないのに、あるいはおそらく西洋においても、「近代」が時代区分以上のものであっても、そこに一定の距離をもってみているると思われるのに、日本ではそれは終始めざすべきモデルであった、ということである。そこで、なぜそのように終始したのか、を突き詰めて考えてみなければならない、ということである。

それは同時に、明治以前、近世についてきわめて低い評価に終始するかのような歴史観、文明観を生み（これは今日修正されている）、アジア・太平洋戦争敗戦後はまたも戦前日本のほとんど全面否定に基づく歴史観、文明観が勢力を得（これを修正しようとする動きはあるが、いまだに結着はついていない）、こうしてアイデンティティの希薄化は頂点に達したかにみえた。そして、この過程で欧化による成功の終結は決定的敗戦であり、この時期の日本の対外発展の結果は今日までつづく（今後もつづく）アジア各地の日本侵略批判である。前門の虎に噛み付かれて瀕死の重傷を負い、後門の虎にも吼えまくられているのである。これが、日本という国が、非西洋のなかで最初のトップランナーになった近代受容の真の姿なのである。

ここには、「近代」のすべてが詰まっているのではないか。近代の歴史と思想が、時間的に、空間的に、明治以来の八〇年弱の間に凝縮されているのである。そこで近代日本とは何であったのか、を問うことは、西洋が自己の近代を語るときと自ずから異なるものになるはずである。したがって、このような視点から日本の思想を語ることが必要であろう。

この仕事も本書ではなしえなかったが、まず本書で意図したことは、すべてを進歩とみるような、進歩を全面的に支持するような近代西洋思想そのものをまず解剖しておくことであった。それはどうしても前提作業として必要であったのである。

以上の〝戦略〟の狙いが的を射ているかどうかは、読者の批判に待つ以外にない。

ところで、取りあげた内容は、若い時から疑問に思っていたことを自分なりに解いていくものとなったが、直接的には三菱経済研究所、あるいは三菱総合研究所在職の間に、経済・産業・企業の問題のほか政治・社会の諸問題にかんする研究プロジェクトに従事するなかで得た示唆や刺激、プロジェクトでは充分に解決できなかった内容や残った疑問などに、なんとか答えを得たいということであった。

そのためプロジェクトと離れていくが、できるだけ〝原理的〟に点検をおこない、そのうえで立論をおこないたいと思ったのである。こうして〝源流〟へどんどん遡ることになり、その分ますます当面の現実の問題から遠ざかることになってしまった。したがって、本稿の話を聞いた幾人かの人からは、もっと筆者が実際に直面した経験を生のまま叙述すべきだ、読者はそれを知りたいのだ、という忠告を受けたが、それは個々のプロジェクト報告書で一応終わっている。そこで今回のアプローチはそれから派生したものであるが、独立した論稿としてあることを諒承してもらいたいのである。

それでも、一見現実とは遠いテーマを扱ったようであるが、はしがきにも書いた通り、実際世界で直面している問題にできるだけ答えようとしている。

ここで取りあげたテーマのなかには、その分野の専門家の集まりに加われば、あるいは大学院のゼミナールくらいであれば、おそらく一回の研究会でカタがつくものがあるであろう。それほど簡単なことでなくとも、特定テーマの研究会を数回つづければ自ずと回答のでる問題であるかもしれない。あるいは、ここで強調した立場は、昨今の言葉を借りれば、「ああ、それはポスト・モダンの流れなのですね」と一言で片付くことかもしれない。

しかし、「モダン（近代）日本」の決算書はでているのだろうか。彼を優等とみ、我を劣位にみる抜きがたい視点そのものを俎上に乗せることは違法行為なのだろうか。また彼を優位にみる知識や思想は優れたものを謙虚に学ぶことよりもむしろ日本にとって害悪をあたえてきたことはないのか。このようなぐるぐると回る思考にどれだけに回答を出したかは、今は読者の評価に待つしかない。

また、知ることと、諒解することは、違うと思う。とくに思想の問題は、大げさにいえば、個人としても、社会としても、その歩む道が決まることである。また、そこでどのような内容を、どのような言葉をもちいて発言しているか、は決定的に重要なことである。そこで、それらが多数の人々が集まる会合で、どのように伝わるかは自信がない。それはやはり自分なりにひとわたり結着をつけることであり、このような独白録が生まれた次第である。

思えば、東京女子大前の古本屋のカタログで、ベネデット・クローチェ『ヘーゲル哲学批判』（高見沢栄寿訳、甲子社書房、一九二七年）の色あせた訳本を見つけて購入し、ふるめかしい訳語を辿っていくうちに、ヘーゲルへの批判が見事になされていることを知り、これからクローチェをひもとき、その歴史哲学批判をとりまとめた（第Ⅱ章）ので、これで立脚点が定まり、後は内容的には一気呵成であった。

しかし、その時々の事件に刺激されて書き足したりして、とり扱う範囲が拡がったため、頼りにするのは、集中力の持続と確保できる時間のみであった。そこで、毎週土曜日の朝に、ある時は日曜日に、本と原稿用紙と筆記用具をもって、ふらりと家出、散歩しながら行き当たりバッタリの所で足を休め、三年かけて書き綴ったのが本著である。

こうして、ほぼ全章が出来上がったが、それは実は一九八九―九一年のことである。そして、そのまま少数部数を印刷し、有識の幾人かに進呈し、それ以後放置したままであった。しかし今回、筆者が大学からも去ることになって時間的に余裕が生まれたこともあり、その内容を再読し、けっして内容的に旧いものではなく、この機会にできれば多くの人に読んでいただきたいと思い、出版して社会の批判を受けたいと思ったのである。

その際、章の順序を変え、節も再編集し、最初の執筆からさらに進んだ筆者の見解を加筆・修正した。またその際、それぞれの章で何を問題にしているかを説明する〝はじめに〟にあたる文章を追加した。こうして可能な限り全体が一つの流れになっているように配慮したが、基本的にはそれぞれはあくまで独立の論稿である。

とはいえ、総括的なまとめは必要であり、そのため第Ⅸ章を新編集し、それをさらに補う意味で終章を書き下ろした。こうして、全体はほとんど新稿となった。

本書をまとめるにあたり、多くの人のお世話になった。業務をつうじて、議論の相手になってくださった企業や官界や学者の方々、また一緒に研究プロジェクトを遂行して多くの成果をあげ、多大の啓発をしてくれた同僚の諸兄に厚く感謝したい。政治、経済、産業、企業、科学技術などの具体的な問題の研究があったればこそ、このような〝夏炉冬扇〟の仕事でも実体的（そして実態的）足場に立っていると言うことができる（とくに総合研究所に移籍後は職場に技術問題をとりあつかう技術出身研究員がいて苦手の科学技術が身近な関心事項になった）。このような環境にいなければ、専門外の分野にあえて〝侵食〟していく自信はつかなかったであろう。さらに、このような〝風変わり〟な問題を提起しても、株式会社でありながらそれを寛恕してくれた職場の経営者各位にも少しは報いることができたのではないか、と思う。

さらに、一九九七年以降五年間大学に勤務したが、そこで日本経済発展論をはじめ日本現代史まで日本という名のつく講義をひとわたり担当したので、近現代のついての知見を本書にも織りこむことができた。大学関係者の配慮と支援にも感謝する次第である。

なによりも、いまはあまり顧みられることのない文献を探し入手するため、在職時の秘書であった松田（旧姓日比野）由紀さんに全面的に協力してもらったことについてはお礼の言葉もない。また、今回、全体を通読して論稿のまとめ方について有益な教示をしめされた菊地敏夫先生（日本大学名誉教授）にも感謝したい。そのお蔭で再編集にとりかかることができたのである。

出版にこぎつけるまでには、二瓶一郎氏、二瓶　敏氏（三菱総合研究所主席研究員）のお力添えをいただいた。また出版事情の苦しいなかで引き受けていただいた（株）新評論の武市一幸社長にお礼を申し述べたい。さらに、論文構成上の専門事項につき細かな注意を施して頂いた同社の吉住亜矢さんに御礼申し上げたい。

また、〝悪筆〟の原稿を何度も往復を繰り返しながら入力に協力を惜しまれなかった（株）有明印刷の関係者とエム・アール・アイビジネスの担当者にも感謝の言葉を述べたい。

最後になるが、本来、生家の商売を継がなければならないにもかかわらず、小生の我儘によりこのような道を選択することを赦してくれた、いまは亡き両親に、そして東京遊学中、両親を助け生家の商売を切り盛りしてくれた姉の小林信子（故人）に本著を捧げたい。

また、休日になると、どこか行く方不明になる勝手な生活を通させてもらった妻の道子や家族にひたすら謝するのみである。

二〇〇六年二月

吹田尚一

マ行

ヤ行

ラ行

ワ行

人　名　索　引

著者紹介

吹田尚一（すいた・しょういち）
1933 年福井県小浜市生まれ。
早稲田大学第一政治経済学部卒業。（財）三菱経済研究所を経て（株）三菱総合研究所に移籍。日本経済・産業・企業問題の調査・研究を担当。常務取締役を退職後、敬愛大学国際学部教授に就任し、日本経済発展論、日本現代史などを講義。現在は（社）日本経済復興協会理事。シンクタンクの経験から経済のみでなく政治・社会・思想など幅広い課題を実践的に掘り下げてきた。
著書：『企業の成長と収益性』（共著、東洋経済新報社、1961 年、日経図書文化賞受賞）。『事業創造の経営』（日本経済新聞社、1986 年）。『大転換期の企業経営』（学文社、1997 年）。『日本経済の転換と再生』（日本地域社会研究所、2005 年）。その他論文多数。

西洋近代の「普遍性」を問う
——「開かれた歴史主義」のための研究ノート　（検印廃止）

2006年4月20日　初版第1刷発行

著　者　吹　田　尚　一
発行者　武　市　一　幸
発行所　株式会社　新　評　論

〒169-0051　東京都新宿区西早稲田3-16-28
http://www.shinhyoron.co.jp
TEL 03（3202）7391
FAX 03（3202）5832
振替 00160-1-113487

定価はカバーに表示してあります
落丁・乱丁本はお取り替えします

装　幀　山　田　英　春
印　刷　新　栄　堂
製　本　清　水　製　本

Printed in Japan
ISBN4-7948-0675-2　C0010